U0547289

吴遵民 著

教育的光和影

吴遵民的教育世界

上海社会科学院出版社
SHANGHAI ACADEMY OF SOCIAL SCIENCES PRESS

代序
关乎人生命的教育情怀与智慧

邓　璐

追随导师吴遵民教授研究与学习，今年正好满 20 周年。应老师之邀为他的新书作序，这对我来说既是莫大的荣幸，同时也让我深感不安。作为一个长期跟随左右却默默无闻的学生，实感难以担当起为老师"教育的光和影"作序的重任。然而在这 20 个春夏秋冬的追随中，我确实又从另一个层面进入了他的教育世界，并在默默的跟随中体会和感受着他的思想精华。以下我就仅从一个学生的角度，来谈谈这位在教育中研究、在研究中体验、在体验中实践生命关照的学者，是如何思考教育世界之"春夏秋冬"的。

当我 2004 年从四川师范大学来到华东师范大学教育学系求学时，就投在了吴老师的门下。就我当时所接触的教育领域，大多是关于学校的教育理论，仅有吴老师把我们引入了更为广阔的教育世界——终身教育，于是我和我的同学们进入了终身教育的大门。那时，国内关于终身教育的研究还处在初始阶段，吴老师的终身教育研究让我们眼界大开。我们不仅从时间上领略了教育无限延伸的可能，同时深刻体会到了教育在空间层面上无限拓展的魅力。正是这种时空观念的打开，才使教育迸发出了更强的生命色彩与活力，同时也以其温暖和大爱去关照着每一个鲜活的生命。教育与生命息息相关是吴老师为我和我的同学们深度认识教育播下的第一粒火种。而“春”“夏”“秋”“冬”四个篇章的依次展开，则融合了人的生命与自然的节律，展现出了教育的生命魅力以及教育赋予生命的力量与价值。

而在现实的生活中，吴老师也同样是一个富有生命力和激情能量的教育践行者。吴老师常常谈起他并不顺畅的求学生涯，“文化大革命”结束后的 1977 年首次高考，他就因为罹患肺结核而未被录取，大学本科三年级时又因为视网膜脱落而休学，高度近视的双眼其实只有一个眼睛在发挥作用。我记得曾经有几年时间，发给吴老师的文稿都得调成“初号”大字他才看得清楚，但小至几千字的文章，大至师兄师姐的几万、十几万字的硕博论文，吴老师都把它们放成斗大的字体，然后逐一批阅修改，word 文档上到处都是满满的红色修改印记。比起如今的青年学子，吴老师不是“出名要趁早”的典范，却是我们应该学习的“百折不挠，勇往直前”的榜样。虽然我们都期待一帆风顺的生命发展，但恰恰是人生的起起伏伏激发了我们顽强的生命斗志，让我们触碰到了生命发展的多重可能性。而我对教育的第二个深度认识也由老师的身体力行而获得。

所以，如果把眼光仅停留于学校教育的领域，虽然能够看到青少年蓬勃的生命活力犹如夏花般灿烂，但这时的生命虽然很美，我们却不可能将这朵鲜花永久保鲜，我们也不知道如何为它蓄势，并尽可能地延续它的这种发展；其次还更要注意，不要把完美主义强加给年轻人，仿佛他们就该在最美的季节开最美的花，毕竟有些花就是开得晚一些，有些花就是开得小一点。所以，只有把眼光放长远，让教育的时空得以展开，人的生命格局也才能得到进一步的拓展。可以说这是吴老师引领我深度理解教育后收获的第三个认识。简言之，只有从终身发展的整体视野去看待生命，看待人生发展阶段的独特气韵，那么生命就会因教育而变得更加美丽，教育也会因为生命而变得更加璀璨。吴老师讲的教育应该有四季，大概体现的就是这样一种关系。

吴老师虽然眼睛的视力不太好，但他对教育的生命世界却极其敏锐，这与他长期的留学生涯所积累的国际视野以及深厚的学术功底和丰富的人生经验密不可分。他又极其富有激情，做研究、写论文，一讲就是三个小时乃至一整天的学术报告。他总是充满正能量，仿佛是在用生命表达对中国教育事业的体悟。他会不自觉地把你带入教育的生命世界，让你感受到教育就是活生生的生命，因而它是温暖的，不是冷冰冰的；教育研究也不是纯理性的，而是应该带着研究者的生命体验去开展的学问。换言之，我们教育研究需要关注的就是生命的健康与健全的发展问题，正是这个命题在“召唤”着我们去探索生命的意义与价值。因此这些命题与我们研究者自身的生命体验与价值观具有密切的互动关系。纵观吴老师的研究就都具有这样的特点，无论是他写的论文或是著作，都一定是他具有深刻体悟与深有感触的成果，我们读者感受到的亦是他对美好生命的憧憬与渴望。

《教育的光和影——吴遵民的教育世界》正是这样一本具有强烈生命意识的文集。它为我们展现了教育在时空上的延展，引导我们穿越生命的四季，也让我们感受到每个生命阶段所特有的教育温度和绚丽色彩。作为吴老师的门生，我有幸跟随左右而窥见老师的思想精华，同时更深刻地感受到他对教育的热爱和独特见解。我衷心期待这本教育的四季之歌，能给更多的读者以启示，并让我们在不同的教育阶段感受生命的魅力，尤其是让充满大爱与温暖的教育滋养我们的生命之花长久灿烂绽放。

2024 年 4 月于成都狮子山

目录

春之声

展望中国教育 2035

2019 年 2 月，中共中央、国务院印发了《中国教育现代化 2035》，文件系统勾画了未来一个时期我国教育现代化的发展蓝图，其中特别将 2035 年作为教育现代化的一个节点赋予了更大的期待与展望。现实是从历史中走来的，并引导着现实走向未来。随着我国社会主义建设进入新的时代，教育的基础性、先导性、全局性地位更加凸显，因此，唯有依靠教育，依靠对教育持续变革所产生的动力，才能使下一代在成长过程中有意识地继承社会的固有文明与传统文化，并通过教育的现代化促进国家的未来繁荣。到 2035 年的未来十几年，将是中国大幅度提高教育质量、加大力度促进教育公平、强力推进教育改革和发展的关键时期。届时，纵向贯通学前至老年教育，横向无缝对接校内与校外教育的现代化教育体系将建设完成，而把实现人的生命成长、德智体美劳全面发展的宗旨作为教育首要任务的目标也将基本实现。今后的教育将不仅关注“才”，也将更关注“人”。皮之不存，毛将焉附，2035 年的人才观、教育观都将发生根本的改变。教育回归人性的完善、回归合格公民的培养，亦将成为未来教育的基本理念。正所谓“价值引领”“立德为先”，2019年的教育大会已经吹响了教育面向未来、面向现代化的集结号。要实现教育现代化，就要提升教育在普及、质量、公平和结构等方面的整体水平，就要着力实现党中央提出的十项战略任务。其中，落实习近平新时代中国特色社会主义思想则是推进教育现代化最首要的任务。基于十大战略任务的重大决策，展望2035年，笔者以为今后的教育将尤其需要关注以下四个领域的全面发展。

一是普及有质量的学前教育。学前教育作为终身教育的起始阶段，将被赋予全新的意义与价值。学前教育的内涵与本质，定位于让每个孩子都拥有一个健康而快乐的童年。同时，奠定人生初期的良好基础，扣好人生第一粒纽扣亦将成为学前教育的基本信念。为此，进一步完善学前教育普惠性的保障机制，办好80%以上的公办园和普惠性民办园，将成为2035年学前教育的发展目标。无论贫富，每个孩子都能进入确保质量的普惠性幼儿园，这是文件确立的基本立场。

二是实现义务教育百分之百的全覆盖以及普高与职高的全普及。2035年，九年制义务教育的普及率将达100%，其目标是进一步消除低质量徘徊、地区差别和教育资源分配不公的问题，全力推进小班化(20人/班)，实现因材施教的基本理念而给有孩子的家庭提供更多公平、优质的选择是义务教育进一步迈进的目标。2035年，高中阶段教育也将全面普及，其中职高的社会声誉和教学质量都将大幅度提升，职高与普高将共同支撑起实用型大学与学术型大学的生源基础。

三是高等教育的普及与脱胎换骨。随着我国社会经济的继续发展以及人口出生率的持续降低，高等教育的大众化、普及化已然成为未来发展的基本态势。人人有学上、大学更开放将成为常态。2035年的高等教育将能满足70％以上年轻人上大学的愿望，而拥有高等教育背景的人数占人口总数的比例也会越来越高。届时高等教育必将继续细化：一类是学术型大学，旨在培养具有科学研究精神与创新思维的高精尖人才；另一类是通用型大学，以培养具有广博知识结构的通用型人才为目标；还有一类则是实用型大学，其又以培养专门领域的职业技术人才为主要方向。高等教育的价值基础与功能取向也将发生根本改变，上大学不再以就业为唯一选择，回归追求真理、追求理想乃至追求人生远大目标的教育本源将成为高等教育发展的努力方向。

四是校外教育的蓬勃发展，其与学校教育将共同构成教育体系的两大支柱，而建成服务全民终身学习的终身教育新体系，将使校外的继续教育无缝对接学校教育，从而实现任何人在任何时候和任何阶段，只要学校教育结束，继续教育就将开始的目标。届时，校外的各种教育都将归属于继续教育的框架，包括拾遗补缺的成人学历教育、在职培训的职业技能教育，以提升精神教养为目的的社区教育和老年教育等，全方位地构建起与学校教育零距离对接的校外教育体系和框架。届时，人人皆学、时时能学、处处可学的学习型社会也将基本建设完成。笔者以为，教育永远都是在变与不变之中前行。时代在变，教育也会跟着变，一些旧的教育概念消失了，新的教育术语随之产生；传统的教育思想、教育理念陈旧了，新的教育思想和教育思潮又出现了。但教育育人的立场不会变，教育使人向善的宗旨不会变，教育着眼于人生命成长的原则更不会变。所谓变与不变，即教育的本质不会变，变的只是方法、手段与理解的深度与广度。

雄关漫道真如铁，而今迈步从头越。2035 年将是一个充满变革、充满挑战、充满希望的教育之年。届时，国家更加繁荣，国力更为强盛，教育亦将不再充当功利主义的先锋，而是作为陶冶性情、引领风气、指点江山的手段与路径。2035 年的教育，必将绽放出更加夺目的光彩！

* 本文曾发表于《中国教育学刊》(2019 年 9 月)。

论幼儿教育的本质

一、问题的提出

自改革开放以来，中国已经走过了近四十年的发展历程。这不仅是一部国家繁荣、经济腾飞的创业史，同时也是一部教育实现现代化、迈向终身化的发展史。[①] 经过四十年的推广与实践，中国教育在各个领域的发展都已经取得了令世人瞩目的成就，并形成了独具中国本土特色的发展路径。然而在取得傲人成绩的同时，我们仍然遇到了进一步发展的现实困境与理论瓶颈。尤其对于学前教育而言，其不仅脱离了幼儿成长的基本规律，并且在重视幼儿教育的同时，也把学前教育推向了应试教育的边缘。如许多幼儿教育机构在应试的背景下唯言功利，在所谓开发智力的名义下忽视儿童身心发展的规律和人性发

① 吴遵民：《终身教育发展的中国经验——改革开放 37 年终身教育的历史回顾与展望》，《江苏开放大学学报》2016 年第 1 期。

展的本质，将幼小的儿童视作灌输知识的容器，以各种巧立名目的特色课程作为招牌，明目张胆地大行升学之道。这些违背幼儿教育规律，甚至以敛财为目标的所谓智力开发项目，它们不仅给学前教育工作者带来了极大的困惑，同时也引起了社会舆论及家长的质疑。那么，符合幼儿教育规律的学前教育本质究竟是什么？对于学前教育的发展与推进又应基于怎样的基本原理？本文将通过历史回顾及现状分析，拟对以上问题作出必要的回应。

二、中国幼儿教育的历史与发展

幼儿教育的产生与发展已历经千百年的历史。从时间上看，可以分为古代、近代和现代三个阶段，再从发展与演变的角度观察，可以发现随着时代的变化、观念的进步和体系的完善，幼儿教育也在不断演化与前行。在整个历史发展的进程中，无数先贤哲人在幼儿教育理论的繁荣与实践活动的推进上起到了重要的作用。

（一）中国幼儿教育的发展史

首先，从古代来看，幼儿教育大多数是在家庭中进行，当时的社会亦以家庭为生产单位，以“孝”为连接宗法血缘的纽带，由此形成了我国重视儿童教育的传统。如早在殷商之际的《周易·家人》，春秋战国时期的《论语》《列女传》等经典文献中，就有对幼儿教育的相关论述。① 此外，民间还有繁多的“家训”，如颜之推的《颜氏家训》、陆游的《放翁家训》等。而且儒家和法家的代表，如贾谊、朱熹、王守仁、张履祥、唐彪等都对幼儿教育提出了基于自身哲学思考的系统理论，并且有效地推动着实践的深入进行。至于对幼儿进行启蒙的蒙学教材更是不胜枚举，其中最具代表性的就是《三字经》《百家姓》《千字文》。诚然，儒学思想作为整个中华民族的思想基础，同样也是古代幼儿教育理论及实践的根基。从当时影响民众接受教育的目的来看，其主要有三条，也同时满足了三种层次的目的，首先是生命的物理性延续，此谓之谋生；其次是促使个体自我内生的萌发，此谓之修身；最后一条则是促使生命向“善”。以那时的理解，教育的目的是促使生命得以健全发展，同时在此基础上助力他人实现人生的幸福，这又谓之仕。因此，我国古代幼儿教育的本质特性可归纳为“教，上所施下所效也；育，养子使作善也”②。

我国近代的幼儿教育在中国本土文化与西方文化的交锋、

---

① 参见杜成宪、单中惠：《幼儿教育思想史》，人民教育出版社 2010 年版。

② 出自《说文解字》。

融合与建构的过程中逐渐走向了制度化和现代化，封建社会背景下属于家庭幼儿教育的部分逐渐让渡了出来，社会性的幼儿教育机构就自上而下地被动产生了。与西方国家不同的是，我国初创的蒙养园并未研究和遵循幼儿自然生长的法则，只是政治形势的催化物。在幼儿机构快速发展的进程中，西方以及日本的许多幼儿教育思想乃至制度开始渗透并融入我国幼儿教育机构的运作甚至各个方面，①但此种渗透未必都适合国情，也并非都遵循幼儿天性发展的规律。如国内最早的蒙养园重养而轻学，尔后受东学西渐的影响又重教而轻养。而随着张雪门、陈鹤琴等对儿童健康重要性的呼吁，幼稚园的工作重心才开始偏向保育，②并逐渐奉行保教合一。简言之，近代以来社会性幼儿教育机构的出现和发展标志着我国的幼儿教育从传统向现代化转型，幼儿教育以学前教育制度的形态成为现代学校教育制度的组成部分。其特征则表现为幼儿教育事业进入公共领域，幼儿教育的理论也从单一迈向多元化。简言之，近代的幼儿教育开始兼具本土化和国际化的特点。

1949 年中华人民共和国成立，我国幼儿教育也开始进入

① 蔡红梅：《20 世纪我国幼儿园课程改革的历史回顾》，《南京晓庄学院学报》2005 年第 3 期。

② 邓诚恩：《幼儿园保教关系新论》，《陕西学前师范学院学报》2017 年第 4 期。

了现代化发展的阶段。回顾近七十年迂回曲折的历史，总体又大致可以划分为发展、停滞和复兴等三个阶段。[①] 建国伊始，我国在苏联专家的帮助下，在国家层面通过了《幼儿园暂行规程（草案）》《政务院关于改革学制的决定》[②]等一系列涉及幼儿教育、完善学制改革的文件。在这个时期，我国的幼儿教育发展相对稳定。由于整个社会重视意识形态教育，因此爱国主义、集体主义等思想意识在幼儿教育中占据主导地位。当时的课程标准主要遵循《幼儿园暂行教学纲要（草案）》中的“双基”原则，即着重强调知识的系统性和基础性。“文化大革命”时期，幼儿教育经历了停滞，这个时期的教育不再是教育，幼儿也不再是幼儿，“阶级”二字深深刻在人的心灵上。改革开放至今则是幼儿教育的复兴期，尤其是《三岁前幼儿教养大纲（草案）》《城市幼儿园工作条例（试行草案）》等文件的发布，都促使快速恢复了帮助儿童在幼年期获得社会交往能力以及养成良好品德等价值观的教育方式；《幼儿园教育纲要（试行草案）》也与之前的教学纲要不同，提倡发展幼儿多元化的智力和能力，所以卫生、音乐、体育、常识、美术等学科在课程设置中都

① 刘晶波：《“幼儿园究竟应该教些什么”讨论之五：新中国幼儿德育目标与内容的历史回顾》，《学前教育研究》1996 年第 5 期。

② 参见中国学前教育研究会：《中华人民共和国幼儿教育重要文献汇编》，北京师范大学出版社 1999 年版。

有了具体体现。[①] 2001 年颁布的《幼儿园教育指导纲要(试行)》进一步偏向素质教育,提倡促进儿童的认知与情感的交互发展。2012 年,教育部颁布了《3—6 岁儿童学习与发展指南》,从健康、语言、社会、科学、艺术等五个领域描述了幼儿的学习与发展,并提出了关于其发展水平的合理期望。

(二) 幼儿教育本质的分析

任何一种教育活动都具有时代性、社会性乃至阶级的属性,幼儿教育也不例外。但教育学作为一门科学,它又具有自身独特的规律与特征,这就是教育的本质,有人称之为教育的本源。那么幼儿教育的本质又是什么呢? 此问题的探讨对于当前学前教育应该坚持怎样的办学方针与发展方向,具有举足轻重的意义。

关于幼儿教育的本质,我们可以从幼儿教育发展的制度史与思想史中寻求结论。无论是过去还是现在,人们对于教育所持有的意识形态乃至价值观,虽然都会受到时代的局限性影响,但不符合教育规律或不具有科学合理性的思想或实践最终都将褪色或成为历史中的尘埃,而具有永恒价值的思想或理念终究会被奉作瑰宝,在中华民族的幼儿教育史中亦可略见

① 王春燕、靳岑:《从幼儿园课程标准的演变看建国 60 年来我国幼儿园课程的发展》,《幼儿教育》2009 年第 9 期。

一斑。

首先，从宏观教育的角度来看，中华民族的教育在几千年的历史传承中，通过家国合一的独特场域发生而来。儒家学说中的“曰仁曰义”，从体、性、心等三方面决定了我国教育的基本价值与伦理。如在古代与医学紧密结合的胎教思想，以仁善为宗旨、以礼为具体实践手段的家庭教育思想，都有着独一无二的民族特征。民族性作为教育的本质特征使我国幼儿教育在饱受压迫的近代却也顽强生长，毫未褪色。在以约翰·杜威（John Dewey）、福禄贝尔（Friedrich Fröbel）为代表的西方幼儿教育思想强势侵入的态势下，众多的本土教育家如陈鹤琴等仍然结合国内独特的情、意、理、识，以及自身的哲学背景与生活体悟，构建出了一套本土化的幼儿教育理论。

其次，在对历史经验进行回溯的过程中，我们可以发现教育的文化特质得以全面而鲜明地展现。文化类型按其来源可以划分为本土的和外来的，而本土的又可分为自上而下的或自下而上的；文化的场域促使着教育产生变革，教育的进步则大都是因为新文化逐渐取得社会认同和旧文化①并进一步内化为社会民意的过程。古代教育是以自下而上的儒家文化为始

① 王占魁：《回归观念：意识形态教育的重建》，《全球教育展望》2017 年第 4 期。

端，而后汉时儒学获得统治地位，此种文化继而成为封建帝王追捧的官方文化，于是其又以自上而下的形式对教育进行全盘影响。近代，外来文化则更是以蛮横的态势巧取豪夺，教育史上曾经存在着与教会文化进行博弈的漫长时期。以日本、欧美等为主流的幼儿教育文化也有着一段被国内“拿来主义”的信奉者全盘照搬的历史。这种博弈虽以内外文化的交互融合而生成、以互相调适为终结，但其最终还是需要融入本土环境，否则即使闹腾得再热烈，也终究无法在中国这个本土环境中生根、开花、结果。

最后，从幼儿教育的生成性特征来看，所谓生成性实际上具有三种含义：一取养育之意，二为长成之意，三是自然之意，即乃生就如此的涵义。如古语中生成就含有养育之意，唐代姚鹄在《将归蜀留献恩地仆射诗》中写道：“蒿莱讵报生成德，犬马空怀感恋心”。此处的“生成”就是养育的意思。换言之，养和育乃是幼儿身心发展的基础。长成则代表幼儿的成长，不应急于求成，是一个持续不断的不可分割的过程。许多教育家把幼儿阶段看作人一生向善的起始点，所讲的就是教育影响的前后一致性与一贯性。自然形成则意味着幼儿教育需要遵循教育的自然法原则，因为幼儿有着独特的身心发展规律，就如卢梭所言，他们并非小大人；皮亚杰也指出，幼儿的发展是一个结构从简单到复杂的过程，所以幼儿仅能对自己认知能力范围内的图式进行同化，而一直以来实践中强调的幼儿教育由浅入深、循循善诱就是基于其身心发展的特点而提出的。

三、历史文化视野下对幼儿教育本质的反思

基于教育的一般特征而言，它又包含着两个向度，一个是自外而内的，一个是由内向外的。所谓自外而内，指的是教育作为社会活动的一个组成部分，无论是正规的还是非正规的，制度化还是非制度化的，它都受到一定时代或阶级的制约，这也是个体内化社会意识与规范的过程。从由内而外的角度看，因为教育面向的是人，人是有生命的个体，因此教育必须遵循人（儿童）生长的自然规律。如果不遵循育人的规律，则教育可能会遭遇失败，其后果也必然会很严重。如拔苗助长、高分低能等。因此，对幼儿教育本质的探讨，需从三个层面予以综合考察，即要着眼于中国独特的历史文化与政治环境，又要顺应一定社会的发展需要，并深入体察幼儿本身生命成长的规律与认知建构的独特过程。尤其处在当下现代化的进程中，人工智能、多元文化、信息爆炸等对人的劳动价值都提出了严峻挑战，人们所掌握的知识相对于快速发展的科学体系来说亦显得极

其渺小。当掌握知识能力的重要性已经远远超出知识接受本身的时候,当人的一生都将需要终身学习、终身教育的时候,我们再来探讨幼儿教育应该如何回归本质的问题,无疑更加迫切与重要。

世界上第一个幼儿教育机构设立于 1816 年,由英国空想社会主义者、教育家欧文(Robert Owen)在苏格兰的新拉纳克创立。这所称为幼儿学校的机构专门招收 1—6 岁的孩童。此时正值英国工业革命时期,为了双职工的父母能腾出手来参加工作,同时为了幼儿的安全与照管的需求,幼儿教育机构便由此诞生。此后,德国教育家福禄贝尔又于 1837 年在勃兰根设立了一所专收 3—7 岁儿童的教育机构,1840 年他把这个机构命名为“幼儿园”,就此,世界上第一所以“幼儿园”为名的幼儿教育机构产生,这也是近代有组织的幼儿教育的兴起。

如上所述,近现代成系统的幼儿教育理论大多发源于西方,例如,欧文认为人性的“善与恶”与环境的关系密切,因此他十分重视幼儿成长的环境;福禄贝尔则主张游戏理论,认为在游戏过程中可以提高幼儿的创造能力。他们又大多强调幼儿的自主与自由的原则,注重适应自然的教育方式。因此中国的幼儿教育从本源上来看,都带有隐含其中的西方中心主义思想。但幼儿教育在进一步发展的同时又要求本国幼教工作者们在重视国际经验的同时还必须坚守本土性和民族性的特点,因为唯有融入本土的理念才能为本国的幼儿教育提供营养。但现实的状况却是，我们往往采取的是机械照搬国外的经验并全盘引入的做法，[①]故常出现如“南橘北枳”般半途而废或浅尝辄止的尴尬局面。为此，更好的方式即是在吸收国外经验的基础上融入本土的精华，就如嫁接树木，可以既采用符合自身生长规律但又不伤及本土幼儿教育之根本的方式。当然，这并不是说要回到封建时代的以四书五经或三纲五常为主的古代教育，而是需要在中国的经典规训中吸取营养，同时对所谓的“科学”给予更理性的认知而不至于陷入盲从的境地。诚然，科学本身没有善恶之分，但唯科学论投射于幼儿教育就有可能剥夺了儿童的“自我”。[②] 在一切以幼儿“成长”“发展”为主题的科学主张中，幼儿教育往往为了遵从“科学”而摈弃了“人学”，其实人学才恰恰是传统的从“天道”到“人道”的传递与演绎的过程。如中国传统蒙学讲究的“道德至上”“知行合一”的理念，又如中国本土幼儿教育家陈鹤琴亦主张“活教育”，即强调重视儿童发展和个人本位的思想，这些理论就都可以为我国幼儿教育的建设与发展提供灵感。而中国传统习俗，具有仪式感的许多

① 姜勇：《近十年来我国幼儿教育的经验与问题》，《学前教育研究》2004年第3期。

② 参见庞丽娟：《文化传承与幼儿教育：国际华人幼儿教育思想精粹》，浙江教育出版社2005年版。

民族节日，也都可以成为源于幼儿生活的实质教育内容，由此培养儿童的民族信念、家庭观念和时代理念等。

简言之，幼儿教育的历史演变与发展必然会受到内外文化交互作用的影响，而其本身就体现着一种文化，这一特征揭示了在多元文化背景下的幼儿教育既是复杂的又是丰富的。所以关于幼儿的课程就应该更多地在开放和谐的氛围中予以融通和生成，相关学者指出，综合课程、活动课程和生成课程应该占据主流指的就是这层意思。①

其次，幼儿园的孩童均来自各个不同的家庭，因此他们本身就代表了不同的家庭文化。这些家庭文化多元、多样又富有差异，因此幼儿教育工作者就需要具有合理的学生观，尊重差异性，呵护孩童的特殊性，并把教育方式更多地由“教学”转为“对话”。由于文化具有辐射性，文化在社会交往中形成，又在交往过程中影响他人。不少幼儿教育工作者把孩子当作一座桥梁并由此改变家长的传统教育观念，在此过程中受到教育的就不只是孩子，教育还辐射到了家庭。但如果幼儿教育本身就存在误区，如对应试文化的亦步亦趋、对拔苗助长的助纣为虐，那么它起到的就是反作用，彼时家庭教育就可能成为学校教育

---

① 向海英：《差别性　创造性　对话性　过程性——后现代视域下我国幼儿教育的应然选择》，《学前教育研究》2006 年第 11 期。

的附庸，家长亦被应试教育裹挟。所以回归幼儿教育的本质、坚守正确的价值观尤为重要，学前教育机构应成为正确幼儿教育理念的引领者和传递者。尤其处在终身教育的时代，幼儿教育只是人生漫长教育过程的一个阶段，应该从小鼓励孩子学会自由学习、养成自主学习的习惯，并把幼儿教育从传统的听从式转变为合作式、参与式教育，同时强调它的开放性和自主性，这都是涉及幼儿教育本质的重要理念。

最后需要探讨一下幼儿教育的生成性和建构性的问题。诚如美国实用主义教育家杜威所述，教育即生活、学校即社会。强调幼儿教育的生成性与建构性，正是在确认人自身存在的价值，换言之，人的生活应该是一种主动选择而非被动接受。由此，幼教教师的身份、等级乃至权威色彩正在逐渐消退，而作为幼儿童年的玩伴、呵护者或者点化者的形象则逐渐清晰。其实幼儿的生活并非毫无波澜，儿童的日常生活也有事件乃至突发事件，对于成年人来说可能是小事，但对于孩童来说则可能是一个新的世界。因此教育者就需要在这些生活事件中激发儿童的潜能，身处孩子们的世界，深入理解他们的思维方式，甚至激发他们的批判、质疑与创造意识。

我们之所以如此强调这些意识的生成，是因为在现实中当儿童走进学校的那一刻起，他们就在逐步丧失着创造的能力，而那些被功利主义所俘虏的成年人，他们自身也正在失去创造力。更令人忧虑的是，他们还在企图将孩子引入功利主义的深渊。然而，我们必须明白功利与实用是两种不同的价值取向，追求物质财富，攀升社会地位，这是功利的表现；而让儿童明白作为社会的一分子，自己所学将与他人息息相关，并能为社会创造价值，这即为真正的“实用”。固然父母总是希望孩子生活幸福，并认为金钱和地位可以“量化”幸福，殊不知这种功利的取向可能恰恰会葬送孩子的童年。所以转变教育的功利化倾向，重视培养对社会有用的合格公民，应该成为幼儿教育必须坚持的本质属性之一。

四、偏离幼儿教育本质的功利化倾向与危害

当下，我们正处在一个国际化、信息化的年代，知识经济时代引发了社会激烈竞争，普通民众已经广泛意识到幼儿期智力开发和素质培养对幼儿未来成长和发展的重要作用，因此幼儿教育很快成为社会关注的热点和焦点。然而，多数民众受“不能让孩子输在起跑线上”等功利主义教育观的影响，对幼儿教育亦给予了过高的期待。各种兴趣班、学习班应运而生，幼儿教育小学化倾向越来越严重，知识捆绑、智力强化，儿童“被”教

育、“被”发展已经成为当前幼儿教育领域中的普遍现象。这不仅严重违背了幼儿身心健康发展的特点和早期教育的规律，与幼儿教育的本质和初衷亦背道而驰。简言之，当下的幼儿教育已经演变成习得知识和技能训练的场所，同时也已经成为既定教育轨道的起点和应试教育的摇篮。若长此以往不仅会使幼儿教育沦为追逐功利和形式的工具，又因为违背儿童健康成长的初衷，忽略儿童生命发展的目标，最终还将严重影响人才培养的质量和国民素质的提升。学前教育中出现的幼儿教育小学化、幼儿教育过度化等问题，看似成年人在为下一代的发展而努力，其实质却是在葬送儿童的幸福、危害幼儿的成长。以下将总结其三点危害。

危害之一：忽视儿童身心发展

学前儿童受教育是人权的重要起点，对维护儿童的成长和社会的发展均具有重要作用。但如果幼儿教育越来越奉行功利化的趋向，或者家长和社会把自己的意志强行转移到儿童身上，并且只关注结果而忽略儿童发展的过程，同时过于注重儿童智育的发展而不顾儿童身心发展的规律和个性特征，那么其结果就会给幼儿带来诸多危害。正如法国学者卢梭在《爱弥儿》中这样论述：“大自然希望儿童在成年以前就要像儿童的样子。如果我们打乱了这个秩序，就会造成一些早熟的果实，它们既不丰满也不甜美，而且很快就会腐烂。我们造就的只是一些年纪轻轻的博士和老态龙钟的儿童。”

首先，从幼儿身体健康角度来看，幼儿正处在身体生长发育的起始时期，其典型特征是肌肉组织容易产生疲劳，坚持时间较短，骨骼发育不坚硬，容易发生弯曲和变形；同时，幼儿的神经系统也正处于发展中，大脑发育还不够完善，注意力不够集中且容易被干扰。① 因此处于幼儿阶段的这些生理特征就决定了他们并不属于真正意义上能“坐下来学习”的“学生”。幼儿不能长时间专注于一件事情，如果过早对其进行规范性学习，使其长时间处于注意力集中的状态，不仅不利于幼儿肌肉、骨骼和神经系统的发育，甚至还会对身体机能造成很大伤害，如使幼儿养成不正确的姿势和体态等，这对幼儿的身体健康会带来严重危害。其次，幼儿教育的功利化倾向会影响幼儿非智力因素的发展。比如，游戏是幼儿的主要活动方式，幼儿的发展水平和认知特征也决定了幼儿往往采用游戏的方式来认识和了解周围的世界，同时个性化、社会化、主动性亦是在游戏精神的影响下形成的。② 然而在实际的幼儿教育过程中，成年人为了让幼儿更快地适应社会，片面地强调教育的工具性、实用性

---

① 尧莹莹：《幼儿园教育小学化倾向的现状分析与对策研究——以河南省××县为例》，河南师范大学硕士论文，2017 年。

② 韩瑞敏：《幼儿教育中游戏精神的缺失与重建》，河南师范大学硕士论文，2016 年。

和追逐效益，从而过早偏重对幼儿进行知识或技能获得的关注，于是幼儿参与游戏的时间就相应减少，自由玩耍的机会就被剥夺，这种异化的幼儿教育方式会使原本应该在幼儿阶段具有的好奇心、主动性、创造性、探索性以及交往能力等都得不到充分发展，最终则会影响幼儿的心理和生理发展。再从终身教育的角度看，幼儿教育乃是人生的起始教育，这一时期的教育和引导对幼儿之后终身学习能力的形成都具有基础性和先导性的作用。然而，当前幼儿教育却往往迫使孩子们在各种辅导班和兴趣班中疲于奔命，让他们提前学习那些难以消化的知识，而这一切的目的仅仅是为了进入小学后能够打下坚实的知识基础。这种教育方式显然违背了幼儿身心发展规律，超出了幼儿接受能力，并使他们过早地承受了学习的压力，不仅无法提升幼儿的智力能力，反之会滋生对学习的厌烦情绪，丧失学习的兴趣。

危害之二：扼杀儿童天然本性

如果从幼儿教育的发展历史来看，近代学前教育制度建立的目的之一，是使父母双亲从家庭育儿劳作中解放出来，从而获得更多的就业机会，同时把儿童交付给专业机构与专业人士进行看护，这可以提升育儿的整体水平。因此它也是现代社会进入工业革命以后随着社会分工的细化而出现的产物。在这其中，安全和快乐是最为重要的因素，而“教育”应当是一种辅助性的手段，尤其是那些标准划一、手段单一的教育方式，它们往往会扼杀幼儿的天性，对幼儿个性化的发展毫无助益。然而现代幼儿教育发展至今，已渗入太多功利与利益的因素。比如，家长期望通过早期教育可以让孩子“早日成才”超越他人；又比如一些知名小学为了争夺生源，在招生时要求孩子提交学习成绩证明等。这些现象不仅让幼教工作者感到困惑，也给家长带来了压力，使得原本应该以游戏为主的非智力性快乐教育变成了应试技能教育。

危害之三：违背幼教发展规律

当前的幼儿教育，无论是家长还是教师，都普遍追求教育的工具性和实利性，他们更关注那些能立竿见影的“显性”效果，而轻视乃至忽视幼儿心灵的丰满与长远的发展。这种功利化的教育倾向不仅违背了幼儿教育的本质，而且给整个幼教事业都带来了不利影响。具体来说，一是幼儿教育的功利化违背了幼儿教育的发展规律，与世界幼儿教育的发展方向相背离。国际社会谋求的幼儿教育是全面、和谐的发展，特别重点关注幼儿的社会性和情感因素的发展。不仅要让幼儿获得一些基本的知识和技能，更重要的是通过教育促进幼儿人格的均衡与和谐发展，使幼儿能够从小养成良好的生活习惯，并培养他们持续成长的能力。①二是将单纯的幼儿教育放置于市场的不良竞争中，由此削弱了

① 王春燕：《幼儿教育新的价值取向：幼儿教育与生活的融合》，《学前教育研究》2001年第5期。

地方政府对学前教育的治理能力。在应试教育客观存在的背景下，又因社会对功利主义的盲目推崇，许多父母陷入了追求虚荣的漩涡，他们希望孩子更早并更多地接受知识性教育，并为其“精心”谋取优质的教育资源。幼儿教育市场为了迎合家长们的这种心理，会设置各种特色课程吸引家长报课，并以升入知名小学作为诱饵，这些现象越发加剧了幼儿教育的畸形发展。不良竞争的结果不仅造成我国公私幼儿园比例的严重失衡，也使地方政府丧失了对幼儿教育进行有效监管的机会与可能，同时还极大地损害了教育的公益性原则。

五、回归幼儿教育本质的发展建议

（一）重视幼儿教育本质的研究，重构幼儿教育的实践价值

近年来，关于“幼儿教育究竟是什么”的问题逐渐被学界所忽视，日趋激烈的社会竞争与趋利主义的影响，让人们更看重的是幼儿教育的实用性和工具价值，而忽视了对幼儿身心发展的深切关注。对幼儿教育本质的探究也正在被弱化，正如德国哲学家、教育家雅斯贝尔斯所指出的，“如果人们忽略日益严重的教育本质问题，那么教育就会丧失其根本目标从而造成教育

的不稳定和支离破碎。它带给学生的不再是包罗万象的整体教育,而是混杂的知识”①。因此,教育理论界应重视对幼儿教育本质的研究和探讨,充分认识幼儿教育的特征和特殊性,同时通过理论研究与成果的实践转化,引领社会舆论,改变当前学前教育功利化的现状,实现重构幼儿教育价值体系的目标。

(二) 重新定位学前教育在国民教育体系中的位置,促进幼儿教育的可持续发展

学前教育是国家教育体系中的一个重要组成部分,其性质、功能和定位体现了一个国家对儿童的立场与态度。例如英美等国都把学前教育看作是其他教育的开端。1994 年制定的《美国 2000 年教育目标法》中,第一项规定就是“所有美国儿童都要有良好的学前准备”,基于的就是学前教育的公平性与基础性。但随着绝大多数幼儿园的市场化,学前教育的这种“公平性”特征日益弱化,而教育的“功利性”特征却日益强化。尤其是发展到今天,原本的教育性质已经逐渐异化,进而演变成一种与财富和才智密切相关的因素。故如何保障学前教育的公平性与普惠性原则应被重视与贯彻,而使学前教育能真正为社会提供一种不可或缺的公共服务产品,则是我们必

① [德] 雅斯贝尔斯:《什么是教育》,邹进译,生活·读书·新知三联书店 2021 年版,第 45 页。

须关注的焦点。①

(三)倡导学前教育的游戏精神,回归快乐教育本源

诗人叶芝曾说:“教育不是灌满一桶水的过程,而是点燃一把火的瞬间。”教育,既是培养人生命的进程,也是关怀人的生命并使人生充实而幸福的重要元素。对幼儿而言,他们的人生才刚刚开始,所谓“学前”,指的就是他们还尚未进入真正学习的阶段。因此健康、快乐、安全就应该成为幼儿教育必须坚守的基本宗旨与原则。幼儿教育应当通过游戏促进幼儿身体和心理的健康发展、促进幼儿认知与生活习惯的有效养成与开发,以及提升幼儿审美情趣和审美能力的整体水平。② 这些都是推进幼儿教育健康发展、体现幼儿教育本质,贯彻幼儿教育基本原则的重要对策与建议。

* 本文曾发表于《新疆师范大学学报》(2019 年 2 月),原题为《论幼儿教育的本质》。《中国人民大学复印报刊资料》全文转载本文。

---

① 刘焱:《对我国学前教育几个基本问题的探讨——兼谈我国学前教育未来发展思路》,《教育发展研究》2009 年第 8 期。

② 马金祥:《论游戏在幼儿教育中的价值》,《潍坊工程职业学院学报》1999 年第 C1 期。

关于我国学前教育立法的若干思考

一、问题的提出

学前教育是完善现代国民教育体系和构建终身教育体系的重要组成部分，它不仅与家庭教育相融合，还与基础教育相连接。一个国家学前教育的普及和健全与否，对强化义务教育质量、提升国民整体素养乃至促进社会健康与健全发展，都具有举足轻重的积极作用。但长期以来，因资源不足而造成的入园难、入园贵等问题一直困扰着万千家庭，随着全面放开二孩政策所带来的适龄儿童入园需求的激增，再次引发社会各界对学前教育的普及和进一步发展问题的强烈关注。但“供需关系”的严重失衡、公办幼儿园数量的明显不足、教师队伍的后继力量贫弱以及幼教经费缺乏政策机制的有效保障等问题，都直接制约了学前教育的进一步快速发展。根据2017年7月教育部发布的《2016年全国教育事业发展统计公报》①数据显示：当年全国共有幼儿园23.98万所，其中民办幼儿园已达到15.42万所，占了总体的64.3%；现入园儿童的总人数为1922.09万人，而在园儿童（包括附设班）的人数则更高达4413.86万人。基于以上幼教热的现状，自2010年以来，政府相继制定了一系列的政策，并实施了两轮三年行动计划，但入园难、入园贵的状况仍然没有得到有效改善。目前我国学前三年的毛入园率虽已高达77.4%，但由于学前教育没有纳入义务教育体系，尤其是学前教育法的长期缺失，导致幼教发展一直处在一种缺乏机制保障，缺少缜密规划的无序状态之中。如以上所述，公办幼儿园与民办幼儿园数量的严重倒置，使接近2/3的孩子被迫选择民办幼儿园，而民办幼儿园的良莠不齐及营利性质又直接导致幼儿园原本应该坚持的公益性、普惠性原则丧失殆尽。根据当前全国发展的整体状况来看，除了上海市、江苏省等一些省市及浙江省的少数地区公办幼儿园的数量占了总数的50%以上以外，全国绝大部分地区学前教育的公共服务体系尚未形成。在相当多的区域，尤其是中、西部地区公办幼儿园资源十分匮

① 中华人民共和国教育部：《2016年全国教育事业发展统计公报》，参见http://www.moe.edu.cn/jyb_sjzl/sjzl_fztjgb/201707/t20170710_309042.html。

乏，普惠性教育资源严重短缺。同时，因为现代企业全面实行教企分离的机制，大部分的企事业单位亦因办园成本高、用工风险大、安全责任性强以及主办单位属性变化等原因，纷纷退出了企业办幼儿园的机制，而已有的附属幼儿园也面临着停办或改制的困境。从新建城镇小区配套幼儿园的情况来看，其建设进度与城市化扩张的速度相比更是严重失衡，城镇学前教育资源的“短板”日益凸显。从我国当前的实际情况来看，幼儿入园难的矛盾主要集中在城区，而农村学前教育面临着基本质量难以保障、规范办学难以推进的困境。由于城市的吸附效应，随着新建楼盘和住宅小区的持续增多，以及外来人口的不断涌入，适龄入园儿童的数量急剧上升，这也进一步加剧了学前教育资源的紧张局面。然而，小区配建的幼儿园即使建成也往往因为审批交付手续的繁杂而难以迅速移交地方政府管理。再加之缺乏硬性管理规定和刚性举措，即便移交政府教育部门管理的也难以办成普惠性的幼儿园。由于学前教育尚不属于义务教育范畴，办园资金往往得不到有效保证，入园贵的问题也一直催化着各界对于学前教育发展现状的忧虑与关注。此外，还存在师资配备不足，设施缺口较大的问题。新建公办幼儿园还往往因为未能及时通过有关部门的审批，而导致大部分幼儿园处在教师无编制、待遇无保证的困难境地。民办幼儿园也同样面临着经费问题，这导致其教师队伍的稳定性较差，教师的整体素质也有待提高。上述问题都给学前教育的进一步深化发展造成了严重的障碍与阻力。

2017年5月，教育部、国家发展改革委、财政部、人力资源和社会保障部四部门联合印发了《关于实施第三期学前教育行动计划的意见》。《意见》指出，到2020年，要基本建成广覆盖、保基本、有质量的学前教育公共服务体系。而全国学前三年的毛入园率也要达到85%以上，其中普惠性幼儿园的覆盖率(公办幼儿园和普惠性民办幼儿园在园幼儿数占在园幼儿总数的比例)更要达到80%左右。《意见》还要求通过新建或改扩建的方式创立一批新的公办幼儿园，同时建立健全的学前教育经费投入机制及构建教师队伍建设的支持体系等。以上在2020年基本普及学前教育的目标固然十分具有前瞻性，然而，在笔者看来，若缺乏学前教育法的确立及法律框架内的明确规范，我们面临的多重挑战，如优化管理体制、完善投入机制、建立运行保障制度、坚守普惠性与公益性办园原则，以及确保教师身份与待遇等，都将沦为空谈。因此，我们迫切需要将学前教育法的制定提上议事日程并付诸实践。这不仅是切实保障我国当前学前教育事业健康发展的重要路径，也是对解决“入园难”“入园贵”等一系列现实问题的根本保障。

二、学前教育立法的国内外现状

如以上所述，学前教育是人之初的“教育”，是个体终身发展的起始与奠基阶段。学前教育的完善与否，对于巩固和提高九年制义务教育的质量与效益乃至全面提升国民的整体素养、改善社会风气都具有奠基性、全局性和先导性的重要价值与意义。现代社会的发展已经充分证明，学前教育的普及程度不仅深刻影响着每一个家庭子女的身心发展，更关系到一个地区乃至一个国家基础教育的根基是否稳固、是否具有终身发展潜质的重要前提和基石。所以学前教育的普及非常重要，而普及的重要基础就是需要得到法律的认可与保障。

（一）学前教育立法的国际趋势

若将学前教育放置于更广阔的视野中进行定位，我们不难发现其与国家当前正积极构建的终身教育体系紧密相连。终身教育，顾名思义，涵盖了从婴儿摇篮到老者拐杖的整个人生历程，因此学前教育作为其起始阶段显得尤为重要。而纵观世界诸国，如美、英、法、巴西、墨西哥、瑞典、匈牙利等，都制定了专门的学前教育法，或在相关法律中明确规定学前教育的普及措施，由此为其提供了高层次，具有强制性和权威性的法律保障。这些举措不仅有效地推动了学前教育的普及进程，也针对性地解决了普及过程中所遭遇到的现实问题。

(二)学前教育立法的国内现状

衡量一国之教育体系是否发达,其重要的标准之一就是看这个国家有无完整的、连贯的教育立法体系。自新中国成立以来,虽已先后颁布了《中华人民共和国教育法》《义务教育法》和《高等教育法》等九部教育法律,但学前教育法却长期处在缺失的状态。截止到 2017 年,我国对学前教育进行规范的主要依据是《幼儿园管理条例》①以及《幼儿园工作规程》②。前者由国务院批准制定于 1989 年 8 月 20 日,其中规定了国家对幼儿园的基本要求和管理的基本原则。然而,就条例的层级而言,它仅处于教育法律法规体系中的第四层级。相对较低的法律层次也导致了其法律规范的效力相对较弱,这种情况在一定程度上阻碍了学前教育的有效推进,同时在协调其他法律关系和规范各主体行为等方面也显得力不从心。1996 年 3 月所公布的《幼儿园工作规程》是依据《中华人民共和国教育法》的基本

① 中华人民共和国教育部:《中华人民共和国国家教育委员会令第 4 号-幼儿园管理条例》,参见 http://www. moe. gov. cn/srcsite/A02/s5911/moe_621/201511/t20151119_220030.html。

② 中华人民共和国教育部:《中华人民共和国教育部令第 39 号-幼儿园工作规程》,参见 http://www. moe. gov. cn/srcsite/A02/s5911/moe_621/201602/t20160229_231184.html,2017 年 12 月 1 日。

原则，为加强幼儿园的科学管理、规范办园行为、提高保育和教育质量、促进幼儿身心健康而制定的，其对促进和规范学前教育事业的发展起到了重要作用。

但是，随着社会主义市场经济体制的确立，教育管理体制和办学机制的巨大变化，学前教育也面临着幼儿园办园体制和投入机制的巨大变革。因此，2015 年 12 月 14 日第 48 次教育部部长办公会议就专门审议通过了修订的《幼儿园工作规程》（2016 年 3 月 1 日正式施行）。修订的内容包括强化安全管理，规范办园行为，完善幼儿园内部管理机制，注重与法律法规和有关政策的衔接等。总体而言，该规程仍主要聚焦于幼儿园办学的具体规范，对学前教育的整体发展和全面规划仍显不足，它不能完全充分涵盖学前教育在发展过程中所呈现出的时代特征，也无法完全满足社会发展的多元化需求。

（三）中央层面的立法进程

虽然目前我国针对学前教育所颁布的正式文件只有上述两部，但就学前教育立法的进展而言，业界和政府都表现出了极高的重视。从 2003 年至 2017 年，国务院、教育部以及全国人大教科文卫委员会都对学前教育的立法给予了高度关注，表 1 即关于学前教育法立法进程的回顾。但耐人寻味的是，从 1989 年至今，学前教育法的制定却仍然停留在口头或文件推动的状态。

表1　中央层面为推进学前教育立法所做的工作

年　份	中央层面的举措
1989年	国务院批准国家教委令第4号，发布了《幼儿园管理条例》
1996年	1996年3月9日中华人民共和国国家教育委员会第25号令发布《幼儿园工作规程》，自1996年6月1日起施行。1989年6月5日发布的国家教育委员会第2号令《幼儿园工作规程(试行)》予以废止
2003年	全国人大教科文卫委员会把学前教育立法列入了立法调研计划
2006年	全国人大教科文卫委员会正式委托教育部开展学前教育法案的研究与起草工作
2007年	在全国人大常委会法制工作委员会《关于研究拟订下一届五年立法规划有关事项的通知》(法工委发〔2007〕74号)的复函中，教育部提出将学前教育法列入全国人大常委会五年立法规划 国务院颁布《国家教育事业发展"十一五"规划纲要》，明确提出要适时启动学前教育法的起草工作
2008年	教育部提出"加快起草……学前教育法……工作进程"
2009年	教育部提出"继续推进学前教育立法，开展相关研究和草案起草工作"
2010年	国务院先后下发了《国家中长期教育改革和发展规划纲要(2010—2020年)》和《国务院关于当前发展学前教育的若干意见》(以下简称"国十条")，提出要加大学前教育投入，首次明确提出学前教育"五有"的财政投入体制具体涵盖了以下几个方面：首先，预算有科目，即将对学前教育的投入明确纳入各级政府的财政预算中；其次，增量有倾斜，新增的教育经费要向学前教育倾斜；第三，投入有比例，并

续 表

年　份	中央层面的举措
2010 年	且这个比例在未来三年里要明显提高；第四，拨款有标准，需要建立并实施幼儿园生均经费标准，特别是生均财政拨款标准；最后，资助有制度，对于贫困地区、贫困人群接受学前教育提供专门的资助制度
2011 年	教育部“启动学前教育、家庭教育等立法项目”；实施学前教育第一期三年行动计划
2012 年	“开展学前教育法研究起草工作”被列入当年工作要点；《国家教育事业发展第十二个五年规划》再次明确要“推进学前教育法起草工作”
2014 年	继续出台实施学前教育第二期三年行动计划
2016 年	《幼儿园工作规程》修订案经 2015 年 12 月 14 日教育部第 48 次部长办公会议审议通过，自 2016 年 3 月 1 日起施行
2017 年	“启动学前教育法立法”被写入教育部工作要点中

(四) 地方层面的立法经验

为了解决学前教育所面临的区域性挑战，一些地方政府在国家尚未出台学前教育法的情况下，率先开展了地方性立法的探索与实践。如继 1998 年青岛市出台了《青岛市托幼管理条例》之后，北京、太原、南京、徐州、合肥等省市先后制定并实施了地方性的《学前教育条例》(见表 2)。这些地方条例对学龄前儿童教育权益的保障、地方政府应负的幼儿教育责任(如地方学前教育事业发展机制的建立、地方政府对学前教育的投入、地方学前教育的管理与监督、保教人员的资格与权益等)都做出了有效的规范,同时也为全国性的立法制定提供了重要的经验与参考。纵观各地方条例制定的具体内容,其突出的特征是对学前教育性质和地位予以了确认。但根据《立法法》第六十四条规定,地方性法规仅能对如下事项作出规定:为执行法律、行政法规的规定;需要根据本行政区域的实际情况作具体规定的事项;属于地方性事务需要制定地方性法规的事项。因此,对学前教育的性质和地位的确认,本应通过更高级别的“单行法”,即国家学前教育法来明确,这样才能确保其符合规范。同时,地方政府在履行责任时,也需要得到中央政府的指导和监督。①

表 2　我国已出台的地方性学前教育法规、条例与办法②

年　　份	地方性学前教育法规、条例与办法名称
1998 年	《青岛市托幼管理条例》
2001 年	《北京市学前教育条例》

① 梁慧娟:《我国地方学前教育立法的内容分析及其启示——以三个地方性学前教育法规为例》,《学前教育研究》2013 年第 4 期。

② 根据我国宪法第 100 条和第 116 条的规定,有权制定地方性法规的机关是省、直辖市、民族自治区以及较大的省会城市(或称计划单列市)的人民代表大会及其常务委员会。

续　表

年　　份	地方性学前教育法规、条例与办法名称
2004年	《太原市学前教育管理条例》
2005年	《南京市学前教育管理办法》
2007年	《徐州市学前教育管理条例》
2009年	《合肥市学前教育管理条例》
2010年	《福州市学前教育管理办法》
2011年	《杭州市学前教育促进条例》
2012年	《江苏省学前教育条例》
2012年	《宁波市学前教育促进条例》
2012年	《云南省学前教育条例》
2014年	《安徽省学前教育条例》
2014年	《山东省学前教育规定》
2016年	《天津市学前教育条例》

（五）学前教育立法的国际经验

纵观当今世界一些发达国家，我们发现它们都普遍非常重视发展本国的学前教育，这些国家不仅在不同层面上制定和完善了本国学前教育的法律法规，还依靠立法手段确保了政府对学前教育的投资，并严格规范学前教育的办学行为。如在1994

年的《美国2000年教育目标法》中，美国政府将“所有美国儿童都要有良好的学前准备”列为国家教育目标法的首位，首先就是因为学前教育的基础性，其次是这对实现其他教育目标也有着重要而密切的关系。而依据美国的现状来看，联邦政府早在1979年就颁发了《儿童保育法案》(*Child Care Act*)，1990年又通过了《儿童早期教育法案》(*Early Childhood and Education Act*)，同年还制定了《儿童保育和发展基金法案》(*Child Care and Development Block Grant Act*)，1995年则再次对其进行了修订。① 英国也在1989年颁布了《儿童法案》(*Children Act*)。澳大利亚则在1972年就颁发了《儿童保育法案》(*Child Care Act*)。为了规范学前教育体系，保障和不断提高学前教育质量，澳大利亚联邦政府还制定了一系列的法律法规，如《投资幼儿时期——国家早期儿童发展战略》《学前教育及儿童保育国家质量框架》《归属、存在和形成：澳大利亚早期学习大纲》以及《国家教师专业标准》等。总而言之，制定学前教育法早已成为国际潮流，其对学前教育的整体推进不仅起到了制度性保障的作用，并且对学前教育步入法制化建设的正确轨道发挥了重要的引领作用。

---

① 刘翠航：《美国联邦学前教育立法演变与当前法律结构分析》，《基础教育参考》2013年第21期。

三、我国学前教育法为何难以制定

改革开放近四十年来，我国学前教育事业已经获得了很大的发展，然而，由于国家尚未出台相关的法律规范，并且面临着社会结构转型与经济体制改革的新形势，学前教育事业的发展也遇到了明显困境。为了进一步推动我国学前教育事业的深入改革与发展，制定一部学前教育法已经明显地成为刻不容缓的紧迫任务，这也是解决当前学前教育所面临的各种发展问题的切实保障。然而，正如前文所指出的，尽管多年过去，学前教育法却迟迟未能制定。在笔者看来，造成学前教育法难以制定的原因主要有以下几点。

第一，民营化、企业化、集团化的运作模式导致了学前教育立法边界的模糊，学前教育“公益性”的特质逐渐褪色。对于我国而言，国家层面的教育立法，除了《民办教育促进法》以外，其他规范的对象一般都以政府主办的公立学校为主。但我国自改革开放以来，由于在教育领域倡导市场化与自由化的理念，又因学前教育不属于义务教育范畴，就导致民间资本大量涌入学前教育领域。而资本的逐利性，必然会使其在学前教育领域的营利性特征凸显。为了在激烈的市场竞争中谋取利益最大化，学前教育系统开始贯彻差异性及集团化的运作模式与竞争法则。一些民营企业则通过资本运作大量收购公办幼儿园，并声称专业化与特色发展的路线。然而，除了收取高额费用外，这些企业对于特色和专业化的真正内涵并没有清晰的认识和明确的思路。而幼儿园公益性特征的不断弱化，营利性特质的不断加强，导致了公办、民办不同性质的幼儿园在学前教育立法中面临如何区分、如何界定以及如何与《民办教育促进法》中涉及营利性幼儿园的内容进行协调和统一的问题。换言之，原本在学前教育法中应该凸显的公益属性，却因为民办幼儿园的大量涌现，而处在难以清晰区分与明确界定的困境之中。

第二，地方性区域之间经济文化发展水平差异巨大，导致幼儿园办园主体及投入机制的变化。一些地方政府在理解上存在偏差，对中央提出的关于学前教育事业应实行“两条腿走路”的发展方针认识不足，误以为地方政府对学前教育可以减少投入甚至不投入；有些地方政府还采取企业改制的办法，要求公办幼儿园自筹资金甚至停拨教师人力成本，导致一些地方“卖”园风盛行。如有将公办幼儿园的产权变卖给私人企业或个人的，也有将公办幼儿园推向市场而撒手不管的。一方面，因为缺乏法律明确的规定与政府的监管，社会上各种民办幼儿园的资质及办园条件都缺乏相应的规章制度的保障与制约，这导致其身份地位至今尚未明晰；另一方面，随着民办幼儿园的迅猛崛起，他们打着各种特色的“招牌”，甚至公开争夺公办幼儿园的师资和生源，这就使得公办幼儿园原本有限的发展空间愈发受到挤压。换句话说，某些地方政府在幼儿教育领域的“不作为”，已经导致了幼儿园办学主体及其性质的根本逆转。

第三，对于界定学前教育属性与确定其整体归属存在一定的困难。自改革开放以来，我国国民经济的发展突飞猛进，国家在教育领域的投入也得到了稳步增长，将原来的九年制义务教育拓展到十二年的呼声不绝于耳。但这一拓展也面临了向前开拓还是往后延伸的两难困境，若将义务教育延伸至高中，那么初中后的普高与职高的分流就难以协调与规范；而将义务教育朝前推移，人们又担心应试教育的恶习将蔓延至幼儿园。根据观察国外的状况来看，延伸至高中的居多，其中有出生率大幅度降低的原因，也有把普及高中看作是提升国民整体教养的战略考量，故而普及高中已经成为西方国家发展的基本趋势。然而我国情况略有不同，义务教育延伸到高中阶段会造成大学升学的巨大压力，学前三年纳入义务教育对减低年轻父母经济压力等意义又非常重大。但当前的焦点是如何基于幼儿的立场对学前教育的性质予以科学而准确地界定，以免再度陷入应试教育的深渊。这也是现在学前教育法急需明晰的重要课题。

第四，学前教育经费投入机制及其责任主体不明。学前教育经费是学前教育发展的重要保障，也直接反映了国家和社会对学前教育的重视程度及发展投入力度。尽管近十年来我国对学前教育的经费投入有所增长，但从总体来看，学前教育经费占整体教育经费的比例仍然较低，直到 2011 年，初等教育的经费仍然是学前教育经费的三倍之多。① 我国对学前教育经费投入的严重不足不仅导致了目前幼儿园的数量和质量无法满足社会民众的需求，还极大地弱化了学前教育的公益性②和普惠性原则。由于学前教育经费制度的建设首先需要明确国家和各级地方政府应当承担的相关责任，同时需要处理好与初等、中等和高等教育经费投入的比例关系，因此如何给予明确界定与合理分配是学前教育立法需要破解的一大难题。

第五，幼教教师身份认定、教师编制及职称评定机制建立困难。当前，我国幼儿教师的待遇普遍偏低、社会地位不高，不少师范类幼教专业的学生甚至离职转行，从而导致目前全国缺失合格幼儿园教师约 280 万之多。由于没有相关法律的明确规定，所以幼儿园至今没有建立教师准入制度，在岗教师也没有专业进修或培训的严格规则与途径，由此造成了幼教教师专业素质整体偏低。此问题对立法而言也是一大考验，因为如果通过

① 董艳艳：《近十年我国学前教育经费投入及其主要成效与困境》，《当代教育科学》2015 年第 1 期。

② 学前教育的公益性，是指这种教育需和义务教育一样为大多数甚至全体公民所共同享有。

立法明确建立教师准入制度,那么一些基本规定和要求就可能会导致一大批不合格的在职幼儿教师下岗,那么幼教缺编的状况将会雪上加霜。幼儿教师的编制不仅能起到稳定教师队伍的重要作用,而且还与幼儿教师有无参加职称评定乃至得到职务升迁的机会有关。因此如何解决以上幼儿教师的从业资格、编制职称与待遇问题,都是学前教育法必须重点给予解决的难题。

除此以外,导致学前教育法难以制定的原因还有很多。如政府在推进学前教育发展过程中的作用与地位,政府作为责任主体应该承担怎样的推进义务等问题,新的立法都必须对这些问题给出明确的答案。

四、制定学前教育法何以可能?

在讨论了学前教育立法的重要性、紧迫性及其面临的瓶颈与困难以后,我们再来探讨一下学前教育立法的可能性问题。

(一) 理论层面的可行性

首先,重视早教、发展学前教育事业在我国已经渐成共识。近年来,我国政府和社会各界对学前教育事业的发展日益重视,党和国家领导人亦多次在不同场合强调推进学前教育的必要性。而将素质教育融入幼儿教育,从娃娃开始推进素质教育的思想也已经成为教育界的共识并付诸于行动。例如，将幼儿教育列入《面向 21 世纪教育振兴行动计划》，并且中共中央、国务院在《关于深化教育改革，全面推进素质教育的决定》中亦明确指出“实施素质教育应当贯穿于幼儿教育、中小学教育、高等教育等各级各类教育”，这无疑奠定了幼儿教育作为素质教育推进过程中第一环的重要地位。同时，在此背景下，呼吁制定国家学前教育法的呼声开始得到各方的响应。

其次，目前对于坚守学前教育公益性的原则，人们已基本达成共识。因为无论哪一部教育立法在制定之初，都首先需要明确其立法宗旨与基本立场。学前教育法的制定自然也不例外。虽然近年来民间力量介入幼儿教育已成为一种趋势，但从中央到地方，无论是专业人士还是政府部门都始终坚持幼教的公益性原则，并严守幼教的惠民立场，以及明确政府在推进学前教育事业过程中的主导地位。换言之，承认学前教育的公共属性①，认真贯彻落实学前教育的公益性原则，这不仅针对的是公办幼儿园，同样也适用于民办幼儿园。而只有民办及私立幼儿园开始重视幼儿教育的公益性原则，这才能在立法层面对民办幼儿园的市场秩序进行规范，并形成公益性和特色化相结

① 庞丽娟、韩小雨：《中国学前教育立法：思考与进程》，《北京师范大学学报(社会科学版)》2010 年第 5 期。

合的办学模式。此外，彰显学前教育公益性的立法理念，其目的还在于要明确政府的推进责任与监管责任。特别是在居民密集区域，政府有义务投入公共资金设立公办幼儿园。而对民间资本创办的民办幼儿园，政府也必须承担起对教育质量、办学行为、收费标准等的监察与监管职责，以避免学前教育变成少数资本运作者手中敛财的工具。综上所述，为了切实贯彻学前教育的公益性和普惠性原则，保障其发展的规范化、科学化，立法手段显得尤为必要。因为只有通过立法，我们才能进一步明确学前教育在整个教育体系之中的重要地位；也只有通过立法我们才能明确政府的推进责任，并由此确保学前教育公益性原则的回归与落实。

（二）实践层面的有效性

首先，一些地方政府已经进一步着手优化学前教育的投入结构和明确其投入性质。在投入方向上，其重心已由强调新建幼儿园转向已建园区的正常运转与开张招生。而在投入结构与性质上，开始适当降低中央及地方用于新建幼儿园的投入比例，转向对普惠性幼儿园，尤其是公办幼儿园的建设与发展上。换言之，注重“普惠性”与“教育质量”，而非单纯依赖身份或地位，是有效扩大学前教育资源、快速提升幼儿教育质量的手段和途径。

其次，各级地方政府对保障学前教育经费的投入也给予了高度重视并逐步建立了合理的机制。学前教育经费投入的不足一直是制约我国学前教育发展的最大障碍。现在中央政府已经明确要求“鼓励普惠性幼儿园的发展”,这无疑为学前教育落实公平教育理念奠定了坚实基础。目前,一些地方政府已经开始在政策上设计如何发展普惠性幼儿园,其目的是希望形成普惠性幼儿园的质量标准、收费标准、教师基本薪资标准、家长成本分担比例等一体化的机制。例如,天津地区已经将财政重点转向支持乡镇幼儿园和农村幼儿活动站的新建、扩建及园舍的加固改造,以提升农村学前教育的保障能力,同时还在城区扩大学前教育资源的奖补资金。江苏省扬中市出台的《关于进一步加快推进学前教育改革发展的实施意见》,提出建立学前教育的成本分担机制,即“政府投入为主、社会投入为辅、家庭投入合理”。其中规定公办幼儿园的政府投入要占学前教育总投入的80%以上,剩余部分则由社会举办者及家庭补充,由此建立一个健全的成本分担机制。

第三,国家开始着力构建稳定的学前教育师资队伍与科学管理的机制。任何一种教育机构的健康与健全发展都需要有一支过硬的教师队伍,学前教育的发展同样需要高质量师资队伍的保障。由于学前教育尚没有立法,因此大部分教师的身份待遇问题还没有得到根本性解决,尤其是乡村学前教师队伍,更是面临着严重的困境和挑战。对此,从中央到地方已通过加强各地师范院校学前教育学科的建设，来缓解短缺的困境。具体做法包括：有效拓展各地高师、师专和幼师的培养能力，创新师资的培养模式；同时积极面向已经获取教师资格证的师范毕业生和综合院校的毕业生，甚至面向社会广开纳贤大门，招聘有意从事幼教的人员，并通过分层分类、有针对性地培训，合格后上岗的形式，来扩充对幼儿教师的培养；除此以外，对就职后的幼儿教师进行定期培训，同时建立非在编教师的工资标准、流动、晋升、福利等制度，以稳定和发展幼儿教师队伍。

（三）具体内容层面的思考与建议

从具体内容来看，若要制定一部规范、有效的学前教育法，笔者还有以下几个方面建议：

第一，必须明确学前教育在国民教育体系及终身教育体系中的作用与地位。简言之，我们已处在终身教育的时代，学前教育必须明确它的“学前性”特质。学前教育处在人的身心素质全面发展的起始阶段，其对个性的养成、素质的提升以及人格的完善都起着最初的奠基作用。因此学前教育是否发展和完善，将决定国家未来终身教育体系构建的成与败。

第二，必须明确学前教育的“公益性”与“普适性”的坚定立场。学前教育必须坚持以公办为主的原则，严守公平、公正与公益的理念。然而，当前因为学前教育没有纳入义务教育体系，因此其公益性特质不仅不突出，甚至有弱化的倾向。例如学前教育机构发展的不均衡，资源分配的不公正，政府资金投入的不充足，管理体制的不健全等都是造成其公益性减弱的原因所在。因此在学前教育法中必须明确学前教育是为个体全面健康且终身发展奠定基础，应该归属于全体公民的国民基础教育范畴，①以保障其公平与公正原则的贯彻与执行。

第三，需要明确学前教育的"基础性"与"快乐性"原则。学前教育面对的是全体适龄儿童的教育，这种教育与具有选拔功能的中等和高等教育具有本质的区别。简言之，不论个体的智力水平、性格特征或家庭背景有何差异，政府都需要对每个适龄儿童的学前教育权予以有效保障。而强调教育的"学前"特征，又决定了我们不可以把学前教育理解为是学校教育的"前缀"，所以必须在学前教育法中明确学前教育的基本宗旨是以保护幼儿身心健康及快乐生活为主，同时切实贯彻以游戏活动、行为习惯养成为核心的幼儿教育原则，其中特别需要彻底提防应试教育的魔咒，回归幼儿教育的本源。

第四，必须要明确各级政府和教育部门在学前教育中所应承担的职责和义务。国务院及县级以上人民政府应对学前教

① 庞丽娟、韩小雨：《中国学前教育立法：思考与进程》，《北京师范大学学报(社会科学版)》2010 年第 5 期。

育进行全面规划和统筹安排,合理配置教育资源,确保学前教育的公平与普及。尤其是县级人民政府的教育部门,必须承担起监管责任,具体负责学前教育的管理与发展,以确保其健康有序发展。

第五,应对幼儿园的基本设施及办园标准进行定期核查与科学规定,尤其对幼儿园的办学资质必须从严考量,其中包括园长与教师的资格准入,政府有关部门必须加强审批和监管。具体来说,应该从以下几点入手:(1)对幼儿园的基础设施、卫生安全、园所选址、教师资质、师生比率等予以明确规定;(2)设立专门的行政部门对不同性质的幼儿园进行资格审查,严格按照有关规章制度进行定期检查和不定期的抽查,以确保幼儿园的各项活动可以安全而有效地进行。

第六,必须明确规定幼儿园教师的基本职责与基本待遇,完善幼儿园教师职前培养与职后培训的制度,以弥补幼儿园教师的不足。具体地说,幼儿园教师必须具备专业的幼教上岗证,管理人员应具有相应的从业经验;规定幼儿园教师的待遇不能低于同类中小学教师的待遇,并制定专项职务、职称评定机制。高校应确保幼儿教师的培养质量并适当增加招生人数,社会亦应鼓励有资质的退休教师重返幼教岗位或招聘其他领域中具有幼教经验的退休教育工作者参与幼教工作,以帮助解决幼儿教师数量不足的问题。

第七，需要协调好学前教育法与其他教育法的关系，尤其是涉及民办幼儿园的条款与《民办教育促进法》之间的衔接与融通。2017 年修正的《民办教育促进法》中只有第十二条对学前教育进行了规范，对民办学前教育的举办申请做了明确规定。然而，此法中并未提及大量涉及民办幼儿园的师资培养、编制待遇、招生规则、收费标准、质量监控的问题。因此，应在学前教育法中就民办园的上述问题予以具体讨论。

* 本文曾发表于《复旦教育论坛》(2018 年第 1 期)，原题为《我国学前教育立法的若干思考》。《中国人民大学复印报刊资料》全文转载本文。

* * 关于学前教育的立法近年来已经得到高度重视与持续推进。2024 年 6 月，十四届全国人大常委会第十次会议审议并原则通过《中华人民共和国学前教育法(草案)》。

夏之音

汶川地震拷问我国《学校教育法》的缺失

2008 年 5 月 12 日，我国四川省的汶川地区发生了里氏 8 级的大地震，截至 6 月 10 日 12 时，这一灾难已造成 69146 人遇难，374072 人受伤，17516 人失踪。众多学校建筑的倒塌导致了数以万计的学生伤亡。无数年轻的生命离我们而去，难以言状的痛苦弥漫在无数个家庭之中。全国人民团结一心，众志成城地进行抗震救灾的同时，我们仍需沉痛追问与反思的是：为什么大量学校建筑在地震中如此脆弱？为什么"脆性倒塌"对学校建筑造成致命伤害？为什么维系学生幼小生命的学校建筑缺乏相应法律机制的约束和监督？换句话说，对以上问题的深入探究与拷问，以及如何通过立法手段从根本上保障学校建筑的坚固性和学生生命财产的安全，将有助于我们吸取教训，并在灾后的重建中得以避免相应弊端的重现。

一、对我国学校建筑相关立法的回顾

就学校建筑相关立法的制定而言，我们首要提及的是1987年10月1日开始实施的《中小学校建筑设计规范》。该规范对学校建筑的选址、用地、教学及教学辅助用房、行政和生活服务用房、各类用房面积指标、层数、净高和建筑构造、交通与疏散、室内环境和建筑设备等方面做出了明确而详细的规定。其次，2001年我国发布的《建筑抗震设计规范》，对各地区的建筑物就抗震基准作出了规范。如《建筑抗震设计规范》规定汶川地区的房屋设计规范是7度，周边部分地区是6度。从客观的角度来看，汶川地震为罕见的8级大地震，震级高、力度大，一般房屋较难抵御，这也是大量民房与公共建筑坍塌的主要原因。但从另一方面看，学校建筑属“特殊建筑”，不仅应该遵守一般抗震设计规范，同时更需由专门规范学校建筑的《学校教育法》进行明确规定。一些先进国家均制定有《学校教育法》，其中特别对学校建筑抗震的强度和牢度做出了严格的规定，日本等一些国家还规定，在某一地区发生地震时，当地的中小学校需要肩负起为地区居民提供避难场所的责任。这意味着，在多个国家中，学校建筑的质量要优于一般民用建筑，特别是在抗震的强度和牢度方面均明显高于普通建筑。而我国由于相关法律制定的不够完善和执法的不够严密，如《中小学校建筑设计规范》并没有对学校建筑的防震抗震基准做出明确规定；《中小学校建筑设计规范》虽明文规定，中小学教学楼高度不准超过5层，教学楼屋顶必须由钢筋水泥现场浇筑，不准使用预制板等，但学校建筑承建商却经常无视这一规定，倒塌的校舍中大量使用预制板就是一个明证。尤其，《学校教育法》的缺失，更是造成大量教学楼"脆性倒塌"的潜在原因。换言之，有法不依或无法可依的现状，必须引起全社会尤其是教育法学界人士的高度关注。

二、发达国家《学校教育法》的制定及其主要内容

《学校教育法》也可简称为《学校法》。它是一部全面规范学校及学校事业的实体法。具体来说，《学校法》主要规定学校设置的基本条件、学校的任务、举办者和法律地位、学校教育分类及其学校类型结构、义务教育及其学校教学活动、学校各法律关系主体及其权利、学校人事和财务以及国家对学校的监督等。① 目

① 胡劲松：《德国学校法的基本内容及其立法特点——以勃兰登堡、黑森和巴伐利亚三州学校法为例》，《比较教育研究》2004年第8期。

前,欧美和日本等教育法制健全的国家,一般都制定有《学校法》或《学校教育法》。①

日本在1947年3月31日就制定了《学校教育法》,并根据形势的变化持续修订和完善。日本的《学校教育法》主要对小学、中学、大学及幼儿园的设置基准、教育目标、修业年限、教授科目、职员等作出了详细的规定。由于日本是一个多自然灾害及地震频发的国家,因而其在《学校教育法》的第三条,对学校建筑的设置基准作出了明确的原则性规定:"拟开办学校者,必须根据学校的种类,按照主管部门规定的设备、编制和其他有关设置标准,开办学校。"而在配套的《建筑基准法》和《建筑物耐震修改促进法》中根据《学校教育法》的第三条规定,对学校建筑的基准进行了详细规定。如修订于1981的《建筑基准法》规定:日本的建筑必须能够抵御里氏7级以上的地震,学校也不例外。按照《建筑基准法》的要求,在规划、设计阶段,就必须按照《建筑基准法》的规定进行。与此同时,日本一般民用建筑的建设,都有由业主指定的通过政府资质认证的监管人,从设计、建筑材料的购买到整个施工过程,都有全程监督,以防止偷工减料或降低设计标准行为的出现。日本的

① 李伟涛、傅禄建:《现代学校制度建设呼唤建立学校法》,《教学与管理》2004年第12期。

《建筑物耐震修改促进法》中对所有公立学校的耐震强度作出规定，该法要求所有新校舍必须严格按新的耐震标准与规定兴建，学校必须定期接受“耐震诊断”，若有问题必须立即补强（加固）或改建。

德国是地方分权的国家，其在各州制定了《学校法》，虽然在立法名称、条款及具体法律规定方面有所不同，但对学校的设置基准尤其是建筑物的牢度和强度却都有着十分严格而统一的要求。①

三、我国《学校教育法》缺失的原因及问题

（一）我国《学校教育法》缺失的原因

1. 对《学校教育法》的认识误区

长期以来，我国社会对《学校教育法》的缺失存在误解，这种误解逐渐累积并形成了诸多问题与弊端。如一部分人误以为制定于 1995 年的《教育法》等同于《学校教育法》。实际上两法在立法理念、立法内容和法律效用方面完全不同。《教育法》

① 胡劲松：《德国学校法的基本内容及其立法特点——以勃兰登堡、黑森和巴伐利亚三州学校法为例》，《比较教育研究》2004 年第 8 期。

一般又称教育基本法，它是教育法律体系中的“母法”，规定着国家教育发展的基本政策和大政方针，因而也有人将其看作教育法系中的“宪法”。由于其原则性强，可操作性差，因而仅对所有教育的法律法规起引领与指导的作用。根据其具体的法律条款来看，《教育法》表现出宏观而笼统的特点，并未能对各级各类学校的性质及其权利与义务之间的具体关系进行明确和详细的规定。

2. 地区教育间的差异导致难以制定出具有普适性特征的《学校教育法》

我国教育在地区发展上的不平衡，特别是东西部之间、城市与农村之间以及发达与不发达地区之间的巨大差距，均为我国制定一部适用于所有地区各级各类学校的《学校教育法》带来了实际困难。

(二) 我国《学校教育法》缺失所产生的问题

由于《学校教育法》迟迟未能出台，在涉及学校权利与义务的规定方面便出现了一系列的问题与弊端：(1) 政府与学校的法律关系至今不甚明确；(2) 各级各类学校在我国教育体系中的作用、地位与性质仍然不明晰；(3) 学校对保护教师及学生生命财产的责任问题没有明确的法律规定；(4) 学校设置的基本条件与学校法人的责任问题也没有具体法律依据；(5) 学校与社区乃至提升公民的道德素养等问题更是法律的空白点。其中学校管理者的法律义务与责任的规定，是涉及教师及学生生命财产安全与保障的根本问题。《学校教育法》的缺失及相关问题的无法可依，是造成汶川地震校舍的不堪一击以及学生生命财产遭受严重损害的重要原因之一。即便如此，因为没有相关学校立法的条款，导致诸如震后的法律责任的追究、法律救济的实施等都无法予以切实地开展。

除此以外，近几年来频繁发生的校园暴力事件及意外伤害事故等，也都已经严重地影响到了学校的正常教学秩序和学生们的身心健康发展。因此，将制定学校教育法的问题尽快提上政府议事日程，这对教育界而言至关重要。

四、《学校教育法》制定的重要意义

新中国成立以后，我国在教育领域的法制建设发展迅速。自1981年以来，已先后颁布了《学位条例》《义务教育法》《教师法》《教育法》《职业教育法》《高等教育法》《民办教育促进法》等多部教育法律，形成了我国教育法律与法规的基本体系。总体而言，上述法律法规原则性较强，但实际可操作性较弱。特别需要指出的是，《学校教育法》的缺失使我国现有的200余万所各级各类学校约3亿多学生，都处在一个无具体法律可依、无直接获得法律保障的困境。这次汶川地震造成的巨大损失及灾后重建，首要的问题便是如何依法对学校进行善后处理与救济。因此，制定适合我国实际的《学校教育法》迫在眉睫，此法对我国教育依法办学、依法治校具有重要意义。

（一）制定《学校教育法》，可以为灾区学校的重建与发展保驾护航

大震过后，灾区学校的重建工作迫在眉睫。如何才能让悲剧不再重演，怎样才能对重建的学校校舍建筑质量予以明确规范，这一任务必须通过一部有效的《学校教育法》来完成。

2008年6月24日，四川省成都市教育局称新建学校的抗震烈度将比普通民房提高1—2度，使之能够在关键时刻充当避震场所。但上述发布会只反映了地方政府加强学校重建管理的一种意愿，并不具有法律效力。因此，只有从国家的层面，从学校立法的高度，将学校建筑的质量标准尤其是学校对学生生命及财产安全的承诺，用法律的形式予以明确规定，才能全面提升我国学校建筑的质量，并确保其在灾难发生时能够发挥真正的避难作用，为广大学生和社区居民提供安全的避震场所。

(二)制定《学校教育法》,可以加速和促进我国各级各类教育法制建设的步伐

早在十届全国人大三次会议时①,瞿钧等31名代表就提出,因现有的法律和法规在政府与学校权责、法律地位等方面已表现出诸多的不适应,政府管理教育表现出“越位”“错位”和“缺位”等弊端。此外,学校管理层面也存在方式单一、职权交叉的问题,这一状况也迫切需要通过国家立法来明确和规范。制定《学校教育法》,可以进一步明确政府管理学校的职责、学校的法律性质和权利、学校的法律义务和责任。

(三)制定《学校教育法》是现代学校制度建设的基本诉求

随着国家民主与法制建设进程的加快,管理重心的不断下移,如何促进学校的自主发展,建设现代学校制度已成为教育改革的一个重点。但现代学校制度建设需要有一个良好的法治环境和法律保障。“没有《学校法》,整个国家的教育法律体系是不健全的,而没有《学校法》,也不可能建立真正意义上的现代学校制度,学校的发展也不可能获得新的解放。”②作为一

---

① 周飞、范绪锋:《修改义务教育法:风急帆满正当时》,《中国教育报》2005年3月13日第2版。

② 李伟涛、傅禄建:《现代学校制度建设呼唤建立学校法》,《教学与管理》2004年第12期。

个办学规模庞大的国家，我国若缺乏一部统领和具体规范的《学校教育法》，将难以促进学校的真正健康发展。

（四）制定《学校教育法》，可以规范学校与社区、学校与校长、学校与教师、学校与学生等方面的多种法律关系

学生伤害事故发生的根本原因往往在于学校对学生所承担的责任不明确、学校管理权性质的不明确以及学校与学生之间权利与义务法律内容的不明确。相关法律的缺失，导致受损害的往往是弱势的一方。因此，“解决学校事故的根本办法还在于从学校事故的现状出发，早日出台《学校法》”[①]。那就可以法律的形式，明确学校对学生生命财产所承担的保护义务，这将真正增强学校管理者的防范意识与责任意识，并切实做到权责分明，有法可依、有法必依，有效避免学校伤害事故的发生。

五、对我国制定《学校教育法》的几点建议

《2003—2007 年教育振兴行动计划》中明确规定：“修订《义务教育法》《教育法》《教师法》《高等教育法》和《学位条例》，

---

① 张晓洁：《论学校事故发生的原因及对策》，《安阳工学院学报》2006 年第 4 期。

适时起草《学校法》《教育考试法》《教育投入法》和《终身学习法》，研究制定有关教育行政法规，全面清理、修订教育部部门规章和规范性文件，适时制定符合实践所需要的部门规章，积极推动各地制定配套性的教育法规、规章，力争用五至十年的时间形成较为完善的中国特色教育法律法规体系。”①由此可见，制定《学校教育法》目前已经提上了我国教育法制建设的议事日程。为了制定一部规范全国中小学教育的《学校教育法》，我们应从以下几个方面着手：

第一，规范政府与学校的法律关系。通过《学校教育法》的制定，首先需要重塑政府的形象，同时，就政府对学校的管理权限、各级各类学校的办学自主权等在法律上做出明确的规定。

第二，对各级各类学校（包括小学、中学、特殊学校、幼儿园等）在教育中的地位、教育目标、举办者、学校设置、课程教学及其质量监控评估等方面做出具体法律规定，特别要吸取汶川大地震的震后教训，对学校设置的条件、学校建筑的质量基准、设计规范、抗震等级等都需在《学校教育法》或实施细则中予以明确规定。

第三，对学校与校长、学校与教师、学校与学生之间的权利

---

① 教育部：《2003—2007 年教育振兴行动计划》，参见 http://www.moe.gov.cn/jyb_xxgk/gk_gbgg/moe_0/moe_1/moe_4/tnull_5326.html。

与义务做出明确规定，其具体应包括校长的权利和义务、教师的权利和义务、受教育者的权利和义务等。在明确这些权利和义务的前提下，切实保护受教育者的生命财产和人身安全问题这一点，必须明确列入《学校教育法》的条款之中。

此外，在制定《学校教育法》时，还须处理好与《教育法》《教师法》《义务教育法》《职业教育法》《高等教育法》以及《民办教育促进法》等的内在衔接和统一。同时，结合我国不同地区经济文化教育发展现状，还需出台与之配套的实施细则，以应对沿海和内陆、东部与西部、发达与不发达地区的不同情况，以便从根本上解决《学校教育法》的普适化问题，从而促进我国学校教育的健康快速发展。

＊本文曾发表于《教育理论与实践》（2008 年第 34 期），原题为《汶川地震拷问我国〈学校教育法〉的缺失》。《中国人民大学复印报刊资料》全文转载本文。

强化还是削弱

——略论“师范教育”向“教师教育”转换的问题与弊端

一、问题的提起

自 20 世纪 90 年代以来，在我国教育领域由师范教育转向教师教育的现象似乎已经成为一股不可逆转的风潮。那么究竟是什么原因、又是什么背景导致了这样一种转换？随着名称的变化，又会对当前的师范教育乃至教师培养产生怎样的影响？由师范教育转向教师教育究竟是一股世界潮流还是另有原因？“师范教育”与“教师教育”究竟是属于同一概念的不同名称还是二者之间根本就存在着本质的区别？“师范教育”的没落对今后的教师培养究竟是有利还是不利？师范教育向教师教育的名称转换对教师教育的发展究竟是形式上的加强还是实质上的弱化？对以上问题的追问与探究无疑具有重要的理论与实践意义。本文就上述问题作一简要的综合论述。

二、师范教育的缘起

纵观世界教育的发展历史，师范学校作为培养教师的专门教育机构最早起源于17、18世纪的法国和德国。法国在1681年由基督教兄弟会的拉萨尔（La Salle）在兰斯（Rheims）首次建立了师资训练学校。不久后，巴黎也相继出现了两所类似的师资培训机构，它们专司负责学生学习宗教和教学法知识，并提供班级教学的实习。德国的教师培养则始于奥古斯特·赫尔曼·弗兰克（August Hermann Franke）1696年创办的教师学院；1747年其弟子赫克尔（J. J. Hocker）又在柏林创办了师范学院并因受到腓特烈大帝的赞赏而得到了资助。以上机构虽说都是专门培养教师的，但均属于私人创办的师资训练场所。真正的公立师范学校的出现源于1789年的法国大革命。1794年秋"临时议会"根据拉卡纳尔（Lakanal）的报告正式通过法令指定在巴黎设立师范学校。翌年该校正式诞生，并成为世界上第一所公立性质的师范学校。①

"师范"一词的英语为 normal，源于拉丁语的 normale，其

---

① 罗炳之、范云门、居思伟：《师范教育的起源和发展》，《南京师大学报（社会科学版）》1980年第4期。

原意就含有“师范学校”“标准规格”的意思。normal 最先被翻译成日文，用的中文字母就是“师范”。它最早出现在日本武术会馆的匾额上，这又与明治初年为了富国强兵的需要而兴办基础教育有关。当时师资短缺，为培养具有“忠君”和“皇道”思想的教师，他们把国粹主义理念和“富国强兵”思想融为一体，并通过武术会馆为基地来实施灌输“国家意志”的师范教育。①

在我国的古典文献中，“师范”一词最早出现于汉朝扬雄编著的《扬子法言》一书中。其中有“师者，人之模范也”的语句。戊戌变法前夕，梁启超在《京师大学堂章程》中首次提出设立“师范斋”。他认为：“欲革旧习、兴智学，必以立师范学堂为第一义。”1902 年，管学大臣张百熙继承和发展梁启超的师范教育思想，强调“办理学堂首重师范”。1902 年 12 月 17 日，在其创导下设立了包含“师范馆”在内的“京师大学堂”。1923 年“京师大学堂（师范馆）”正式改名为“北京师范大学”。

至于英文的“normal”何以会翻译成“师范”，据说对此曾征求过 1919 年来华讲学的美国教育与哲学大师杜威、美国哥伦比亚大学教育系主任孟禄以及在华工作的日本教育专家的意见。

① 杜佩屏：《日本师范教育发展历程述要》，《外国中小学教育》2009 年第 4 期。

“北京师范大学”后被定名为“Beijing Normal University”，被认为是世界上第一所在校名中同时使用 Normal 和 University 的大学。自此以后，“师范”一词便一直被作为教师培养的代名词被沿用。20 世纪 90 年代后期，我国教育学界开始使用“教师教育”的术语，并大有逐渐替代“师范教育”的趋势。如顾明远、梁忠义、罗正华等编写的《世界教育大系》（教师教育）分卷，原是以国家“八五”哲学社会科学中华基金重点课题——“师范教育的比较研究”为名称而申请立项的，但该课题在 1998 年作为正式成果出版时的书名“师范教育”却被改为“教师教育”。

我国首次正式提出“教师教育”的概念是在 2001 年 6 月，由国务院颁布的《关于基础教育改革与发展的决定》指出：“完善以现有师范院校为主体、其他高等学校共同参与、培养培训相衔接的开放的教师教育体系”。从此“教师教育”的概念渐渐进入人们的视野，“师范教育”则逐渐淡出了历史的舞台。

三、“师范教育”向“教师教育”转化的原因探析

那么，“师范教育”为何会转换成“教师教育”？这是基于怎

样的原因与契机？以笔者之见，其在中国的出现，大致可归结为以下两方面的缘由。

第一，认为“师范教育”缺乏特色，限制了教师的终身发展。

关于师范教育的师范性与学术性孰重孰轻的问题一直困扰着国内师范教育的健康发展。毋庸置疑，师范教育的特色应该是师范性，但如何才能体现“师者，人之模范也”的特色？从目前国内师范教育的发展状况来看，体现得似乎不够明显。基于现状来说，师范教育培养的应该是未来需要“教育人的人”，因而“育人性”无疑是师范教育的本质特征。这一专业的特定要求进一步决定了师范教育必须以提升人的内涵发展为核心目标，以完善个体人格与人性为基础。换言之，浓厚的人文主义色彩、广博的知识结构应是师范教育的基本特色。然而，长期以来单一型的知识本位发展模式以及轻视师范性而片面地追求“学术性”的学科本位思想却使师范教育越来越偏离了正确发展的轨道，因而受到了人们越来越多的质疑。① 其次，也有学者认为，我国长期实施的“师范教育”偏重教师的职前培养，忽略了对入职后教师的培训，这与新时期中小学教育新理念以及课程标准和教材的不断变革不相适应。反之“教师教

---

① 张晓冬：《我国师范教育问题探源：历史的视角》，《现代教育科学》2007 年第 6 期。

育”则有利于教师培养的连续性和终身性，其关注的是教师各个阶段的成长。凡此种种均构成了“教师教育”逐渐替代“师范教育”的现实理由。

第二，中国师范教育受到日本的影响，日本则受到美国等英语圈国家的影响。

目前国内还有一种代表性的看法，即我国“师范教育”向“教师教育”的转换是因为受到日本的影响。有学者指出“中国的教师教育是在国外教师教育影响下产生发展起来的，虽然起步较晚，但在20世纪初参照日本教师教育体系创立起来的中国教师教育体系是一个两级体系”①。持这一观点的学者认为，日本成功顺应了世界发展的潮流，如英语圈国家就把“师范教育”称为 teacher education，翻译成中文就是“教师教育”。为了用语的一致，一些国家逐渐出现了以“教师教育”替代“师范教育”的趋势。但仅从日本把“师范教育”改换成“教师教育”的名称来看，战前的日本军国主义试图通过师范教育来影响其“未来的教育工作者”，并力图对其灌输“忠君爱国”的思想，进而再通过这些人来达到“教化愚民”的目标。因而战前的日本师范教育充斥了封建专制的思想。而

① 李学农：《论我国教师教育机构改革的路径选择》，《黑龙江高教研究》2007年第9期。

到了战后，为了对以上这段不名誉的历史进行深刻的批判与反省，同时也为了消除军国主义和专制主义思想对“师范”教育这一神圣领域的负面影响，日本便实行改换师范教育名称的做法。在第二次世界大战结束以后，日本将否定“国家主义”教育意志作为了教育改革的内容，尤其在针对教师的培养方面进行了显著的调整和改变。其改革重点之一是重新构建延续了七十多年的师范教育体系。1945—1952 年，日本将原有高等师范、中等师范、青年师范等所谓“旧制学校”转换为“新制大学”。原有的师范学校通过合并与改造而被取消，取而代之的则是新制大学中专司教师培养的“学艺系”或“教育系”等。1948 年 6 月，日本“新制国立大学实施纲要”又明确了“一府县一大学”的原则，即要求各地方公立学校合并成一所大学，并在这些大学中专设“教育系”或“学艺系”。其中较为典型的东京学艺大学即由若干师范学校合并而成。①换言之，日本实现由“师范教育”向“教师教育”的转化，是基于对战前军国主义的反省与批判。所以，所谓受英语圈国家影响的说法其实是空穴来风。

① 杜佩屏：《日本师范教育发展历程述要》，《外国中小学教育》2009 年第 4 期。

四、“师范教育”向“教师教育”转化的问题与弊端

如果我们基本否定“师范教育”向“教师教育”的转换是受了日本的影响所致，而日本的更改名称又有其自身历史原因的话，那么在我国，这一术语的改变可能就是盲目的，甚至是存在弊端的。其问题突出地体现在以下几个方面。

（一）师范教育的综合性与独特性的丧失

根据我国的传统，培养教师的专业教育一直被称为师范教育。“师范”一词从东西方语言的起源来看都有“模范”“榜样”以及“典范”的含义，所谓“学高为师，身正为范”。我国《教育大辞典》也将“师范”定义为“可以师法的模范”。因此，教师各个方面素质皆要求比一般人要高，不仅包括学问的广博，还更要求德行的高尚。所以，传统的师范教育在培养教师的综合素质方面确实发挥了极其重要的作用。换言之，若要培养一名高质量、高素质的合格教师，需要综合一所大学的力量以及校园文化的影响。也就是说，师范教育的开放性、综合性以及富有生命活力的校园文化，不仅奠定了培养优质教师的基本前提与环境，同时也体现了传统师范教育的独特性。而对于师范教育的基本功能而言，它又指“培养师资的专业教育。既包括职前培

养也包括初任考核试用和在职培训"①。但是,如今随着名称的转换,却人为地将"师范教育"窄化为职前教育,而把"教师教育"作为职前、职后一体化教育的代名词,这显然是一种片面的理解。简言之,培养一名高素质的教师,本应聚集一所大学各个学科的综合力量,尤其是通过多年来积淀的校园文化去潜移默化地熏陶,而如今却仅仅委派给一个学科,或试图通过成立一所"教师教育学院"来予以承担;从表面上看,这似乎是在集约或强化教师培养的力度,实际上则不然;综合力量的削弱,会导致培养素质的下降,知识结构的狭窄,特别是作为教师所必备的专业素养与道德品质的缺失,随之而来的则是"师范教育"之深刻而丰富的内涵也将在这一"变换"之中丧失殆尽。无疑,无论从传统文化的角度还是从培养教师的现实层面来看,都是得不偿失的"折腾"。

(二)师范教育独立性的消失

1999年3月,教育部在其颁发《关于师范院校布局结构调整的几点意见》中指出"从我国国情出发,坚持独立设置师范院校为主体,同时进一步按原定计划拓展中小学教师来源渠道,鼓励一批高水平综合大学参与培养中小学教师"②。1999年6

---

① 参见顾明远编:《教育大辞典》(第2卷),上海教育出版社1990年版。

② 梅新林:《聚焦中国教师教育》,中国社会科学出版社2008年版。

月，中共中央、国务院又颁发《关于深化教育改革全面推进素质教育的决定》，其中又针对鼓励综合性高等学校和非师范类高等学校参与培养、培训中小学教师的工作，探索在有条件的综合性高等学校中试办师范学院的问题作出了规定。① 从那以后，我国的教师培养即形成了以师范院校为主体、其他（有能力的）大学多方参与的格局。毋庸置疑，综合性大学参与教师培养，从某种程度上看确实是打破了原先封闭僵化的教师培养模式，有利于逐渐转向多元与开放的形态。因为开放师范教育的目的是集聚更多更好的教育资源，以培养更适应现代化社会发展需要的教师。但任何一种变革都需要一定的条件与基础，如果变革操之过急，理论与实践的准备尚不充分，那么其结果就有可能事与愿违。例如，综合性大学在缺乏教师培养的基本条件与经验的前提下盲目发展师范教育，而师范大学却舍弃自身的优势、盲目地向综合性大学靠拢，这就丧失了其基本的独立性。尤其是当非师范类院校以及其他综合性大学开始涉足师范教育之际，为了提高自身的竞争能力，原有的师范高校不是积极应对挑战，强化师范特色，而是逐步向多学科、研究型大学的方向发展，即导致改制后的师范院校不仅丧失了其培养教

① 参见刘捷、谢维和：《栅栏内外：中国高等师范教育百年省思》，北京师范大学出版社 2002 年版。

师的原本特色，而且其他学科“单打一”的格局亦分散与弱化了其培养师资的整体实力，其结果则很可能是“竹篮子挑水，两头落空”。

实际上，高师向综合性大学演变的现象也并不是一个新课题。20 世纪 50 年代，原华东师范大学校长孟宪成就曾指出，“高师向综合大学看齐”，如果指向大学看齐，是从提高教学质量与提高科学水平而言，则不能认为是迷失高师方向。① 也就是说，师范大学追求提高自身的综合实力，努力向研究型大学看齐，本身并无不妥；关键在于，所有的努力都应围绕一个核心目标，那就是为国家培养更高质量的教师而不是对此予以舍弃。再从现状来看，一方面是越来越多的非师范类高校开始介入“师范教育”领域，并极力争夺培养教师的份额，尽管其基础与实力都无法与师范院校匹敌；另一方面，手握“特权”的师范高校却在逐渐摒弃“师范”特色，一味地为摆脱“师范性”而朝综合性大学的方向发展。其结果也是可想而知的，即使师范教育的特色渐渐淡化，也在非师范教育方面遭到不断的挑战与挤压。

(三) 教师培养的目标不明确

在我国，由师范教育向教师教育转变的一个重要的标志，是

---

① 转引自俞立中：《大学之道：华东师范大学教育理念与实践》(上册)，华东师范大学出版社 2006 年版。

为了提高教师的学历水平而将原有的三级师范变为二级师范，即取消了中等师范学校的建制，也有学者称之为由“旧三级师范向新三级师范转换的过程——取消中等师范层次增加研究生层次”①。据中国教育年鉴的统计数据显示1999—2003年，中等师范院校的数量由815所锐减到317所，在校人数由90.5万人减少到31.73万人。2003年以后的统计则取消了对中等师范院校的相关统计，而由“中等师范、幼师学校”统计项代替。根据预测，到“2010年可取消师专，建立一级师范（本科）。全国其他地区经过一段时间的过渡，可到2010年全部将中师取消，建立二级师范体制，到2020年全部过渡到一级师范”②。从上述改革的本意来看，固然是为了提高教师的质量，提高教师的学历层次，并进一步促进教师的专业发展。但事实表明，盲目通过削减中师的手段来提高教师学历水平的行为是缺乏教师培养针对性的。一方面，过分地强调教师学历的提高，鼓励他们学习精深知识的结果有可能会造成教师专业知识变得狭窄、实践能力逐步减弱。因为“小学教师需要的是宽广而不是专深的知识，他们最好能在艺术方面有所专长，会唱善跳，适

① 顾明远：《我国教师教育改革的反思》，《教师教育研究》2006年第6期。

② 周南照、赵丽、任友群：《教师教育改革与教师专业发展》，华东师范大学出版社2007年版，第21页。

应儿童活泼的天性”①。中师的消失导致小学师资的培养面临困境。另一方面,提高师范教育的层次从表面上看有助于强化教育的专业理论知识,但实际上众多师范生毕业后要去中小学从事实际的教学工作,若不加强实践能力的锻炼与培养则无异于事倍功半。华东师范大学曾对全国师范院校毕业生的质量问题做过调查,调查结果表明:已毕业的师范生表现出了知识面狭窄、兴趣单调、组织管理能力差、难以胜任班主任工作、不能有效组织和指导学生的课外活动、不善于口头表达、不善于板书、不会制作教具、不会运用现代化教学手段、专业思想不稳定、不热爱教育工作等弊端。② 根据以上调查显示的结果,取消中等师范院校表面上看是提高了师范教育的层次,实质上却是降低了师资本来应该具有的能力和潜质。换言之,我们究竟是要培养面向实践的一线教师还是要培养研究型的学者?这一问题关系到师范教育的发展方向,因此有必要予以澄清与明晰。

(四)师范教育向教师教育的转化体现了技术理性与工具主义的倾向

教师专业化,主要指的是教师职业的专业化发展,这也是

① 顾明远:《我国教师教育改革的反思》,《教师教育研究》2006年第6期。

② 王娟:《师范教育研究30年——从师范教育到教师教育》,《当代教育与文化》2009年第5期。

当今教师教育领域所重点关注的议题之一。然而,关于如何有效实现教师专业化,目前仍缺乏深入的探究和明确的渠道。现在的人们往往关注教师专业知识的门类或技能,并通过所谓强制化、标准化的手段来予以规范。其结果则是把教师的专业化理解为技术化、知识化的量化过程,而使教师培养逐渐陷入技术主义或学科至上的困境。众所周知,师范教育不仅强调学生的知识与能力,更重视学生的素质和良好的道德品质。清末的《奏定初级师范学堂章程》指出,师范教育最为重要的任务在于改变学生气质,激发学生精神,砥砺学生志操。[①] 笔者认为,教师的专业化应该通过教师的专业发展来实现之,而教师的专业发展与教师的专业化又是两个不同的概念:前者不仅包括提高教学知识、技能和效率,更着眼于为人师表的"人"的变化和发展。其中,教师专业情操、专业自主意识、专业发展价值等都是重要的评价指标。

现在人们普遍认识到,教师是一门专业而不是一种职业,但我们似乎更应该明白:教师的专业对象是有生命的个体。如果过分强调教师的专业化或者把教师的专业化看作是一个可训练的过程,那么,作为一个教师所必备的个性特点和人格魅力,乃至作为一个教育者应该具有的道德性和思维品质等素

① 参见梅新林:《聚焦中国教师教育》,中国社会科学出版社 2008 年版。

质就必将受到削弱乃至逐渐消失,最终导致教师的培养过程异化为一种单纯技术性的训练过程,而所谓教师专业化的发展便可能使教师培养过程蜕变为学科工具主义的功利行为。

综上所述,由“师范教育”向“教师教育”的转换所涉及的其实并不仅仅是名称转变的问题,而是关于教师培养的目标、内容乃至发展方向,以及体制框架等的一系列带有根本性、本质性的问题。对于这样一个牵一发而动全局的重大命题绝不能简单地用一种“潮流”或“趋势”去予以评判。相反,我们需要以科学的态度、理性的反思和深入的观察来审视它。更重要的是,我们需要立足国情现实,进行深入研究、探讨与审视。因此,我强烈希望教育学界对此给予高度重视。

早有哲人指出:只满足于教好书的人,充其量只是一个“教书匠”。现代社会要求我们培养具有教育家素质的教师,其价值标准应该且只能是一个,那就是“人类灵魂的工程师”。

* 本文曾发表于《杭州师范大学学报(社会科学版)》(2010 年第 3 期),原题为《强化还是削弱——略论“师范教育”向“教师教育”转换的问题与弊端》。《中国人民大学复印报刊资料》全文转载本文。

关于我国校外培训立法的几点思考

——基于“双减”政策落实与校外培训治理

一、问题的提出

2021年7月24日，中共中央办公厅、国务院办公厅联合印发了《关于进一步减轻义务教育阶段学生作业负担和校外培训负担的意见》(以下简称《意见》),《意见》一经发布立即引起了社会的强烈反响。深究其原因，一方面，“意见”所反映出的政策背后，实际上涉及了国家与资本在争夺下一代教育权方面的深层而复杂的矛盾，以及如何处理教育公平等问题。另一方面，面对以家庭为单位的刚性校外培训需求，“双减”政策在实践推进过程中仍面临一些理论误区和实践困惑。尽管面对资本的疯狂介入，校外培训机构的市场化运营模式已经严重干扰了教育生态，因此及时出台整治政策至关重要。但从长远稳定的角度来看，将校外培训的治理提升到法治的层面将有利于问题的根本解决。所谓“猛药去疴，重典治乱”,深入探讨和研究为何要对校外培训立法、如何立法以及它的法理框架与条款内容又应包括哪些内容，同时参考国际上相似的立法案例与经验，对于加快推进我国校外培训的立法进程，破解当前校外培训治理过程中的各种困境，无疑具有重要的现实意义。

二、校外培训立法的重要性与必要性

中小学生的健康成长不仅关乎无数家庭的福祉，更是社会各界共同关注的焦点。然而，近年来，由于民间资本的过度涌入，校外培训机构迅速扩张，这不仅增加了学生的课业负担，剥夺了孩子的童年乐趣，还严重干扰了学校教育的正常秩序，破坏了教育的生态平衡。据统计，校外培训机构的总数在2019年已达60余万家，2020年一年就又新增了40余万家，其机构总数与增长率均远超同期义务教育阶段的学校数量。① 为了应对这一问题，教育部近三年内针对“校外培训”发布了55项文件，意图集中整治校外培训乱象，但总体效果依然不尽如人意。

---

①《中国经济时报》:《监管升格让校外培训不再野蛮生长》，参见 https://baijiahao.baidu.com/s? id=1703309804515624988&wfr=spider&for=pc。

因此,2021 年 6 月,教育部决定正式成立校外教育培训监管司,7 月中共中央办公厅、国务院办公厅又印发了“双减”政策文件,提出要坚持从严审批机构、规范培训服务行为、强化常态运营监管等三个规范校外培训行为的举措。① 纵观近年来国家治理校外培训的各项政策,可以发现其基本立场并非一刀切的取缔或禁止,而是希望通过规范教学行为、界定办学资质、健全排查机制、转向公益服务等途径来促使校外培训回归拾遗补阙及育人的初衷,并成为公共教育服务供给体系中的有益成分。在上述“双减”政策出台以后,一方面各地加快了积极进行试点探索的进程,另一方面“家庭式培训”“地下培训”“众筹私教”“网上培训”等隐性变异的培训方式亦开始进入公众视野。这一迹象表明校外培训仍是“刚需”,因此对其治理亦宜“疏”而不宜“堵”,同时亦表明“一刀切”的教育政策也正同时面临着解读上的误区与实践中的困惑。换言之,关于校外培训及运营机构的生存状态,无论是废止、保留,还是顺应形势适时转型,这在实践的操作过程中具有较大的弹性空间并面临边界模糊的困惑。因此,更需要对规范性和固定性的标准与规则

① 中共中央办公厅、国务院办公厅:《关于进一步减轻义务教育阶段学生作业负担和校外培训负担的意见》,参见 http://www.moe.gov.cn/jyb_xxgk/moe_1777/moe_1778/202107/t20210724_546576.html。

予以立法层面的明确，以便更好地推动政策的实施并产生实际效果。

再从法律的交叉学科视角来看，将《校外培训法》纳入我国教育法治体系具有其内在的逻辑必然性与实践必要性。当前，我国已经制定了《中华人民共和国教育法》《中华人民共和国义务教育法》等九部教育法律及《普通高等学校设置暂行条例》等十六部教育法规，其范围也涵盖了职业教育、民办教育等不同的类型和领域，但对于校外培训方面的法律却仍然处在空白的状态。而当下的教育实践深受校外培训影响，因此就尤其需要独立的立法条款出台，这样才能做到有法可依、违法必究，并健全校外培训的治理。需要明确的是，这里所指的《校外培训法》不是针对校外机构进行立法，而是对校外培训立法。二者的区别在于校外机构以民办居多，且《中华人民共和国民办教育促进法》已经对其进行了法律层面的规范；而校外培训是针对当前各种学科类的补习活动，属于付费性质且有资本参与运作的部分。以法律形式明确校外培训中的“可为”与“不可为”，将有效界定校外培训的性质、活动内容及范围，可以弥补政策发布与实施过程中因“自由裁量”而可能出现的弹性空间与政策漏洞，并通过立法的举措将“双减”等涉及校外培训的政策精神落到实处。

如上所述，正是基于当前我国教育培训治理和教育法治体系完善的双重立场,才可见校外培训立法的必要性与重要性。与此同时,学界从研究角度呼吁应通过立法来规范校外教育的培训市场。例如在规制理论的视域下,立法机关有权决定校外培训行业是否应划归为禁止或限制进入的行业,这既能给予市场主体明确的预期指导,也有助于减少行政执法部门的权力滥用。① 基于法学学科视角,就校外培训所关涉的《社会力量办学条例》《民办教育促进法》等相关法律法规还应完成"废、改、立、释"的统筹问题,以及教育行政在执法过程中的权力运用与约束问题。② 至于在比较视野下的借鉴也是一个值得重视的研究途径。如日本自 1949 年开始对校外培训机构的"学习塾"进行立法规范,迄今已构建起了较为完善的法律及有效约束力与规制校外培训活动的制度体系。③ 显然,充分发挥法律的作用与效应已经成为当前对校外培训进行有效治理的共识。然而,值得注意的是,上述研究或建议大多仅限于口头呼吁或书面建议,鲜有学者从立法的角度出发,深入探讨其内涵或具体

① 孙伯龙:《规制理论视域下校外线上培训治理的困境与转型》,《青少年犯罪问题》2020 年第 4 期。

② 贺武华:《中小学生校外培训专项治理的"标"与"本"》,《社会治理》2020 年第 3 期。

③ 陆稻捆、张田田:《论校外培训机构的"常治"与"长治"之路》,《青少年犯罪问题》2020 年第 5 期。

提出校外培训立法的基本框架与详细条款内容等。

针对上述校外培训政策的边界模糊、实践推进迷茫、立法进程迟缓等困境，笔者认为有必要开展关于校外培训立法的基本内容与框架、校外培训立法的国际发展动态、校外培训立法的未来展望与建议等方面的思考与研究。

三、校外培训立法的基本框架与内容

（一）《校外培训法》与《民办教育促进法》及其他相关法律的关系

将《校外培训法》放置于我国教育法体系中去分析，可以有助于厘清它与其他相关法律在体系中的定位及内容上的关系。如在《中华人民共和国教育法》的框架之下，《校外培训法》与《民办教育促进法》《职业教育法》等单行法应在立法地位上属于平行关系，内容上则具有互补属性。换言之，在制定校外培训法时，首先必需遵循上位法——《教育法》所确立的基本原则，并参照其他单行教育立法的内容与框架，同时，对教育培训治理中最为关键且模糊的问题，应划定或明确其法律边界，以确保立法的针对性和实效性。

表1 “校外培训”相关法律条文梳理

名称	条 文	具 体 内 容
《中华人民共和国教育法》	第二十七条	设立学校及其他教育机构,必须具备下列基本条件: (一)有组织机构和章程; (二)有合格的教师; (三)有符合规定标准的教学场所及设施、设备等; (四)有必备的办学资金和稳定的经费来源。
	第二十八条	学校及其他教育机构的设立、变更和终止,应当按照国家有关规定办理审核、批准、注册或者备案手续。
	第三十二条	学校及其他教育机构具备法人条件的,自批准设立或者登记注册之日起取得法人资格。
	第七十六条	学校或者其他教育机构违反国家有关规定招收学生的,由教育行政部门或者其他有关行政部门责令退回招收的学生,退还所收费用;对学校、其他教育机构给予警告,可以处违法所得五倍以下罚款;情节严重的,责令停止相关招生资格一年以上三年以下,直至撤销招生资格、吊销办学许可证;对直接负责的主管人员和其他直接责任人员,依法给予处分;构成犯罪的,依法追究刑事责任。
	第七十八条	学校及其他教育机构违反国家有关规定向受教育者收取费用的,由教育行政部门或者其他有关行政部门责令退还所收费用;对直接负责的主管人员和其他直接责任人员,依法给予处分。
《中华人民共和国民促法》	第三条	民办教育事业属于公益性事业,是社会主义教育事业的组成部分。国家对民办教育实行积极鼓励、大力支持、正确引导、依法管理的方针。 各级人民政府应当将民办教育事业纳入国民经济和社会发展规划。
	第二、三章等	对民办学校的设立、组织与活动、学校资产与财务管理等进行界定。

分析表1我们可以发现，学校与其他教育机构在《教育法》中被置于同一地位，因此，在设立条件、权利义务以及财务管理规定等方面，它们应当受到同等的对待。校外培训机构作为其他教育机构的组成部分，自然也要受到《教育法》相关法律条文的约束。进一步来看，《民办教育促进法》明确规定民办教育事业隶属于公益性事业，同时也是社会主义教育事业的组成部分。这一定位为民办教育赋予了明确的社会属性，即其服务具有公共性质。因此，校外培训作为民办教育的一部分，就不应成为市场化运作的商品，而应该在政府的有效监管下回归对学校教育进行“拾遗补阙”的社会公益功能。其次，《民促法》对民办学校的组织与活动、教师与受教育者、学校资产与财务管理、管理与监督等作出了明确规定。然而，需要明确的是，校外培训机构与民办学校均同属于民办教育，但二者又指向不同的组织机构。民办学校指向学历教育机构，其设立必须获得当地教育部门的许可；校外培训则指向的是非学历教育机构，其大部分教育培训机构的设立不需要获得教育行政部门的许可，而是通过工商、民政、人社局等相关部门的批准。尽管《民促法》与校外培训机构关联紧密，但其内容更多地是针对民办学校的，而不是专门针对校外培训机构的。因此，《民办教育促进法》中关于民办学校的各种规定可以为校外培训的立法框架提供参考，但两者之间并无重叠之处，而是各有侧重、互为补充，共同推动民办教育的健康发展。

(二)《校外培训法》的立法内容与基本框架

从立法的基本内容来看,若要制定一部对校外培训起到规范作用的《校外培训法》,笔者认为还需要对以下几个方面的内容进行深入思考。

首先,需要明确校外培训的性质,即它的办学目的。基于目前社会的一般认知,校外培训主要是指国家机构以外的社会组织或个人利用非国家财政性经费,对中小学生开展的学科类或非学科类的非学历性教育及培训活动,因此其应归属于民办教育的范畴。校外培训的宗旨是对学校教育起拾遗补阙的辅助作用,然而由于应试教育功利倾向的愈演愈烈,大量社会资本进入校外培训领域,导致后者规模逐渐扩大,教育培训机构的上市及集团化办学的趋势也越发明显。对此,《校外培训法》应首先要对校外培训的性质给予明确的界定,既然校外培训归属民办教育范畴,那么作为国家认可的一类教育活动,"育人"的基本原则与宗旨就理应坚持。其次《校外培训法》的立法基础应该与《民办教育促进法》相类似,即必须始终坚持公益性的办学原则、回归育人的立场,共同承担立德树人的社会使命。

其次,需要明晰校外培训与学校教育的关系。校外培训在资本的运作下已经通过规模化的扩张而形成了另一个"隐性的教育系统",甚至其在与学校、家庭及相关部门的博弈中掌握了部分主动权，阻碍了学校的健康发展，同时消解了教育评价的改革之效。尤其在追逐分数的恶性循环下，学校教育开始被校外培训绑架，而教育内卷、教育不公等问题持续升温。2019 年出台的“双减”政策虽然提出了多项规范校外培训行为的举措，然而在政策实践的过程中，校外培训仍面临着与学校教育的“接口”界限不清、身份不明、管理不善的问题，这也导致了校外培训越界犯规行为的产生。通过制定专门的《校外培训法》，我们可以更加清晰地明确校外培训与学校教育的关系，确立它们之间应当遵循的是有益补充和拾遗补阙的原则。换言之，校外培训在发展过程中，必须始终坚持以学校教育为核心，以确保参与教育教学活动的底线与范畴。

第三，必须明确校外培训机构的法人性质与责任。由于组织及举办校外培训的法人资格目前尚没有得到法律的严格界定，因此，包括上市公司、营利性组织、个人，乃至国外资本均可进入教育培训行业，而资本运作的结果是将校外培训作为盈利产业，不仅不关注育人的功能，反而营造教育焦虑氛围，哄抬市场价格并乘机大肆敛财，进而严重破坏教育生态。对此笔者认为，《校外培训法》应加强对校外培训的举办者，对参与其中的社会组织或是个人进行资格审查，规定其必须具备教育法人资格，并符合教育法及其他相关法律法规规定的基本条件。同时还需规定各类校外培训的准入门槛，并将其资格审查的权限归于教育部门。从源头上明确校外培训机构的性质，规范举办者的法人地位与责任，这样才能从根本上消除因资本的疯狂介入而给教育生态造成的不良影响。

第四，需要明确界定校外培训机构的法律授权内容与业务开展的边界。相较于政策的临时性、灵活性和模糊性，法律则更加清晰有力。《校外培训法》可在校外培训机构的设立、人员聘用、活动开展等方面做出法律层面的明确界定。如规定各类校外培训不得高薪聘请学校在职教师；严禁聘用不具备教师资格的社会人员；不得发布虚假招生简章或者广告以骗取钱财；对于管理混乱严重影响教育教学质量且产生恶劣社会影响的校外培训机构，应立即终止其办学资格并进行财务清算。又如在教育活动中违反《教育法》《教师法》等法律规定的，必须依照有关法律规定给予相应处罚等。简而言之，对校外培训的治理提升到法律层面，借助有法必依、违法必究的法律原则，当前校外培训中存在的各种乱象以及“灰色地带”的治理困境将得到有效解决。

第五，应当明确制定校外培训对于办学经费等资产和财务管理的细则。毋庸置疑，办学经费和财务管理是校外培训治理的重头戏，也是立法规范的重要环节。《校外培训法》可借鉴《民办教育促进法》中关于民办学校的学校资产与财务管理的立法条款，对标营利性和非营利性校外培训机构的财务、会计、资产管理制度,收费项目与标准依据,资产的使用和财务管理的监管等措施进行明确界定,由此促进校外培训服务的健康健全发展。

除了以上各项急需通过立法予以明确规定的内容之外,对于校外培训的教师培养、薪酬待遇、决策监督、质量监控等具体问题,《校外培训法》应予以具体讨论,并制定相对应的立法条款。同时,正确处理和协调好与《教育法》《教师法》《义务教育法》《职业教育法》《高等教育法》《民办教育促进法》等其他重要教育法律的内在衔接和内容统一等问题,确保《校外培训法》在制定和实施过程中,与其他相关法律既相互补充,又避免重复或矛盾,这是确保整个教育法律体系协调一致、高效运行的关键所在。①

四、国外校外培训立法的动态与借鉴

(一)日本校外培训立法现状

同处东亚文化圈,日本同样因为重视教育而引发校外培

① 黄欣、吴遵民、杨婷:《我国〈学校教育法〉为何难以制定》,《中国教育学刊》2017年第10期。

训活动的盛行及对其弊端进行有效治理的问题。日本校外培训机构被称为“学习塾”，但因为相对法律体系较为完善，从而使得日本学习塾一直在法律框架的有效监管中得以健康地发展。

首先从教育法规的角度来看，日本的《教育基本法》就明确指出“教育必须以人格完善为目标；为使每一个国民都能磨炼自身人格，度过丰盈人生，须保证其一生中可以在任何时机、任何场所学习”①。上述立法原则上决定了日本无论校内还是校外教育的目的都是培养身心健康的国民而非考试机器；同时它又为学习塾等校外教育机构预留了发展空间。如在《社会教育法》中就对学习塾的发展制定了规范性的具体条款，指出学习塾必须遵循《教育基本法》的精神，提出“社会教育与学校教育、家庭教育关系密切，应确保其与学校教育合作并助益于提高家庭教育，促进此三者及相关人员的合作共进”。《社会教育法》又规定社会教育等相关组织是以从事社会教育相关业务为主要目的的组织，不论是否为法人，其相关人员均受本法的约束；町村(街道和乡镇)的教育委员会具体负责监督和管理，它们属于为学龄儿童和学生在课程学习结束后或休息日提供教育活

① 日本文部科学省：《教育基本法》，参见 https://www.mext.go.jp/b_menu/kihon/about/mext_00003.html。

动的社会教育机构；都道府县的教育委员会则对各类社会教育机构的设置与管理进行指导和监管；文部科学大臣和教育委员会可以应社会教育相关组织的要求，提供专业的技术指导或建议，但不得无理控制或干预其业务。① 上述规定意味着日本对校外教育的规范不是从其机构性质的角度，而是以活动范畴为标准确定法律约束的对象，并由此引导学习塾的发展方向，使其不偏离教育的基本立场。同时，日本还采用层级管理的机制，即划定市、县、村教育委员会与社会教育机构之间的关系。如此既可保留对学习塾的设立、监管和建议的权利，同时又为其多样化发展及教育资源的有效利用奠定了基础。此外《学校教育法实施规则》《教师资格证制度》以及全国学习塾协会制定的《学习塾业认证制度》等对学习塾的资格审查、塾师的认证等作出了明确规定。

除教育法规以外，日本还利用经济法规及其他相关法规协同规范学习塾的经营。如日本的《民法》《防止不正当竞争法》《特定商交易法》《消费者保护基本法》《公司法》等民商法律等为学习塾营造了公平竞争的市场环境，并规定了其在经营中应尽的责任和义务。如《法人税法》对学习塾应纳税的

① 日本文部科学省：《社会教育法》，参见 https://elaws.e-gov.go.jp/document? lawid=324AC0000000207。

比率、负责人的报酬，以及涉及社会捐款、税金、预备金等各项费用的支出及具体扣税范围与标准等都作出了详细的规定。《一般社团法人法》也规定学习塾等服务性机构在签订服务合同前，须向消费者提供相关合同书面材料，其中要包括负责人的姓名、地址、电话、服务内容与价格、支付方法等相关事项。[①] 另外，《刑法》《著作权法》《劳动基准法》《个人情报保护法》《劳动合同法》《最低工资法》《地方公务员法》等对学习塾各类参与人员的权利与义务进行了补充规定，上述各项立法的制定与实施，共同为学习塾的规范、有序发展提供了坚实的法律基础。

（二）美国校外培训立法经验

美国"课外活动"（Afterschool Programs or Out-of-School Time Programs）涵盖的领域十分广泛，不仅涉及学术活动，同时还包括艺术、体育、娱乐，以及针对辍学者、无家可归青年的发展计划等。据美国联邦校外培训资助计划的历年报告显示，有效的课外活动可以改善课堂行为、提升学业表现，降低辍学率和犯罪率，鉴于当前美国对课外活动的强烈需求，联邦政府对课外活动一直持支持的态度和立场。

---

① 姚琳、马映雪：《日本校外培训机构学习塾治理探析》，《比较教育研究》2020 年第 1 期。

在联邦政府层面，美国《不让一个儿童掉队法案》成为推动政府对课后辅导和投资兴趣的关键因素，尤其法案规定学校要向连续三年在提高学业成绩方面没有适当进步、低收入家庭的学生提供教育补习服务。① 《加强和改进中小学早期学习机会》《STEM 培训补助计划》《学生的作业、交通、社区发展培训和研究金计划》等政策也为校外培训活动的运作奠定了合法性的基础，该政策赋予了各州充分的权利来组织和举办课外活动。《政府绩效与结果法案》要求各州教育厅须遵循相关指标，依据中小学教育办公室的指导性规范，并委托专业评估机构通过该计划专门数据库中的数据，对本州的实施效果进行年度评估，包括分析受益学生群体，总结关键要素，评价学生在数学、英语等学科成绩，以及到校率和课堂表现等方面的进步程度。② 总之，联邦政府在赋于权利给各州组织校外培训活动的同时，将评估与问责权保留在手中，以便能随时确认课外活动是否有效地促进了美国学生的学业进步与身心发展。

---

① C.J. Heinrich, R.H. Meyer & G. Whitten: "Supplemental Education Services Under No Child Left Behind: Who Signs Up, and What Do They Gain?", *Educational Evaluation and Policy Analysis*, vol.32, no.2(2010), pp.273 - 298.

② 参见上海师范大学陶行知研究中心的相关资料。

在州政府的层面来看，其中伊利诺伊州首先制定了《课后示范计划》《课外活动的有效性》等地方性法规，其对校外培训活动的项目标准、评价监测、能力建设资助及第三方示范成果和评估等都做出了具体规定。① 罗得岛州则制定了《课后和暑期学习计划的规划》，规定校外培训活动应在下午 3 点至 6 点举行，并与儿童保育、21 世纪社区学习中心、社区组织和公立学校展开合作，同时鼓励其发展必须基于社会情感能力的培养为目的，以促进儿童和青少年的体验式学习；州教育部门还为课外活动制定了质量标准，以及对雇员的聘用、专业发展、工作时间、薪资待遇等方面的具体规定。② 缅因州修订了地方法案《课余计划基金、标准和批准》(Afterschool Program Fund, standards, approval)，明确设立"计划基金"，鼓励在全州的学校发展高质量的课余计划，同时设专员负责核实和批准中小学课后服务的准许证书，并为其制定符合学校基本标准的课余课

① Find Law, "Illinois Statutes Chapter 325. Children § 27/25. Effectiveness of afterschool programs", https://codes.findlaw.com/il/chapter-325-children/il-st-sect-325-27-25.html, January 01(2022).

② Find Law, "Rhode Island General Laws Title 16. Education §16-88-3. Planning phase for a demonstration afterschool and summer learning program", https://codes.findlaw.com/ri/title-16-education/ri-gen-laws-sect-16-88-3.html.

程标准。[1]

总体来说，美国将校外培训活动视为学校教育的补充，以及明确将其视为改善学校教育质量的手段和途径，因此在教育改革的进程中予以了有力支持，如联邦政府不仅在法律层面赋予各州自行组织发展校外培训活动的权利，同时也以循证标准保留了联邦政府的监测与评估权利；各州依据各自教育的发展状况，自行制定或修改关于校外培训的机构单位、课程标准、人员聘用、成果评估、准入退出等方面的内容。联邦法案与各州地方立法互相结合，共同促进校外培训更好地服务于学生的学业成绩和综合素质的提升，为美国的家庭幸福和社区安宁做了重要贡献。

（三）校外培训立法的国际趋势

校外培训的全球扩张已经引起多个国家及政府的关注。例如，斯洛伐克通过《贸易许可法》规定了外语和艺术类校外培训机构的准入标准，即必须获得相关专业证书或具备十年以上工作经验的专业人士才可担任校外培训工作。韩国也颁布了《促进公共教育正常化及限制提前教育特别法令》，要求包括培训机构在内的所有基础教育相关机构一律不允许

① 参见 https://codes.findlaw.com/me/title-20-a-education/me-rev-st-tit-20-a-sect-8901.html。

对学生开展超出学校课程范围或早于学生当前所在年级的教育与教学活动；而《辅导班的设立、运营及课外培训法》中也明确规定学生可以随时退费，机构设施须按照各道（特别市）的标准严格执行。① 瑞典未对校外培训的教师资格、教学方法及评估手段作出限定，然而，各州的法规对学生参与校外培训的权利与义务进行了明确规定，并要求营利性校外培训必须向正规学校和非营利机构分配一定的补贴。② 新加坡也出台法律严禁公立学校教师参与商业性的校外培训。

事实上，虽然日本、美国、韩国等各个国家对校外培训的法律规定各不相同，但其达成的基本共识是一致的，即校外培训不得干扰学校教育发展，不得违背市场秩序并有损学生和家长的权益。上述校外培训的国际立法趋势与动态都给了我们很好的启示，即必须通过法律的有效手段与途径去干预或治理资本控制下的校外培训乱象，让校外培训回归育人初衷，并促进其与学校教育、家庭教育携手合作共同发展儿童的身心健康，

---

① 王学男等：《部分亚洲国家针对校外培训机构进行治理——让"影子教育"良性发展》，《中国教育报》2019 年 8 月 23 日，参见 http://www.xinhuanet.com/abroad/2019-08/23/c_1210253620.htm。

② E. Forsberg, S. Hallsén, M. Karlsson, H. M. Bouden, T. Mikhaylova & J. Svahn, "Läxhjälp as Shadow Education in Sweden: The Logic of Equality in 'A school for All', *ECNU Review of Education*, Vol.4, No.3(2020).

这是基本达成的国际共识。

五、校外培训立法的展望与建议

如上所述，2021 年 7 月 24 日，中共中央办公厅、国务院办公厅联合发布了《关于进一步减轻义务教育阶段学生作业负担和校外培训负担的意见》，自此以后，教育部连续颁布了《中小学生校外培训材料管理办法（试行）》《校外培训机构从业人员管理办法（试行）》《关于坚决查处变相违规开展学科类校外培训问题的通知》《关于将面向义务教育阶段学生的学科类校外培训机构统一登记为非营利性机构的通知》等 17 项涉及校外培训治理的政策文件。教育部以惊人的速度和力度连续颁布了一系列政策，对校外培训进行了全面规范和治理，这不仅彰显了中央政府对整治校外培训乱象的坚定决心，也体现了政府致力于恢复教育育人的本质，以及为学生创造健康学习环境的远见。在笔者看来，此次行动不仅旨在减轻中小学生的应试压力，背后其实还蕴含着要使教育回归其育人的本源，防止资本对教育生态肆意破坏。当资本侵害教育生态并加剧教育功利化恶劣影响的关键之际，政府的及时干预和纠正显得尤为必要。尽管校外培训与校外教育密不可分，其本身并不是一个

“污名化”的代名词。因此，如何对校外培训进行严格规范，以使其更好地辅助学校教育，同时关注青少年儿童身心健康，在目前来看尤其具有重要意义。因此，通过前期政策文件的制定与实施，积累经验后，再将其上升为立法的基本原则，是从根本上规范校外培训活动、防止治标不治本的关键措施。

众所周知，任何一项成熟政策的最终归宿都应当是立法。面对校外培训的规范发展及其公益转型，我们需要认真总结迄今为止已经出台的关于校外培训政策的利弊，聚焦校外培训治理的核心问题与困惑，这对于加快推进校外培训的立法进程至关重要。目前，我国在教育领域已经制定了《教育法》《民办教育促进法》《教师法》等 9 部国家教育法规与法律，但在校外培训领域仍然是一片空白，这不仅让我们面临校外培训出现乱象时无法及时进行整治，而且在治理过程中因为缺少法律的支持与法理的依据而使“法治”可能变成“人治”。纵观国际校外培训的立法动态，日本将教育法规与经济领域的其他相关法规“双管齐下”来规范学习塾的发展，美国则在联邦和州政府层面分别开展立法，其在支持校外培训有益发展的同时通过各种法律手段加强对其监测与评估，以确保校外培训市场沿着健康的轨道发展。我国大可在借鉴国际校外培训立法经验的基础上，结合自身国情，来制定一部有益于孩子健康成长及维护教育生态良性发展的《校外培训法》。

从现有的教育法律内容来看，与校外培训关系密切的是《教育法》与《民办教育促进法》，《教育法》是各类教育的母法，其对各种教育机构的设立、教育法人的资质以及教育机构的招生收费等都作出了基本规定。《民办教育促进法》在对各种民办教育进行分类的基础上，规定了对其公益性与营利性的性质。校外培训立法必须对照上述法律的有关规定并根据其自身特殊性与专门性进行有针对性地思考。首先应在明确《校外培训法》与《教育法》《民办教育促进法》关系的基础上，明确《校外培训法》的基本框架与主要内容。其中需要明晰校外培训的性质、目的与学校教育的互补关系，以及在社会主义教育事业中所应完成的职责与使命。其次，新法还需规定举办校外培训者的法人性质与责任，明确校外培训机构批准设立的基本条件与要素，拥有变更终止权的职能部门，各级政府和教育行政部门在校外培训中应该承担的职责和义务；三是对各类校外培训的业务监督与评估、财务与税务管理的监管、从业人员和参与人员的准入及其权利与义务的履行等。

当前，我国教育领域的改革仍在如火如荼地开展，学校教育质量的提升，招生考试制度的完善，以及教育评价机制的健全，都是以立德树人为目标，推进学生身心健康发展，满足儿童多样化成长的需求。同时，校外培训作为学校教育的“影子”和补充，其仍然具有满足学生个性化发展的刚性需求。因此，如何充分利用国家大力规范治理校外培训的有利时机，对现行政策的利弊进行深入反思和总结，同时汲取国外校外培训立法中的有益经验，加快《校外培训法》的立法进程尤为必要。简而言之，只有明晰《校外培训法》的立法框架与核心内容，同时针对校外培训在治理过程中出现的问题与困惑，在立法层面进行明确规范与整治，才能使校外培训走上一条回归教育本源的健康发展之路，从而为满足儿童、家庭乃至国家教育事业的健康发展做出应有的贡献。

* 本文曾发表于《现代远程教育研究》(2022 年第 5 期)，原题为《关于我国校外培训立法的几点思考——基于“双减”政策落实与校外培训治理》。《中国人民大学复印报刊资料》《中小学学校管理》全文转载本文。

正视校外补课负面影响，重整绿色教育生态

校外补课在当下早已成为教育常态，若论“可喜”之处，则是历史上还从没有哪一个时代像今天这样重视“教育”，一个家庭倾其所有投入孩子的教育中。然而，“钱学森之问”的命题却仍然没有解决的迹象，我们不仅未能成功培养出更多的创新型人才，反而面临着各种教育病理性现象的频发。人们忧虑全民校外补课背后隐藏的巨大危机，忧虑全社会对应试教育和分数至上的狂热追捧，以及社会发展对教育的畸形期待，因为一旦教育生态被破坏，便难以恢复。如今，孩子们整日沉浸在恶性补课中，他们将逐渐失去对知识和理想的兴趣与追求。人们担忧校外补课已经违背了教育的本源与本质——教育应促进儿童生命成长与健康健全发展。

近年来，导致“疯狂”校外补课的三大原因。一是国家推行教育强国政策，教育受到了前所未有的关注与重视，一部分人从中嗅到了商机，将教育视作谋利的工具。二是受西方人力资本学说的影响，如美国农业经济学家舒尔茨提出“教育的投资是最好的投资”，这一观点后来演变为通过教育的“投资”可以

改变人的身份与社会地位，乃至将教育看作是发家致富、飞黄腾达的唯一途径，这与中国家庭中普遍存在的“望子成龙，望女成凤”的传统心态一拍即合。三是独生子女家庭大量出现，家长们别无选择，因为“输”一个就全军覆没。进入好学校抢占优质教育资源变得至关重要，而进了好学校还要设法“独占鳌头”，保持学习的领先优势，于是“补课”之风悄然兴起。

校外补课的初衷，大多是巩固课堂教学的效果和质量，弥补集体教学中个别化指导的不足；就学生个体来说也是为了拾遗补阙，对没有牢固掌握的学科知识进行强化学习，或在老师指导下进行的有目的的复习。但当下全民校外补课的情况却大不一样，不仅充满了功利气息，还危及儿童的正常学习乃至健康成长，甚至对教育生态产生了极为严重的损害与破坏。

一、扰乱教育秩序，“绑架”学校教育

首先，当下的补课早已失去了真实意义，不再是拾遗补阙，而是为了“抢弯道”和超前学习，可能造成的后果是盲目拔高教学水准和颠覆课堂教学秩序。“抢弯道”和超前教学一定会造成同级学生之间学习起点的差异，加大学校课堂教学的难度。

长此以往，教师会默认所有学生均是非零起点学习，便会加快教学进度和学习难度，结果导致未接受校外补课的学生跟不上，迫使这部分学生被动加入校外补课的大军，进一步恶化了教育生态环境。课堂教学被校外补课所主导，校内的教育以校外的学习为起点，课堂变成学生展示校外学习成果的平台。这种异常的现象公然挑战了教育规律与教育科学的原则。

其次，校外“补课”机构逐渐涉足学校招生工作，严重破坏了教育公平和社会公平。当前，校外补课的种类繁多，不仅包括常规的学科辅导，还有针对各种竞赛证书的专门培训，这些竞赛获奖证书往往与学校招生选拔紧密相连，成为学生入学的关键，因此，课外补习通过影响入学选拔标准进一步牵制了学校教育评价体系。2016 年杭州某校外培训机构的报名点被“挤爆”，就是因为某些小学以机构的成绩单作为招生录取条件。为此有关教育行政部门出台了专门规定，才得以从招生录取的源头上对校外补课现象进行了遏制。但目前仍然有少数学校与校外培训机构暗中勾结，进行类似的招生筛选活动，这无疑从根本上破坏了社会经过长期努力创造出的公平、公正的教育招生环境。

“全民校外补课”严重影响师德师风建设。在利益的驱动下，一些学校的部分教师“课上不讲课下讲”“校内不讲校外补习讲”，甚至暗示学生参加自己在校外举办的补习班，这是师德师风败坏的体现，也有损于教师的社会形象。在校外机构补课的授课教师尤其是教学名师，大多来自公办学校，他们自愿或被迫地疲于奔命于各类校外培训机构，这难免分散精力，对学校教育教学带来的负面影响不可小觑。

二、“应试”导向，违背育人目标

2019 年中共中央、国务院发布的《中国教育现代化 2035》特别提出要“更加注重学生全面发展，大力发展素质教育，促进德育、智育、体育、美育和劳动教育的有机融合”。校外补课则完全以“应试”为导向，以成绩和分数为“诱饵”。为了应对因选拔而形成的高难度考试，也为了能通过考试顺利升入名牌学校，学生只能放弃个性化的追求和兴趣而陷入每天刷题的困境，这导致中小学生的片面发展。有调查报告显示：近三成学生的睡眠不足 8 小时，其中 62％的学生都在参加校外培训。然而，校外补课是否有助于学生成绩的提高却不见得，有研究指出，“与学校教师注重培养学生的数学基础、尊重教育客观规律相比，校外辅导班的教学体现出超前、拔高、重复等特点……在培养学生数学思维能力等方面没有起到正面作用，甚至影响了学生的自信心和学习自主性”。上述问题还进一步造成了

“钱学森之问”所提出的困境,即以应试为导向的教育绝难培养出创新性的人才,因为这种教育从根本上扼杀了学生的好奇天性,剥夺了学生可以自由支配的时间和自由创想的空间。为了成绩、为了分数、为了所谓“确定性答案”,迫使学生放弃对真正学问的追求与热爱,最终使学生失去了对创新的“兴趣”。当今学校教育的改革正在呼吁重视创新人才的培养,校外补课则在反其道而行之的路上越走越远。

三、加剧教育竞争,扩大社会不平等

教育具有促进社会阶层流动的功能,即社会底层人士可以通过接受教育实现阶层的流动和上升。这种分层与流动应该是公平且可控的,政府要建设公平的环境,制定有效的政策,以确保所有公民都能得到公平而有质量的教育。但当下的“补课”却正在消融政府为教育公平所做的努力。当众多的家长无法占据优质教育资源时,那些具有较高经济地位或受教育水平较高的家庭就转而向校外机构寻求获得这种优势,他们通过报名参加各种课外辅导来增加孩子在学校教育中的竞争优势,这无疑造成了另一种形式的教育不公平,进而扩大了社会的不平等。简而言之,校外补课扩大了城乡和不同阶层的学生获得教育资源和教育结果的差距，削弱甚至消融了政府在教育公平中所做出的努力与成效。

关注生命本质，回归教育本源是解决校外补课的根本举措。我们需要确立理念，教育应该重在培养有生命活力的个体。教育不仅需要关注才能，更应关注人，所谓皮之不存毛将焉附。我们只有把教育的重心与重点始终放在促进人的全面而自由发展的根本目的上，并重建培养人性、重塑教育灵魂的价值观，才能从根本上遏制全民校外补课的怪现象。具体而言，我们需要转变家长的育儿观念，鼓励儿童自由生长。我们还应当规范校外培训机构，发挥学校教育的主导作用，改革教育评价体系，引导教育回归本真。

我们不是造就千篇一律的“工具人”，而是要培养创新型的人才。处在一个终身教育的时代，单纯为了经济发展的需要而培养“工具人”的思路终将成为过去，“价值引领”“立德为先”，2035 年中国教育现代化的政策导向已经吹响了教育面向未来、教育回归生命的集结号。

* 本文曾发表于《教育家》(2021 年第 7 期)，原题为《正视校外补课负面影响，重整绿色教育生态》。《中国人民大学复印报刊资料》全文转载本文。

秋之鸣

中国成人教育会终结吗？

一、成人教育在转型时代的挑战与未来

教育是一项培养人的社会活动，教育因人与社会的发展需要而存在。因此，教育的目的、制度、内容、方式、发展速度与规模等，必然受到社会生产力的发展水平、政治制度的民主诉求以及科学文化的普及程度等因素的影响和制约。换言之，任何一种教育活动或形态的产生、兴起及演变，实际上都有其深刻的社会背景与历史成因，我国成人教育的兴起、发展乃至当下遭遇的困境与问题莫不如此。简言之，处在转型与变革的时代，成人教育也面临了前所未有的危机与挑战。因为《国家中长期教育改革和发展规划纲要（2010—2020 年）》已经将“面向学校教育之后所有社会成员的教育活动”定位为“继续教育”，所以，成人教育已经完成历史使命，即所谓的终结论、消亡论观点一时甚嚣尘上。那么，成人教育是否就如同某些学者或社会舆论所断言的那样，已到了生死存亡乃至自生自灭的边缘？未

来成人教育在中国是否还有发展空间？面对成人教育当前进退两难的困境，我们又应该制定怎样的对策与方略来渡过这一难关？对此问题进行深入讨论与研究，不仅可以明晰成人教育的未来发展方向，对于教育行政主管部门而言，也可起到提供决策咨询的作用。

二、成人教育的引入和发展

从简要的历史回顾中，我们可以清楚地发现，我国成人教育的产生其实是伴随着"文化大革命"的结束，以及"改革开放"新形势的需要而兴起并发展起来的。若就成人教育这一术语而言，它其实并非我国固有的本土概念。① 我国现代成人教育概念②的

---

① 成人教育(Adult Education)的概念，由联合国教科文组织在 1976 年召开的第 19 届世界教育大会提出。"成人教育是专指学校教育以外领域展开的、以成人为对象的、且以各种非正规或非正式教育活动为主的专用术语。"(参见关世雄：《成人教育词典》，职工教育出版社 1990 年版。)

② 在成人教育概念引入我国之前，国内并没有"成人教育"这一专有名词，但是相关类似的实践已经存在。"成人教育是新中国诞生之后逐渐发展起来的校外教育形态的总称，它的前身可以追溯到清朝末年的通俗教育(1906 年)、民国时期的民众教育以及社会教育。新中国成立之后，原有的民众教育、社会教育等又分别为工农教育、业余教育、扫盲教育和干部教育所代替，其教育功能和体制也随之发生变化。"(转下页)

提出以及以“成人”为对象在普通教育以外的领域得以大规模地开展,其根源于“文化大革命”结束后的社会急剧变化及由此产生的学习需求。1978年12月,党的十一届三中全会作出了以经济建设为中心的重要决策,由此拉开了“改革开放”的帷幕。但是,十年“文化大革命”动乱完全扰乱了国民教育的正常秩序,学校关闭导致大量青壮年处在文盲或半文盲的困境,这一严峻状况严重制约了我国社会经济建设的正常推进。“文化大革命”后的学校教育虽然渐渐恢复了正常,但由于正规学校对入学者有着严格的年龄限制,于是为了解决因“文化大革命”动乱而被排除在校门之外的年轻人能再度回归教育的问题,我国从国际社会引入了“成人教育”的概念,并予以大力的扶持与促进。随后在中央政府的直接推动下,一场规模浩大的针对成年人的“双补”(补习基础文化和基本技能)教育运动,以及之后为满足他们的职业发展需求及对高等学历教育的期待而开展的岗位培训与成人高等教育亦相继兴起并得到了极大发展。同时,通过北京市、上海市、天津市、沈阳市等四地的试点,自学考试制度也在全国范围普遍建立。

(接上页)凡此都属于我国成人教育的实践基础,但与人们所理解的成人教育又有所不同。(参见吴遵民:《现代中国终身教育论》,上海教育出版社2003年版。)

尤其需要指出的是，1986年国家教委在山东省烟台市召开了“全国成人教育工作会议”，时任国家教育委员会主任的李鹏作了《改革成人教育，发展成人教育》的讲话。他指出：“成人教育是我国教育事业极为重要的组成部分，就整个教育事业来说，大体上可分为四大部分，即基础教育、职业技术教育、普通高等教育和成人教育。”(《中国教育年鉴》编辑部，1987年)李鹏讲话的精神在1987年国务院正式转批的《关于改革和发展成人教育的决定》中得到了充分体现①，至此，原本产生于欧美的“成人教育”概念开始替代本土的“工农教育”在我国落地生根，并成为当时国民教育体系四大重要组成部分之一。成人教育自在我国诞生之日起，即承担起了对走上各种工作岗位的成年人进行学历教育、补偿教育、岗位培训及市民精神教养、教育的历史重任，②发挥了极其重要的作用。大批因“文化大革命”

① 《关于改革和发展成人教育的决定》明文规定“成人教育是我国教育的重要组成部分。在整个教育事业中，它与基础教育、职业技术教育、普通高等教育同等重要”。

② 成人教育的主要任务是：1. 对已经走上各种岗位，以及需要转换工作岗位或重新就业的工人、农民、干部、专业技术人员和其他从业人员，进行相应的岗位培训，使他们在政治思想、职业道德、文化知识、专业技术和实际能力等方面达到本岗位的规范要求；2. 对已经走上岗位而没有受完初等、中等教育的劳动者，进行基础教育；3. 对已经在职而又达不到岗位要求的中等或高等文化程度和专业水平的人员(转下页)

而失去学习机会的成年人重新通过“双补教育”、职业技能培训以及成人高等教育获取了各种资格证书、上岗证书乃至大学学历。因此,成人教育的发展一时在国内达到了顶峰。

三、成人教育的发展困境与转型

然而,教育的组织形式也经常会随着社会政治或经济因素的变化而经历兴盛与衰落的周期性发展,①成人教育也不例外。进入新世纪后,伴随“两基”的完全普及,高等教育大众化的实现,以及“文化大革命”后教育欠账的渐次“偿还”,成人正规学历教育的需求已不再迫切并逐渐减弱。而且,随着我国职业教育一体化的实现以及社区教育的兴起,一度非常繁荣的成

(接上页)进行相应的文化和专业教育;4. 适应社会的迅速发展和科学技术日新月异的进步,对受过高等教育的人进行继续教育;5. 为建设文明健康科学的生活方式,满足人民日益增长的精神文化生活的需求,对成人开展丰富多彩的社会文化和生活的教育。(参见《国家教育委员会关于改革和发展成人教育的决定》,1987 年 6 月 23 日。)

① 除正规学校教育以外,各类校外教育活动组织形式都会因为社会的变迁而发生兴盛衰落的变化,如民国时期盛行一时的平民教育、乡村教育、民众教育、社会教育以及新中国成立初的工农教育等,都因各种社会或历史的原因而不复存在。

人教育中的岗位培训以及市民教养教育，目前也面临着被替代的危机。1978年后[①]，借助"改革开放"的春风，经过三十多年的摸索与探究，我国初步形成了与现代化建设相适应的学历教育与职业培训并举的职业教育体系，同时建立了以政府为主导的职业教育调节机制和政府、行业、企业以及社会共同参与的职业教育服务保障体系，由此现代职业教育初具规模。因此，随着职业教育的快速发展，原来属于成人教育重要领域的职后岗位培训，也受到了一定程度的冲击和削弱。同时，社区教育在我国蓬勃发展，并取得了令人瞩目的成就。以上海为例，全市已在220个街镇成立社区学校，在居委层面设置了5000个教学点，仅2012年，上海市社区学校全年在校学员数超过了150万人次。社区学校已经成为上海市推进精神文明建设、构建公共文化服务体系乃至建设学习型社会的重要阵地。由于社区学校更加强调社区民众自发、自主、自由参与终身学习、提高精神文化生活质量，因而其比成人教育更加契合终身教育的理念。同时，社区学校面向社区全体居民开放，服务对象也

---

① 我国现代职业教育体系的发展经历了初始阶段（19世纪下半叶至1922年）、探索阶段（1922—1949年）、单一发展阶段（1949—1978年）和系统发展阶段（1978年至今）等四个阶段，1978年以后是我国职业教育发展最迅速的阶段。（王喜雪：《我国职业教育体系研究》，《国家教育行政学院学报》2013年01期。）

早已超出了成人教育的范畴。

需要指出的是,基于终身教育理念和架构学校与学校外教育“立交桥”的需要,2010年,中共中央、国务院发布了《国家中长期教育改革和发展规划纲要(2010—2020年)》。在这样一份关系我国未来一段时期内教育改革与发展的纲领性文件中,成人教育的术语被正式纳入继续教育的范畴。与此同时,行政机构的改组也悄然进行,国家行政机关中的教育部成人教育司,早在1998年就更名为职业教育与成人教育司;①地方教育委员会的成人教育处及成人教育科,也被终身教育处或社会发展科所取代,许多高校的成人教育学院相继更名为继续教育学院或开放教育学院等。这些信号都清楚表明成人教育的发展已陷入瓶颈,其存废及转型受到了人们的强烈关注。成人教育赖以生存的两大支柱——对成年人的岗位培训与市民教养教育都逐渐被职前、职后教育的一体化和社区教育所取代,致使如今的成人教育正逐渐沦为一个有名无实的空壳。尤其是以成人为对象的教育形态,因其与学校教育无法形成有效的无缝对接,故无法承担起终身教育时代要求架构学校与学校外教育“立交桥”的重任。因此,将一种新的教育形态——继续教

① 1998年国家教委更名为教育部时,成人教育司更名为职业教育与成人教育司。

育——来取代已完成历史使命的成人教育，可谓早已在考量之中。

四、成人教育的发展困境与继续教育的崛起

毋庸置疑，成人教育之所以在当下面临发展危机与生存挑战，与其原有的目标定位与功能作用受到社会发展变化的巨大冲击关系密切。我国成人教育的内容构造与基本功能，在教育部发布的《关于改革和发展成人教育的决定》中曾有明确界定，即成人教育主要是“对已经走上各种生产或工作岗位的从业人员进行的教育，能够直接有效地提高劳动者和工作人员的素质，从而可以直接提高经济效益和工作效率。同时，对于培养有理想、有道德、有文化、有纪律的社会主义公民，形成好学上进的社会风气，对于发扬民主、健全法制，促进安定团结，成人教育也有着直接的作用”(国家教育委员会，1987 年)。由此可见，我国成人教育的基本功能主要是针对成年人的岗位培训与市民精神教养，这也是成人教育赖以生存的两大支柱。在以上思路的指引下，我国相继建立了由成人学历教育和非学历教育两大部分组成的成人教育体系。

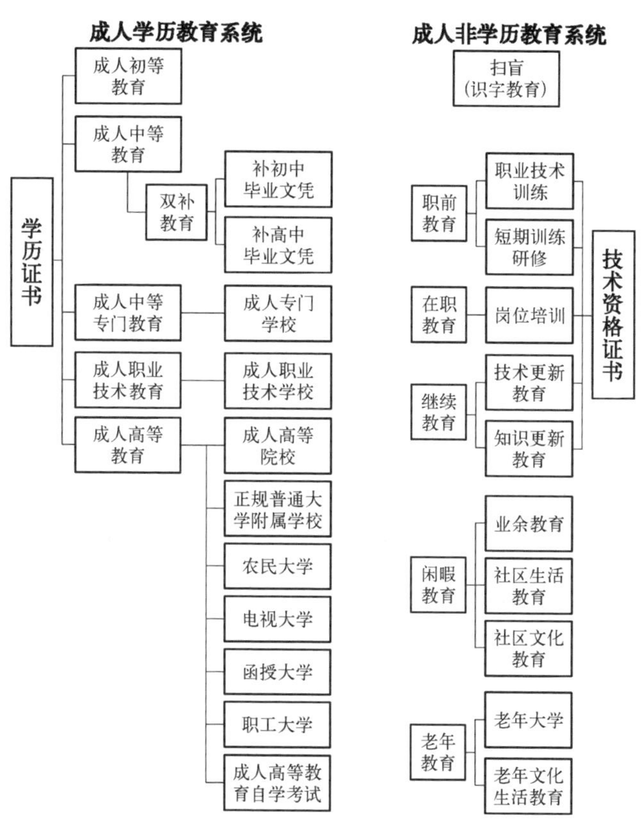

图 1　我国成人教育体系①

---

① 参见《国家教育委员会关于改革和发展成人教育的决定》,1987 年 6 月 23 日。

但如今，随着终身教育时代的到来以及社会环境的急剧变化，尤其是我国教育体制改革的不断深化，成人教育正面临着两个方面的冲击：一是来自教育系统外部，即终身教育背景下社会发展对学校与学校外教育有机衔接和融合提出的新要求；二是来自教育系统内部，因为教育体制的改革要求理顺各种教育形态之间的关系。换言之，我国正在努力构建一个“人人皆学、时时可学、处处能学”的终身教育体系，而其关键是要架起各级各类教育之间的“立交桥”，实现各种教育形态的横向沟通与纵向衔接，并最终达到各种教育资源围绕人的一生予以整合与开放的目的。然而，从以上构想来看，我国成人教育原有的内涵与功能便存在着诸多缺陷。成人教育在概念上主要依据教育对象的年龄阶段来进行划分，这导致其与学前教育、学校教育、职业教育等其他教育类型在教育结构与体系中存在难以衔接的弊端。特别是我国的教育体系并非以年龄来划分，而是以教育层次及功能，如基础教育、高等教育、职业教育等来划分的。由此，成人教育无论是在概念上还是教育结构的逻辑层面上都存在不合理与不贴切性。目前，我国的学前教育和学校教育制度已经较为连贯地把人的前半生，即学前与就学中的教育有机连接了起来，且它们都以教育的功能来区分教育活动，仅有学校后的成人教育是以对象的年龄特征予以定位的。这就造成了学校与学校后的教育，不仅是名称甚至包括连接机制和功能都存在不连贯与不顺畅的弊端。而继续教育的概念,是按接受教育的过程来划分的教育类型,可以看作是在原有教育基础之上的教育“追加”或“延伸”,因而就教育结构的逻辑而言,继续教育的概念及内涵就显得更加合理与妥帖。

那么,继续教育又是什么呢?它指的是脱离了正规学校教育系统的所有社会成员都可以继续接受的一种没有年龄限制、教育形式和内容灵活多样的教育形态。比如,它包括了走出校门的在学青少年在社区参与的各种实践活动,也涵盖了社区居民为了更新知识、提升能力乃至兴趣爱好而展开的多元学习活动。因此,继续教育的对象并不局限于成年人,它还包括因各种原因中途离开学校的青少年(如辍学者)。在教育功能上,它也不再局限于学历教育或岗位培训,而是泛指一切对个体具有教育意义的学习乃至文化娱乐活动。在教育结构上,它与学校教育系统紧密衔接,凡正规学校教育结束就可以视为继续教育的开始。因此,它的功能、内容与正规学校教育可以做到充分吻合与完整衔接。它在形式上也更加多样与多元,凡离开学校教育后的任何教育活动都可包含其中。从某种意义上看,继续教育更加接近终身教育提倡的理念,即对社会既存的各种教育资源进行有机整合,并促进各级各类教育的相互衔接,即所谓终身教育“立交桥”的搭建。有鉴于此,《国家中长期教育改革和发展规划纲要(2010—2020年)》中明确指出,继续教育“是面向学校教育之后所有社会成员的教育活动，是终身学习体系的重要组成部分”。至此，成人教育的术语正在逐渐被继续教育所取代。

简而言之，我国成人教育的内涵及概念实际上并不足以全面覆盖学校后的教育体系，因此，我们需要寻找一种更加全面和先进的教育理念或形态来重新定义学校后教育的内涵和外延，并由此构建一个能真正把人一生不同阶段的教育，从功能与机制上予以有效统合和有机结合。这对于我国构建终身教育体系，实现学习型社会的创建与完善具有至关重要的意义。

五、成人教育的发展前景及转型

面对日新月异的社会变革，成人教育要实现其发展与生存，势必要进行发展思路的转变与实践活动的转型。笔者坚信，成人教育并未终结，也不会消亡。但它若要继续发挥作用，唯有顺应社会发展的情势，重新定位自身的功能与目标。

具体来说，成人教育需要在以下几个层面实现目标转换与功能转型：

（一）在理论研究层面，应该加强对成人教育的内涵与功能目标的研究，力图把成人教育融入终身教育的体系框架与结构之中，并基于继续教育的概念范畴重新思考成人教育的定位。图2清晰描绘了未来成人教育在终身教育体系及继续教育框架中的新定位。

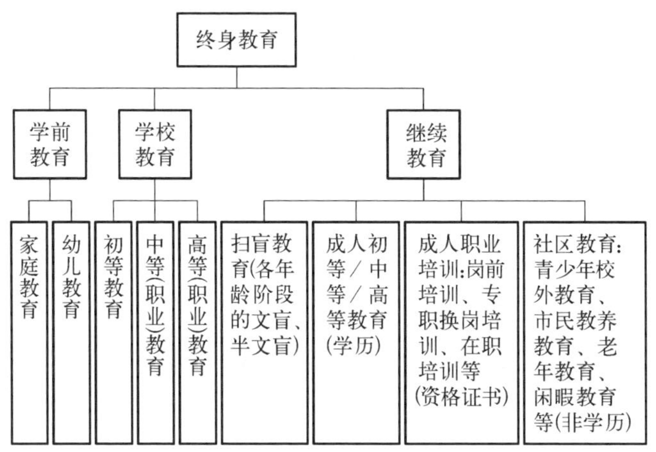

图2　成人教育在终身教育体系及继续教育框架中的定位①

① 我国成人教育体系主要由学历教育和非学历教育两部分组成,两者又以是否获得学历证书为根本区别,并各具不同的特色与功能。第一,成人学历教育,是指以成人为对象的成人初等教育、成人中等教育和成人高等教育的总称,与学校教育形态类似,采用全脱产、半脱产及业余的学习形式,主要是为了获得各种学历证书;第二,成人非学历教育是指学历教育以外的各种针对成年人的教育活动,如职前培训、在职技能教育和闲暇教育等,其主要为从业人员提供岗位技能培训及各年龄段的居民提供精神文化生活等方面内容的教育。(参见吴遵民:《现代中国终身教育论》,上海教育出版社2003年版。)

从图 2 可以看出，以成人为对象的教育，几乎涵盖了继续教育的所有方面。但需注意的是，它已不再作为一种独立的教育形态出现，而是作为支撑继续教育框架结构的一个具体部分而呈现。换言之，今后的成人教育应该把研究重心放在对成年人的学习心理、教材与课程的开发，乃至自我实现、自我完善等重点上，即应加强对“成人对象学”的研究（如学习动机、学习特征和学习需求等），不断为成人学习者提供更加多元、符合其年龄特征的教育资源。例如，针对进城务工人员群体，提供帮助他们融入城市、自立谋生的教育资源。又如，针对社区老年学习者，提供丰富多彩，尤其是以有利于其身心健康，发展兴趣爱好，丰富精神生活为宗旨的教育活动，以推动他们个体的发展，进而促进整体国民精神文明素养的提升，达到构建学习型社会的目的。通过这类以“年龄特征”为依据的分类研究，我们可以更加精准地对课程、教学、活动、内容、方法进行设计，实现有的放矢、因材施教。这不仅能够更好地满足成人学习群体的需求，同时也构成了终身教育与继续教育实践的重要基础。

（二）在实践层面上，面对继续教育的兴起，成人教育需要实现办学意识的转变，即把目光从城市转向农村、从企业转向社区、从学历教育转向各类非正规的教育活动，争取以成人教育的新面貌与新特色融入继续教育。如前所述，成人教育的原有功能已经被职业教育的发展和社区教育的兴起所分解。但以上发展并非一蹴而就,在其发展与演变的过程中,成人教育当前的实践空间应聚焦于职业教育的转型和社区教育发展尚未深入的农村地区。在这一实践空间中,实现成人教育与继续教育的融合和接轨。具体来说,就是通过开拓农村社区教育、建好开放大学、实施学分认证机制等主动实现成人教育向继续教育的转轨,同时扩展成人教育机构的功能,更好地服务于终身教育体系的构建。除此之外,现有的成人教育培训体系也应加以改革和发展,以建立更加便捷与普及的成人教育信息网。

（三）在政府政策与立法层面,应该重新反思立法的重要性与必要性。20 世纪 80 年代,成人教育立法一度进入教育部的议事日程。当时,教育部委托北京、上海、武汉三个城市各自进行成人教育立法的项目研究与草案制定。然而,由于理解上的分歧,这一立法程序被迫停滞并最终被搁置。从立法实践的层面来看,如果成人教育法当时能成功颁布,它将为正在酝酿与制定中的国家终身教育法提供坚实的立法基础与支撑, 这样,即使成人教育因为社会的发展而需及时调整功能内容,它也不至于就此陷入“终结”或“消亡”的危险境地。如今这一幕虽已成为历史,但在酝酿制定中的国家终身教育法中,成人教育的作用、功能乃至地位仍然应该作出明确规定,同时,成人教育作为终身教育体系和继续教育的基础领域,也应当在立法层面得到明确的认可。这将有助于消除因社会或制度性的变化而给成人教育带来的不稳定和不确定性。

六、成人教育适应变革，探索未来

国际成人教育学者霍拉（H.S. Bhola）曾经指出，20 世纪后半叶是一个有关“成人教育”的用语如雨后春笋般涌现的时代。各种教育思潮、教育概念与教育术语的出现，不仅反映了社会的高速发展，也反映了教育为适应社会变化而必须随之进行变革的现状。面对教育领域的风起云涌，瞬息万变，我们无须过度恐慌，更不可墨守成规，而应冷静面对、适时调整，使教育体系更加科学，更为合理，这也是我们每位教育工作者应采取的态度与立场。面对当下成人教育走向“终结”乃至“消亡”的困境，我们同样应该顺应社会发展需要而给予更多的理性思考，以便从迷雾中看清其本质，从混沌中辨明其未来发展的方向。

* 本文曾发表于《开放教育研究》（2013 年第 4 期），原题为《中国成人教育会终结吗？——新时期我国成人教育面临的重大危机与挑战》。《高等教育文科学术文摘》（2013 年第 5 期）作为学术卡片转引本文观点；《中国人民大学复印报刊资料》“特别关注”栏目全文转载本文。

走出理解误区

——对当代终身教育理论内涵的深层思考

一、问题的提出

自 20 世纪 60 年代中期,法国成人教育学家保尔·朗格朗(Paul Lengrand)在第三届世界成人教育促进国际会议上首次提出"终身教育"以来,其"教育应贯穿于人的一生"的思想在世界各国广泛传播。目前,众多的国家在制定本国教育方针、政策及构建具有宏观意义的国民教育体系之际,均以此理念为依据;更多的人开始把终身教育作为充实自身精神生活、提高公民道德素养的重要路径。

对于我国而言,类似的终身教育思想早已存在,如民间流传的"活到老,学到老"的古老格言;庄子则以"吾生也有涯,而知也无涯"来深刻阐述终身学习的必要性。虽然我国的终身教育思想拥有悠久历史,但我国开始真正关注与推广现代终身教育思想则是在 20 世纪 80 年代改革开放以后,与先进国家相比落后了约二十年。此外，理论研究的相对滞后，已在实践层面引发了一些困惑。因此，为了使我国在推进终身教育的道路上能够明确方向，对终身教育的理念范畴予以重新界定并对实践中产生的种种偏差进行清晰地审视，显得尤为迫切和必要。

二、我国终身教育发展的理解误区

自改革开放以来，终身教育在我国得到了高度的重视和普及，中央与地方政府积极推动着终身教育理念的实践转化。

终身教育作为20世纪60年代兴起的现代教育思潮，其理论发展仍处在不断完善的过程之中，但自其引入我国，因理论研究相对薄弱，人们对终身教育的认识层面出现了一些误区，这在一定程度上影响了政策与立法的制定。具体而言，这些理解误区主要集中在对终身教育内涵的深层把握与宏观理解方面。例如终身教育与成人教育及学校教育的关联，终身教育的主体界定，国民教育体系与终身教育体系的区别与联系，以及“学习社会”构建的基础等。以下分别就上述问题逐一进行分析与探究，以为终身教育在我国的健康发展奠定理论基础。

具体而言，目前我国学术界存在的理解误区，主要集中在以下几个方面。

(一) 误区之一：终身教育即成人教育

在对教育的传统理解中，人们一般把教育等同于对未成年人进行教学和指导的学校教育。终身教育理念产生以后，人们往往倾向于将其视为解决社会危机的手段，特别是作为学校后的继续教育。由于继续教育主要在成人领域实施，因而终身教育就被视为成人教育的同义语。

诚然，成人教育是终身教育的重要组成部分和实践领域，它的发展为终身教育理念的形成和发展奠定了实证基础。正如朗格朗所指出的："成人教育是整个终身教育体制中的火车头。"①成人教育的充分发展不仅构成了终身教育发展的必要条件和主要标志，而且其发展水准在很大程度上决定了终身教育体系的社会效能。因而有学者认为，终身教育的重点在成人教育，难点也在成人教育。②

然而，成人教育是只针对特定年龄阶段对象的教育形态，并不包括终身教育的全部领域。终身教育概念指的是一个人一生的教育(即从出生到死亡)，因而它要围绕人的一生发展，将学校教育、学校外的成人教育乃至进入老年期的休闲教育等

---

① [法] 保尔·朗格朗：《终身教育引论》，周南照等译，中国对外翻译出版公司 1985 年版，第 140 页。

② 季森岭：《终身教育概论》，中国社会科学出版社 2002 年版，第 100 页。

从整体上予以有效统合和衔接，最终形成一个具有宏观意义的终身教育体系。从终身教育的发展方向而言，其强调的重点虽然是离开学校后的成人继续教育，但由于学校教育是已经被制度化了的教育，其财政开支和体系结构均在法律层面得到了根本的保障。相比之下，终身教育更应致力于那些尚未被制度化、缺失法律保障，甚至在社会认识中并未被视为"教育"的领域。这包括但不限于学校外的家庭教育、社区教育、休闲教育、老年教育，以及对人的发展具有重要影响的文化娱乐活动等。需要强调的是，终身教育重视非正规或非正式教育，并非意味着排斥或舍弃学校教育；正好相反，终身教育的核心理念就在于强调"统合"，它的基本宗旨就在于要把包括学校在内的各种教育资源，围绕人的一生发展而整合成一个具有宏观意义的立体型体系，即终身教育体系。在推进终身教育的发展过程中，若仅将发展重心局限于学校后的继续教育，那就会导致对终身教育的片面理解及体系构建的缺失与断裂。当前，国际社会正在积极提倡将学校内部改革置于终身教育的宏观背景下，并呼吁学校教育资源向社区开放。这些原则就是基于终身教育理念所提出的新方法和新举措。

总体而言，终身教育的发展基于成人教育，但终身教育并不等同于成人教育。终身教育的内涵比成人教育更宽泛和丰富。终身教育理论的建立，对成人教育的改革和发展具有科学定位和宏观指导的重要作用。

(二)误区之二:终身教育等同于职业技能教育

我国在理论与实践的发展中对终身教育的理解误区之二是,在人们的认知中将终身教育、职业技能教育或岗位培训等同起来。目前我国的终身教育就基本上局限于上述的成人职业技能及岗位培训领域。首先,从国家的角度来看,为了发展经济必须培养大量社会急需的人才,而对已经走出学校的各类社会人员的培训任务又主要是由成人教育或职业技术教育来承担的。因此人们很容易将职业技术教育视作终身教育。其次,终身教育理念在最初导入之际,研究者与积极推广者又大多是政府或高等院校与成人教育、继续教育或职业教育有关的管理人士及相关的学者专家,所以也就使大众形成了一定的刻板化印象。这一状况至今未有根本的改变。

同样,导致这一理解误区产生的基本原因是因为对终身教育内涵的理解缺乏深层的整体把握。如上所述,终身教育的产生源于各种错综复杂的社会背景,其中既有基于个体学习知识与技能的实用性动机,也有基于社会和国家的立场、保障公民的学习权、提升国民教养素质及满足精神生活的需求等价值性的动因。其中,公民个体对自身职业发展的需求只是整体价值的一个部分。因此,若把终身教育等同于职业技能培训,不仅会导致对终身教育内涵理解的狭隘化,而且由于终身教育功利性目的的过于凸显，继而使终身教育最终成为经济发展的附庸。总而言之，将职业技能培训作为推进终身教育的一个重要方面，并以此作为解决市民再就业、外来人员上岗培训及部分人员转职换岗的重要途径是完全可取的；但这并不代表终身教育的全部。政府应在考虑推进终身教育的过程中把握正确的发展方向，并从整体的角度制定终身教育的长远目标与近期目标，以协调两者之间互为因果的平衡关系。

（三）误区之三：终身教育就是终身学校教育

终身教育概念理解的又一误区，是用学校教育的时空界定终身教育，即把终身教育的实践活动看成学校化、课堂化、大纲化或教材化的翻版。然而，终身教育是一个具有广义教育内涵的概念，它既不等同于学校化，更不可能以大纲的形式统而化之。换言之，它应该是一种植根于社会民众、具有勃勃生机的教育活动；坚持自主、自由的教育原则，这是终身教育的本质之所在。

现在国际上的一般看法是，凡是对人具有促进作用以及具有教育意义的一切活动都可以归入教育之列。这样，教育就与人的社会文化生活、精神娱乐活动，即所谓学校外的非正规或者非正式教育紧密地联系在一起。《中国大百科全书·教育卷》指出："从广义上说，凡是增进人们的知识和技能、影响人们的思想品德的活动，都是教育。”[①]从中可以看出，具有现代意义的“教育”并不单纯地指学校教育，而终身教育也并不是提倡终身接受学校教育。只有当人们树立了终身学习的坚定意愿，且社会的教育资源能为广大民众所共享时，终身教育的理想目标才得以真正实现。

（四）误区之四：政府是终身教育的主体

国内的理论与实践工作者对终身教育的理解误区之四，即是对开展终身教育活动主体的错误定位。由于在开展或推进一项教育活动之际，作为公权力的政府力量在各种社会力量中体现出最有力与最权威的作用，因此，不少学者认为，政府应该成为推动终身教育的主体。

但事实上，在终身教育中应确立学习者作为主体的观点，如今这也已经得到了国际社会的普遍认同。所谓主体地位，是指在任何学习活动中，学习者应主动掌握自身学习的发展进程，并紧握学习目标的主动权。目前，在法国流行一种所谓“伴奏者”的理念，即在终身教育活动中，独唱者永远是学习者，他尽可自由主动地发挥；政府、教育部门、学校、教育工作者则充当独唱伴奏者的角色。政府和教育部门应为社会上的所有学

① 中国大百科全书出版社编辑部：《中国大百科全书·教育卷》，中国大百科全书出版社 1985 年版。

习者搭建学习的服务平台,并在他们需要的时候提供必要的行政或财政援助;但在这一平台上唱主角的却并不是政府主管部门。因此,如果每个学习者都能自觉地意识到自己是学习的主体,而从中央到地方的各级政府教育行政部门都能清楚地认识到自己搭建平台及作为伴奏者的辅助作用,那么自下而上和由里而外、全民性和自主性的终身学习活动,就将会以更加生气蓬勃的态势开展。

(五)误区之五:国民教育体系与终身教育体系分属两个不同的体系

党的十六大明确提出,完善现代国民教育体系、构建终身教育体系,是全面建设小康社会的重要目标。由此,在我国理论界又引发了现代国民教育体系与终身教育体系究竟是一个体系还是两个体系的论争。有学者认为,国民教育体系与终身教育体系应是两个不同的体系,即国民教育体系等同于学校教育体系,终身教育体系则主要指学校外的教育体系。这种理解误区主要源于传统教育观念的深远影响,使得人们对终身教育的理解存在偏差。

何谓"国民教育体系"?应理解为主权国家通过制度或立法的形式,对本国所有享有公民权利的人们提供的一种不同层次、形态和类型的教育服务系统。教育体系的完善与否对于实现特定的教育目的至关重要。有三个必要而充分的条件是确立一国之国民教育体系的基础：第一是公共性，它由国家通过制度或法律的形式来制定，涉及全体国民的公共教育，也是国家行为的体现。第二是多元化和多样性，即国民教育体系并不仅仅以单一的学校教育或学历教育为唯一的教育形态，它应包括学校教育、学校外的社会教育等其他教育形态。第三是国民性，即国民教育体系应面向全体公民，而不仅限于某一年龄段的儿童或青少年。对于我国的现状而言，在新中国成立之初，受到经济发展的制约，有限的教育经费只能用于有限的以学校为主的正规教育，当时形成的国民教育体系即单一的学校型教育，服务的对象是以某一年龄阶段的学龄期儿童或青少年为主，其特征则是注重学历而非实际能力。改革开放以后，特别是进入新世纪后，我国现有的国民教育体系与上述所提到的“现代国民教育体系”相比，存在明显的差距，原因在于我国教育制度尚未充分发展、教育资源尚未全面普及、社会生产力和科学技术相对落后，以及社会分工相对简单等。

现代社会已进入了全球化和信息化的时代。其特征是，国际合作与竞争将更为激烈，人们所面对的机遇和挑战日益扩大和加剧，教育在培养创新人才和推动社会发展方面的职责也愈发重大。因此，在这样一个充满机遇与挑战的时代背景下，我们首先需要树立人人终身学习的思想观念。同时，社会也应积极营造一个多元化、多样性的终身学习环境，构建以终身教育理念为引领的现代国民教育体系，最终促进学习型社会的形成。

因此，现代国民教育体系与终身教育体系应是指向同一概念的两种不同内容及层次的表述。前者的构成要素是以具体的教育形态为主，如学校教育、学校外教育或正规教育、非正规教育及非正式教育等；后者的构成理念则立足于对具有生命价值的每一个人的生涯发展能起到促进作用的立场。因而完善现代国民教育体系和构建终身教育体系不是简单地将两者合并，而是要以终身教育的思想和理念为指导，构建一个既符合现代社会政治经济发展需求，又能促进每个人的终身发展的国民教育体系。这个体系应具有整体性、多样性和综合性的功能。这不仅是国际社会近年来的共识，也是我国政府和人民的共同期望。因此，现代国民教育体系必须以此为目标，明确其科学定位和发展方向。

(六) 误区之六："学习型组织"是"学习社会"的构成基础

近年来，关于建立学习型组织的呼声此起彼伏，学习型组织的理念亦被人们奉为解决社会问题的万能良药，以至于很多人误将"学习型组织"等同于"学习社会"。那么，到底何谓"学习社会"，它与"学习型组织"又有什么关系？对此问题予以阐明，有利于我们走出对"学习社会"的理解误区。

"学习社会"(learning society)一词最早出自美国著名学者、原美国芝加哥大学校长罗伯特·哈钦斯(Robert Hutchins)1968

年所著的《学习社会》(*The Learning Society*)一书。哈钦斯认为，有必要对“教育是什么”重新做出思考。他认为教育的根本价值在于促进个体的自我完善，即“贤、乐、善”(To live wisely, agreeably and well)三方面的提升。教育的终极目标，是实现人生真正价值的转变，而对人的价值观和学习观进行变革的最终目标，就在于创建一个“学习社会”。关于学习社会，哈钦斯曾做过如下表述：“仅仅为所有成年男女提供定期的成人教育是不够的；我们还需要以学习成长和人格的构建为核心目标，设计相应的制度，并通过这些制度推动这些目标的实现。通过这样的方式，建立一个朝向价值的转换及成功的社会”①。

由此可见，当今终身教育所倡导的“学习社会”，实际上是指人的一种学习态度和意愿。也就是说，一个人只要确立了学习的意愿，并且在日常生活的各个方面不断积累学习经验，并且社会的教育资源也为整个社会的人所共享，那么这个社会即可谓之“学习社会”。在这样的一种社会中，个人的终身学习、自我导向学习是其主要发展趋势，而教育与工作、娱乐及休闲的界限则逐渐模糊。

“学习型组织”一词，最早由美国麻省理工学院高级讲师彼得·圣吉(Peter M. Senge)提出。他在《第五项修炼》一书中对

① Robert Hutchins: *The Learning Society*, New York: Frederic A. praeger Inc., 1968.

如何创建"学习型组织"作了全面阐述。需要强调的是,彼得·圣吉提出的"学习型组织"理念,主要面向企业管理领域,旨在通过构建学习氛围和激发团队精神,以提高企业的经济效益,同时促进企业的经济繁荣。而哈钦斯所提倡的"学习社会",其最终目标是要构建一种充满闲暇时间和自由空间的社会,在那样一种社会中,人们的学习并不以职业或经济上的利益为最终目的,人们所要努力实现的是一种自发的、以自主愿望为标志的积极向上的社会。换言之,"学习社会"的理想是为全体社会民众提供广泛而多样的学习机会,其着眼点在于对人性及"人生真正价值"的培养与实现。

可见,将一种功利的、以提高企业经济效益为主要目的的"学习型组织",与一种非功利的、以提高全体公民的精神素养为主要宗旨的"学习社会"混为一谈,只能说是张冠李戴的理论误导。

三、关于构建我国终身教育体系的若干思考

综上所述,我们在探讨和分析了当前普遍存在的对终身教育的理解误区,以及国内终身教育体系构建和完善的基础上,特作出如下几点思考。

其一，创建一个科学的终身教育体系，首先要对终身教育的内涵和本质予以准确把握，其中又需明晰其与学校教育、成人教育及职业教育等的关系，以确立构建终身教育体系的正确价值取向。需要指出的是，终身教育除了具有促进经济发展、提高个人职业技能和生活质量的功能以外，其更重要的作用还在于完善人格、实现人的全面发展。因此在具体发展成人教育、职业教育之际还必须对上述因素有一个综合的考量，并确定一个既符合国家经济发展要求又能满足个人生涯学习需求、既有短期目标又有长远战略的终身教育发展方向。

其二，学校教育是终身教育的重要阵地，同样不可忽视家庭教育、社会教育等其他教育形式对人的成长的促进作用。因此，要积极促进家庭教育、学校教育、社会教育三者之间的联系和融合，以发挥其构建终身教育体系的桥梁作用。我们在未来将致力于建立的是一种新型的、有创意的、三者和谐发展的教育新体系；为此设置专门的终身教育协调机构十分必要。

其三，确立学习者作为终身教育的主体地位，旨在充分激发学习者参与终身教育的积极性，这同时也是保障每一位公民终身学习权利的具体体现。然而，必须强调的是，政府不能因此推卸其应有责任，更不能在实施具体行政行为的过程中减弱力度或表现出不作为的态度。事实上在任何时候，政府的行政力量都是最为有效并具有促进作用的。在构建终身教育体系的过程中，既要充分发挥民众的主体作用，也要重视并依靠政府的主导力量，唯有两者的融合与协调才能促进终身教育的健全发展。对此，政府还需要将终身教育资源的统筹和整合，终身学习评价和激励机制的建立，对下岗职工、进城农民工等弱势群体的终身学习权利的关注，以及为每一位公民提供适合终身学习的内容及条件等问题纳入其工作的重要日程。

其四，为创建一个以终身教育理念为指导的现代国民教育体系，在具体的理论与实践研究中必须深刻理解终身教育体系与国民教育体系之间的有机关系。换言之，终身教育理念是“纲”，国民教育体系是“目”，“纲举”才能“目张”。因而，清晰地把握两者之间互为依存的辩证关系就非常重要。

其五，“学习社会”是我国未来社会发展的基本方向。但什么是“学习社会”的本质，我们对此必须有清醒地认识。固然“学习社会”不以功利为目的，其追求的是人生真正价值的实现。但处在一个发展中的社会，当人们还未完全摆脱经济的束缚和困扰，当一部分劳苦大众仍然在为“衣食住行”奔忙之际，如何处理“学习社会”创建过程中的“功利”和“非功利”的关系，这也有待于我们的进一步研究与理解的深化。

*本文曾发表于《杭州师范大学学报(社会科学版)》(2008 年第 3 期)，原题为《走出理解误区——对当代终身教育理论内涵的深层思考》。《中国人民大学复印报刊资料》全文转载本文。

终身教育立法中应关注的几个问题

——由“终身教育”还是“终身学习”的立法争议谈起

一、问题的提出

自20世纪60年代现代终身教育理念诞生以来，这一理念在全球范围内迅速传播与推广的同时，关于它的概念定义、功能内涵等的讨论也几乎没有停止并一直延续至今。

其中，对于终身教育与终身学习是否是同一组概念，或者它们是否属于不同概念但具有相似内涵的争议尤为激烈。有学者认为终身教育与终身学习就是同一个“母体”的两个孪生姐妹，相辅相成，互为依托。也有学者认为它们具有完全不同的功能，如终身教育注重外部体制机制的构建，彰显的是政府的责任与义务；终身学习专注的是学习者个人学习品质的提升，体现的是个体学习权的保障。终身教育与终身学习这两个概念在表面上的相似性，导致了公众对其理解的模糊性，而这种模糊性又进一步导致了人们对这两个概念本质理解的偏差甚至误读，在中国当前关于究竟是制定终身教育法还是终身学习法的争论与困惑中，这种现象尤为明显。

若回溯现代终身教育理念的源头，就可以清晰地发现其提倡的是教育应贯穿于每个人的生命始终，即它是“从摇篮到拐杖的教育”，它强调的不仅是公民的基本权利，而且也重申了学习应贯彻个人生涯的重要性。不过，上述终身学习机会的提供、终身学习权的保障，最终都需要通过国家和政府建立制度乃至制定立法去予以实现。那么，在终身教育与终身学习之间我们究竟应选择哪个概念主体进行立法呢？对此问题予以深入探讨与研究十分重要，因为它不仅涉及的是对终身教育本质的理解，而且关系立法内涵。

以下，我们基于四个问题展开讨论：一是关于终身教育与终身学习的概念辨析；二是终身教育法与终身学习法的国际经验与比较；三是关于终身教育和终身学习立法的利弊分析；四是关于终身学习立法的思考与建议。

二、终身教育、终身学习的概念辨析

从当前我国的现状来看，我们正在从理论、政策与实践等三个层面来推动终身教育的深入和持续发展，以达成终身教育倡导的“人人皆学、处处有学、时时能学”的理念，并力图构建一个服务全民终身学习的现代教育体系。在讨论立法之际，首先需要对终身教育与终身学习的概念究竟有何异同给出一个清晰而明确的定义。

从终身教育、终身学习与学习型社会等三大概念的形成来看，它们几乎都在20世纪60年代末至70年代初萌芽。终身教育首次是由法国成人教育学家保尔·朗格朗在1965年的联合国教科文组织召开的世界成人教育大会上率先提出的。而终身学习的表述出现在20世纪60年代的后期，它伴随终身教育及其相关理念的传播和认识的深化后逐渐产生。笔者曾指出，终身学习产生于终身教育政策的制定和具体实施的过程中，其作为一项政策性概念，在最初阶段，很大程度上受到了联合国教科文组织和经济合作与开发组织等国际机构的影响。如1976年内罗毕会议通过的《关于发展成人教育的建议书》中就出现了“终身学习”的概念，而它的产生还与国际社会推进“学习社会”的理念有关。①

基于上述分析，我们可以得出两个结论。首先，在发展初期，“终身教育”这一概念先于“终身学习”出现，并且前者为后

① 吴遵民：《终身学习概念产生的历史条件及其发展过程》，《教育评论》2004年第1期。

者的形成奠定了基础。其次，尽管二者在表面上有所不同，但理论内涵具有高度的一致性。

其一，最初提出终身教育理念之时，它的作用是促使人们对教育的认识发生根本的变化。人们开始认识到教育应该是一个连续的统一体，以“个人”持续性学习为前提，并以促进人的终身发展为目标。而对教育形态认识的变化也必然带来对学习本质认识的深化，即认识到学习不应局限于青少年在校期间的一次性学习，学习应该贯彻于人的终身，因此使人们对学习的时空概念与范畴有了更为广阔的拓展。

其二，从内涵上来看，在推广初期，“终身教育”与“终身学习”理念内涵的差别并不大，甚至在多数情况下，学界对二者的概念界定有着诸多重合之处。其差别仅体现为：终身教育强调将教育作为一种服务提供给所需要的人，因此其重点关注对现有国民教育体系的改造与重构；终身学习则主张学习者的自主与自由学习，其旨在突出学习者的主体地位。[①] 因此上述两个概念在发展初期并不存在明显的排斥或对立的特征。

其三，“学习社会”概念的提出为“终身教育”与“终身学习”的融合提供了契机，并为社会发展的切入提供了必要的条件与

---

① 参见吴遵民：《现代国际终身教育论》，中国人民大学出版社 2007 年版。

基础。

1968年,美国芝加哥大学前校长罗伯特·赫钦斯基于对以往功利社会的批判,提出了“学习社会”的理念。该理念强调教育的目的是促进人格与人性的完善,并主张对人的价值观和学习观进行变革,变革的最终目标是建立“学习社会”,学习社会的核心则是通过学习实现人生的真正价值——“贤、乐、善”。1973年,美国卡内基高等教育委员会又以《迈向学习社会》(*Toward a Learning Society*)为题发表报告,主张学习者应具有主动性与主体性的精神,同时提倡实施回归教育的策略。自此,学习社会的概念正式形成。① 可以说,学习社会概念的产生和发展又为“终身教育”向“终身学习”的转化提供了重要契机,这标志着教育目标的转变,即从传统的以“教育”为中心转变为以“学习”为核心。

学习社会是站在国家与社会的视角来描绘未来社会的形态及基本特征,即从“学习”出发预测教育的未来性、丰富性和可能性,并对“教育”提出改革的要求。建设学习社会是呼吁社会应以终身教育和终身学习为理论依据与主要目标,为全体公民提供各方面的服务与保障。1996年联合国教科文组织又出

---

① 吴遵民:《终身学习概念产生的历史条件及其发展过程》,《教育评论》2004年第1期。

版了《教育：财富蕴藏其中》一书，该书再次强化了教育与学习社会的关系，指出“教育已成为社会的经常性生产任务，全社会都应对教育负责，只有通过教育，社会才能面目一新”①。简言之，学习社会理论主张“教育”与“学习”应与社会发展紧密联系，由此，“终身教育”与“终身学习”又开始成为两个并列的重要概念而融入了构建学习型社会的国家战略之中。

从中国当下的实践推进来看，“终身学习”又有逐渐超越“终身教育”的趋势，并成为政策话语与学界关注的重要对象。在经过一段时间的发展和推进后，终身教育和终身学习在中国逐渐展现出了各自不同的特征。例如，从《国家中长期教育改革和发展规划纲要(2010—2020年)》《中共中央关于坚持和完善中国特色社会主义制度、推进国家治理体系和治理能力现代化若干重大问题的决定》《中国教育现代化2035》等一系列国家重要政策文件中，就可以发现“终身学习”已不再是一个依附于“终身教育”的理念，而强烈地体现了对学习者作为教育和学习的主体对象的特别关注，如推进终身学习文化的建设、建立国家资格框架和学分银行、拓宽终身学习的方式与途径等。

① 联合国教科文组织：《教育：财富蕴藏其中》，教育科学出版社1996年版，第101页。

总结来看,“终身教育”和“终身学习”从一组原本互为依存的概念而逐渐统一在学习社会理念的推进中,同时,国家现有教育制度的改革与学习者主体地位的提升,又使两者的功能各具不同的特征并逐渐成为构建学习型社会的两大支柱。换言之,学习型社会是一个将终身教育与终身学习融合并赋予其继承与发展的全新理念的社会形态,其借助于终身教育对国家教育体制机制进行完善,同时从宏观的国家意志出发去考量现有教育制度在目标、内容、方式,包括资源的融合与衔接等方面的功能与作用;深入探析终身学习概念对于学习者主体地位的确立,以及学习者终身学习能力的提升意义重大。于是,学习型社会不仅将终身教育与终身学习的不同内涵进行融合,同时还分别从外部条件的构建及内部学习品质的强化等不同角度为两者各自的发展提供了不同的模式与推进路径。

三、终身教育法与终身学习法的国际经验与比较

从立法的层面来看,今后的国家立法究竟是立“终身教育法”还是“终身学习法”呢?基于目前的国际状况,当下世界范围内总共有四个国家制定了相关法律。其中,以“终身教育”为

核心词的是韩国的《平生教育法》与法国的《终身职业教育法》，其余则以“终身学习”为核心词进行命名，它们分别是美国的《终身学习法》（又称《蒙代尔法》）和日本的《终身学习振兴法》。通过比较与分析又大致可以归纳出两个方面的特征。

首先，四部国家法律基本体现了整体法和分类法的区别。如日本和韩国都是从国家层面出发，对终身教育或终身学习进行了整体性的专项立法，同时勾勒出了整个社会对终身教育或终身学习体系构建的蓝图，并试图通过国家和政府的主导，以及法律的强制性和权威性来推动国际终身教育和终身学习理念的本土化。美国和法国则是从终身教育专项立法的视角出发，如美国的《蒙代尔法》实则是《高等教育法》的修正案，其通过终身教育理念的引入作为切入点，对美国高等教育体制进行改革；法国更是直接把终身教育与职业教育挂钩，即通过终身教育思想的导入来推动职业教育的发展。① 换言之，上述两部法律实则是通过对《高等教育法》和《职业教育法》的修订，去融入终身教育的理念。其优点是可以避免在终身教育推进过程中可能会出现的“大而全”的弊端，并通过“小而深”的局部方式去弥补或完善某个领域的立法缺陷。其缺点则是缺乏终身教

① 吴遵民、黄健：《国外终身教育的立法启示——基于美、日、韩法规文本的分析》，《现代远程教育研究》2014 年第 1 期。

育整体建构与锐意改革的国家意识。

其次,以上无论终身教育法还是终身学习法,所呈现的都是国家的专项立法,但终身教育的立法视角侧重于政府的立场,如明确国家和政府是推动终身教育的主要责任者和实施者,其肩负着推动终身教育体制机制的构建和完善、培养专业的终身教育工作者队伍,以及健全终身教育财政拨款制度等的责任与使命。其重心主要放置于对外部环境的完善与健全,具体包括建立健全有关终身教育的各级各类机制、形成推进终身教育的专职人员队伍,以及构建终身教育的财政拨款机制,通过公权力去融合、衔接各级各类教育并统合各种教育资源、建设为公众服务的教育大平台等。总而言之,终身教育法系以国家和政府的立场为立法视角,旨在从供给侧的角度推动终身教育思想的发展、制度的完善、设施的健全以及工作者队伍的培养与形成。具体而言,终身教育法侧重于外部环境的改善与健全,如政府对教育资源的整合、教育机会的收集与提供等方面的作用。与此相对,终身学习法有所不同,其立法重心主要放置于学习者自身,旨在满足民众自发的学习需求,强调的更是"个体"的权利意识,即站在需求侧的立场去明确国家立法对于全体公民终身学习权利的保障、内容的提供、设施的建设,体现的则是对个体学习权的重视,满足公民的学习需求,并提供精准服务,从而彰显了公平原则和服务意识。

四、关于终身教育法和终身学习法的利弊分析

通过以上分析可以发现，选择不同的概念，就会呈现出不同的立法视角和立法路径，二者各有利弊，因此需要通过理论的进一步探讨和实践的梳理，去明晰立法的意图与作用的对象。

（一）“终身教育法”的立法视角与利弊

首先，我们从终身教育的立法视角来看，其强调的是从国家教育体系的整体改革与完善等方面去统筹和规划终身教育活动的发展，调整和推进终身教育活动中的各种法律关系，重点强调国家和政府的法律责任并规范其教育行为。

这一立法视角有利于通过法律来约束作为终身教育推进主体的国家和政府的法律行为和责任，即明确规范政府在统合终身教育资源、建设终身教育设施、健全终身教育专职人员队伍、合理分配终身教育经费等方面应负的法律责任与使命；同时也有助于建立国家意识，推进和落实终身教育的各项政策与举措。

但其弊端是有可能过度强调公权力的作用与意识，而忽略了学习者个性化的学习需求与意愿。“自上而下”的推动亦会

忽视学习者在教育和学习过程中的主动性与主体地位，导致终身教育走向行政化和僵硬化，使得具体的教育政策法规的制定可能因偏离公民的实际终身学习需求而变得形式化、表面化，甚至本末倒置。这样的后果可能导致供给侧的改革与需求侧的要求出现不匹配的困境。

（二）“终身学习法”的立法视角与利弊

从“终身学习法”的角度来看，就是从学习者个体化的学习需求出发，去思考需求侧的终身学习愿望如何得到法律的切实保障。其优势在于能够直接聚焦公民对终身学习的个性化需求，以及时代发展所导致的个体学习形式的转变。这种聚焦可以促使政府审视并调整那些陈旧或不再适用的政策法规。因此，在制定以终身学习为主旨的法律时，必须全面考虑公民的终身学习权，满足其个性化学习需求，并促使政府提供丰富多样的教育资源。而根据学习需求来思考教育的改革与发展，就可以比较切实地对教育政策的应对与制定提供实践依据。

虽然终身学习立法具有显著的优势，但我们也不能忽视可能存在的弊端，立法者必须高度关注这些问题。其一是将公民终身学习的需求作为立法重点，有可能会导致法律的条款过度偏向需求侧，而忽略了对供给侧的责任与义务如何予以明确及切实关注的问题。尤其是在具体推进和细化的过程中，对国家和政府为公民提供公益性、公平性学习机会的忽略，会导致终身教育的推进面临困境。如忽视教育的公共性、公益性原则，或过于强调市场力量的介入，而把“学习”的责任推向个人，这些会导致公共教育政策的制定失误乃至政府不作为现象的出现等。日本的《终身学习振兴法》虽把“满足国民对于终身学习机会的需求”作为立法的基本宗旨，但在具体的条款中则以“市场化”和积极“活用民间事业者的力量”（民营路线）作为推进路径，从而引发公权力的缺位与缺失。[①] 其二是，学习需求的发展与变化是快速和多样的，若仅以需求为导向进行立法，将迫使法律不断根据需求作出相应的变化与调整，这会对法律的权威性、严谨性、稳定性和规范性造成困惑。

综上所述，终身教育或终身学习两组概念由于立法视角的不同，其优劣之处也各不相同，这也是在立法过程中需要考虑及不可回避的问题。但无论是以“教育”还是“学习”作为立法的核心概念，其最终目的都是对公民学习权利的保障和学习需求的满足，各自的利弊得失则需要通过理论研究予以进一步的澄清与区分，唯有加强理论对实践的引领和规范作用，才能使终身教育或终身学习的立法真正具有可操作性、执行性和有效性。

---

① 吴遵民：《一部名不副实的终身教育法——简析日本〈生涯学习振兴法〉的制定过程与问题》，《外国中小学教育》2007 年第 3 期。

五、关于立法争议的思考与建议

纵观我国终身教育的发展历程，可以发现其已经为制定完备的终身教育或终身学习立法做了许多政策完善方面的准备，无论是从立法的基础，还是立法的需求与意义来看，制定一部国家层面的终身教育法或终身学习法都势在必行。[①] 那么，对上述两个不同概念主体的立法究竟应该如何取舍？这就需要结合理论的研究成果及国家终身教育发展的实际状况来进行衡量与抉择。简言之，理论研究有助于明晰终身教育或终身学习的内涵来源与概念本质以及发展过程中的细微变化，而分析国家终身教育发展的实际状况更有利于辨明及预判在当前和未来的推进中，究竟使用哪个核心概念更为合理。

实际上，在我国当前的政策话语中，一直试图强调“终身教育”与“终身学习”的一体两面，例如在《中国教育现代化 2035》的文件中就提出要“建成服务全民终身学习的现代教育体系”的目标。这一表述就既强调国家教育体系的建设与完善，又将目标指向服务全民的终身学习，这也恰好反映出我国当前的发

① 参见韩民：《关于终身学习立法若干问题的思考》，《中国教育法制评论》（第 13 辑），教育科学出版社 2015 年版。

展阶段与终极目标的指向，即通过推动全民的终身学习来不断完善现代教育体系。将教育与学习如此紧密地结合，这是一个既充满丰富内涵又富有想象力的创新概念。

总之，为了更好地推进立法进程，我们在主题概念的选择上，还是需要明晰二者的利弊，并关注以下问题。

其一，无论是制定终身教育法还是终身学习法，其根本目的都以满足学习者的终身学习需求为宗旨，这是基本原则不可动摇，为此，立法内容亦不能脱离学习对象的需求目标。如上所述，围绕终身教育领域的立法名称一直存在着“教育法”和“学习法”的论争，但若仅仅局限于这些话语的纠结，则会忽略了立法的核心目的和保障公民终身学习权的关键要素。根据其区别来看，前者主要侧重于国家和政府的视角，聚焦于公权力对终身教育的推动与发展，因此焦点主要放置于政府，强调的是政府必须为终身学习者提供足够完备的外部教育条件，并通过教育理论的深化、教育资源的丰富和教育体制机制的改革等来满足学习者的终身学习需求。根据其实质而言，就是从供给侧的层面来思考终身教育的立法问题。后者则将立法的重心直接聚焦于作为学习主体的公民，即从需求侧的角度出发，思考如何确保每一个公民的学习愿望得到法律的保障，以及他们的学习需求获得充分的满足。从终身教育法向终身学习法的转变，不仅仅只是视角上的变化，更体现了制度层面的深刻改革。这种变革强调通过关注学习者的需求，推动政府行政行为和思路的转变。换句话说，当立法目的是实现公民学习权的保障时，那么公权力的责任与使命就在于实现这一立法宗旨而提供各种精细的服务。

其二，通过“终身教育”与“终身学习”核心概念的争论，我们应该清楚地认识到其背后涉及的实际上是“教育”与“学习”的关系问题。它们应该是一个“硬币”的两面，具有互为依存、互相融合的特征。它们之间无论是现在抑或将来都还会不断出现矛盾与对立，但矛盾与对立的出现是因为彼此之间的契合出现了问题，因此就需要通过调整或改革来促进其进一步的融合，而二者之间的统合正是在这个对立与统一的过程中得以实现。具体而言，“学习”方面可能会随着环境的变化、时代的发展，或者个体基于自身发展的改变而产生新的要求，由此推动学习目标、方法与内容的变化以及对质量的高要求。而学习者的新需求，以及对学习内容和学习方法的新改变，将使已有的教育体系面临考验，故而教育与学习既是矛盾的又是统一的。从终身教育法到终身学习法的转换来看，其体现出的是理念与思路的转换，即从供给侧转向需求侧，从“提供”转向“服务”。因此，我们必须明确满足每个学习者的需求是根本目的，从而把握从供给侧转向需求侧、从提供外部教育条件转向精准服务内部学习需求的变化。只有在这样的基础上，终身学习与终身教育的内涵才能达到高度的统一。这样的立法内容也将更加科学、有效,并更符合构建学习型社会的基本宗旨。

其三,需要把握当前我国终身教育发展的现状与聚焦未来想要突破的难点,从而明确立法的重心之所在。当前,我国已经确立了构建服务全民终身学习教育体系的目标,即把原来期待构建的终身教育体系进一步朝向构建服务全民终身学习体系的方向转移,这一转变的焦点在于未来将从强调外部体制机制的完善和改革开始转向对学习者自身的个性化学习需求和学习能力的满足与提升,我们可以理解为这是一个从宏观转向微观的调控。对此,立法的重点就是需要去思考如何实现上述从教育向学习的转换问题。尽管目前对构建服务全民终身学习教育体系的研究还有待完备和深入,但国内学界已经有意识地开始将研究方向聚焦于学习者的学习权利、学习机会和学习资源的提供与保障上,并将以往在终身教育体系构建方面所积累的丰富经验和服务全民终身学习教育体系的研究与实践结合起来,期待从学习者的视角出发,去切实思考和解决他们的学习需求、愿望以及资源的满足与保障等问题。对此,立法的重点就是聚焦上述二者之间的转换和衔接。转换意味着应该把以往对教育资源的提供,转到如何精准服务全民个性化的终身学习需求上。衔接则更是要求我们明确当前教育体系存在的诸如机构间条块分割、资源缺乏共享机制、地域和城乡间的差异较大等弊端。因此，立法的重点就应放在完善教育体系、弥补缺失、漏洞上，并致力于对上述问题的破解。

其四，如若以终身学习为名进行立法，则特别需要关注因为理念认识不够深入或理解上的偏颇而导致立法宗旨的模糊及异化，尤其需要关注政府的角色定位及权责义务，避免出现公权力的弱化或不作为现象的出现。如前所述，日本 1990 年制定的《终身学习振兴法》，其本意是期望通过调动社会及民间机构的力量去促进个人终身学习活动的开展。然而，这却导致了“公退民进”，甚至原本免费开放的公益性社会教育设施，因为交由民营机构来运作，反而成了收费的盈利来源。究其原因，是因为在该法制定之初，日本政府就把终身学习的推动与振兴企业乃至破解泡沫经济的弊端联系在了一起。这种做法其实是以终身学习作为公民个体自主学习活动为理由，将终身学习的责任完全推向个人，并由此减轻政府“财政”负担，实际上是日本政府借此推卸责任，将原本公益性、公平性的终身教育倒退为“受益者负担”的市场操作。日本学界曾对此现象给予了严厉的批评，并把“日本终身学习促进法”嘲讽为“产业振兴法”。因此，在推动终身学习法之际尤其需要关注公权力的责任与作为问题。因为只有政府切实承担起推进终身教育的职责，个性化的终身学习及其精准服务的目标才有可能实现。换言之，制定终身学习法并不意味着公权力因此就可以减轻责任,反而是对政府提出了更高的要求,即只有更加充分地完善终身教育的体制机制、更大规模地扩大并丰富终身教育资源,人们才有可能更加自主与自由地参与和选择个性化的终身学习。所以终身学习法制定的宗旨实质上是要以更大的力量去推进终身教育,并加大政府推动的力度。唯有终身教育的充实与完善,才能真正实现服务于全民终身学习的目标。

"沉舟侧畔千帆过,病树前头万木春。"回首过去,我国的终身教育已经在理论深化、政策导向、体制机制建设等多方面取得了进步,但终身教育立法的进程却一波三折、徘徊不前,其成果也不尽如人意。展望未来,随着教育现代化目标的进一步明确,学习型社会构建的不断深入,我们有必要更好地明晰终身教育的发展方向,并切实承担起公民终身学习权保障的责任。对此,唯有明辨终身教育与终身学习的本质内涵,跳出话语争论的怪圈,以更强的力度、更大的决心和勇气去推动终身学习立法,才能为构建服务全民终身学习的教育体系起到保驾护航的重要作用。

* 本文曾发表于《教育发展研究》(2022 年第 21 期),原题为《终身教育立法中应关注的几个问题——由"终身教育"还是"终身学习"的立法争议谈起》。

数字化时代终身学习体系的现实挑战与生态构建

一、引　言

第四次工业革命，以其引领的人工智能、数字孪生和虚拟现实等尖端技术，已经开始引领全球范围内政治、经济与社会各层面的变革与重组。这一变革的核心在于数字智能技术对社会治理体系的渗透、改造与迭代，从而逐渐塑造出一个以信息化与数字化为核心的数字社会。同时，全球范围内的数字化技术变革与我国正在构建的服务全民终身学习的教育体系不谋而合，两者在同一个时间点上产生了奇妙的共鸣。构建服务全民终身学习的教育体系，归根结底是推动教育治理体系完善与提升治理能力的现代化产物。相较于以往渐进式的教育改革，以构建全民终身学习的教育体系为价值取向的教育治理体系与治理能力的现代化，则更加注重改革的全民性、整体性与系统性；同时，统筹与协调全民普惠、城乡一体、技术融合与资源共享共建的全面发展。

技术革命不仅推动了生产方式与效率的升级换代，而且也重塑了经济社会与教育活动的实践转型。第一次工业革命在英国的兴起与发展，形成了以标准化与工具理性为价值取向的学校教育形态。大规模的现代教育通过标准化的教学模式与组织化的学校管理，将学生培养成为熟练的产业工人。以电气与大规模生产组织为标志的第二次工业革命，则驱动了专业分工与巨型科层组织的出现，而此时人力资本理念与文凭等级社会的形成，进一步固化了传统的教育模式。随后，第三次工业革命又借由数字通信技术，促进了全社会对学校以及教育体系的本质思考。信息技术与教育、教学的融合，催生了一批以慕课（MOOC）为代表的现代教育产品，其在一定程度上对传统学校教育体系进行了调试与补充。① 实际上，前三次技术革命一方面塑造了学校教育的治理系统，但另一方面，又在不断挑战既有的教育治理与学习模式，为更具个性化与挑战性的终身教育思想和实践的兴起铺平了道路。如今，我国正在积极推进全球新一轮数字革命浪潮，即通过人工智能、数字孪生、区块链、虚拟现实等新兴技术，加速探索虚拟学习平台与终身学习体系的构建。②

---

① 王树国：《第四次工业革命背景下的高等教育变革与发展》，《中国高教研究》2021 年第 3 期。

② 王萌萌：《终身学习对数字化和新技能的回应——基于〈数字教育行动计划〉和〈欧洲技能议程〉的分析》，《现代远距离教育》2022 年第 2 期。

终身学习体系的数字化转型实质上是一场治理结构与过程的深刻变革，其不仅推动了政府、公民社会、教育机构在数字技术支持下的多元共治成为可能，而且还超越了时空界限、打破了各种障碍。它能够在不同层次和不同领域及时整合零散的数字信息，生成清晰的全民“学习画像”。因此，终身学习服务体系数字化转型，在某种程度上意味着终身学习治理体系的创新，其不仅关乎学习资源均衡分配的整体进程，而且在此过程中由数字技术所带来的普惠性和便利性优势，将重塑一个无边界的学习型社会。

然而，值得注意的是，尽管数字化时代加速了知识更新、教育传播与治理变革的进程，并对构建服务全民终身学习的教育体系起到了推动作用，但当前的现实情况是，既有的学习机制、技术平台与治理模式在某种程度上可能成为数字时代全民无边界学习的新障碍。① 换句话说，面对数字化时代的知识开放和学习便捷的特点，教育治理体系在迎来前所未有的机遇的同时，也遭遇了时代提出的严峻挑战。这涉及处于数字化转型的终身学习治理体系到底应该构建怎样的要素基础以及推进何种路径机制，才能回应教育治理的整体现代化以及全民普惠便

① 路宝利、张之晔、吴遵民：《构建服务全民终身学习教育体系的本质思考——基于“自我导向学习”的视角》，《中国远程教育》2021 年第 8 期。

捷学习的目标。

二、技术变革引发的终身学习体系转型的挑战与机遇

我国市场化、老龄化与网络化所带来的冲击，对构建服务全民终身学习教育体系提出了挑战，亦为其发展提供了契机。并且，科技创新加持下的数字资源与技术迭代驱动，也在一定程度上推动了终身学习教育体系向数字化转型的变革进程。

(一) 数字时代终身学习教育体系的转型及其挑战

近年来，我国开始加快了数字化发展的步伐，尤其在教学、课堂互动与学习参与等方面的数字化程度不断提高。截至 2021 年 12 月，中国网民的群体规模已经达到了 10.32 亿，其中互联网普及率更是高达 73.0%，居全球首位。① 同时，由数字技术推进的在线学习的数字化程度亦在不断增强，其覆盖范围逐渐从学龄群体快速蔓延至社会各个阶层、各个年龄段的

① 中国互联网络信息中心：《第 49 次中国互联网络发展状况统计报告》，参见 https://www.jswx.gov.cn/chuanbo/wangluo/202202/t20220225_2953112.shtml。

人群。智能学习终端、在线教育平台与虚拟学习空间等新型学习形态与教学手段的创新与普及，推进了终身学习方式、资源平台乃至体系框架在内的整个生态系统的智能化与数字化。目前，信息成本的降低与移动终端的普及，已促使“互联网＋学习服务”“互联网＋教育培训”“互联网＋技能提升”等成为现代终身学习的基本目标与基础内容；除此以外，“人人皆学”的存储内容、“处处能学”的在线情境与“时时可学”的数字空间，均构筑了满足终身学习与个性化需求的全新学习场域。然而，数字技术在大步迈进的同时，也给既有的终身学习服务体系带来诸多挑战。如何在思考中前行、在完善中推进，这激发着全社会共同努力，针对关键问题寻求解决方案，以不断调适终身学习服务体系的支持形态、技术手段与运行机制。

如前所述，市场化、老龄化与网络化等多重社会趋势，为构建服务全民终身学习的教育体系以及推进学习型社会带来了新挑战。具体而言：首先，市场经济的快速发展迅速蔓延至教育领域，由此带来了知识商品化、社会利益多元化与知识消费群体的形成。特别是随着经济发展与人力资本理念的推进，全民终身学习观念与意识开始上升；同时，对公共教育产品与学习内容、质量的要求逐步提高，对既有教育体系提出了新的要求。其次，老龄化与城镇化社会改变了终身学习体系中的群体结构。例如，根据第七次全国人口普查结果显示，中国 60 岁及以上人口占比超18%,人口老龄化程度进一步加深。同时,我国城镇化率从1996年的30.48%一度跃升至2021年的64.70%,农村人口70年来首次低于5亿。[①] 由于我国老龄化与城镇化进程的不断加快,所以公民教育、技能提升与学习支持的个性化需求均呈现出类型多样、差异分化的总体特征。其三,当移动互联平台成为个体参与公共生活以及构建社会网络的新兴媒介时,网络也自然成为公共舆论、知识传播与教育学习的新路径。但在便捷应用的优势背后,却也存在着新的社会风险。因为它或将成为阻隔全民学习进程的组织化障碍,并会产生新兴技术应用的伦理危机。

再从数字时代教育治理的转型对终身学习体系建构形成的内在挑战来看,首先,随着海量数据信息爆炸程度的不断加深,传统的教育治理理念、学校教育资源与知识生产体系,均已不再适用于数字化时代的发展要求。因此,需要加大力度去整合行业、政府与学校资源,从而搭建适应全民终身学习的资源体系。[②] 同时,新兴技术的崛起在一定程度上激发了公民对终身教育的重视,全社会对提高职业技能与教育资历的学习需求也日益凸

---

① 《人民日报》:《我国仍是世界第一人口国,约占全球总人口18%》,参见 http://www.gw.cn/winwen/2021-05/21/content_5605914.htm。

② 吴遵民:《服务全民终身学习教育体系构建的若干思考——基于服务与融合的视角》,《中国远程教育》2020年第7期。

显，这些变化为传统的教育治理带来了新的挑战。首先，面对教育治理现代化与数字化转型，终身学习如何通过倡导资源共享、多元共治、全域参与和跨界融合治理理念的形成，来鼓励政府、高校、社会与行业组织打破隔阂，进一步强化学习资源、数据信息与技术手段的融合等具有积极意义。其次，当下的教育治理方式限制了终身学习体系的转型发展。既有教育治理机制仍然强调自上而下的治理逻辑，教育决策、执行、监督与评价的权力大多集中于权力机构本身，导致了终身学习服务职能的积弱及管理功能的强化，进而抑制了构建终身学习服务体系中社会力量的参与热情。简言之，在数字化时代，政府与学校已不再具有垄断信息资源与学习机会的权力，其需要通过转型来主导学习数据库的建设、学习数据轨迹的分析以及个性化学习案例的跟踪等，从而加深对不同群体学习诉求的关注与理解。政府与学校在此基础上，才能整体性地去设计服务全民终身学习体系的政策框架与实施结构。第三，如何通过数字治理去优化终身学习服务体系的制度完善。尽管数据资源与学习者信息已经成为重要的知识生产要素，但目前针对在线资源的开放与个人隐私保护等问题，仍然缺乏较为完整且有效的监管制度，由此便产生了学习资源的公开限度、在线学习资格认证困难等棘手的问题。所以，如何在开放与规制、安全与隐私之间寻求合适的平衡点至关重要。

（二）终身学习体系数字化转型的三重机遇

从当前的发展趋势来看，数字技术赋能终身学习，已经成为我国教育治理体系与治理能力现代化的必由路径。换句话说，终身学习在资源内容、制度体系和技术支持等方面都迫切需要数字化技术的支撑与重塑。新一轮科技革命为终身学习服务体系的数字化转型提供了强大的内驱力。这些力量在推动终身学习的制度完善、体系结构的科学合理化以及资源融合的整体构想等方面，发挥着重要且不可或缺的作用。综上所述，终身学习服务体系的数字化转型，正面临着政策机遇、数字资源与技术发展三重机遇。

从政策机会的角度来看，它已经成为终身学习服务体系数字化转型的外部动力。中共中央、国务院在印发的《中国教育现代化 2035》文件中，已经明确提出了加快信息化时代的教育变革以及构建服务全民终身学习教育体系等重要战略目标。这足以证明当前大数据、区块链与人工智能等新兴技术对终身学习数字化转型的驱动效应，其中还强调了数字技术对学分银行平台建设、国家资历框架与学习共享机制完善等方面的重要意义。随后，党的十九届四中全会又对发挥人工智能优势，建设更加灵活开放的现代教育体系与学习型社会，做出了具体阐述。

在这些顶层设计中，可以看到数字技术与全民终身学习融合的创新趋势。简言之,数据信息与技术已经成为构建国家终身学习服务平台的基础工程与要素。比如,大数据技术已经成为完成国家采集、治理、服务与分析全民终身学习现实诉求的重要工具和手段。其通过多源数据与智慧平台来扩大学习资源、调整教学结构,进一步推动了终身学习从科层式体系向扁平化平台的数字化转型,并最终构建了一个集学习定制、资历认证、学分管理、个性推送和跟踪服务于一体的一站式智能学习系统。① 此后,国家与部分省市还陆续出台了推进基于互联网的在线教学模式、虚拟学习平台与全民学习广场等基础设施的改革措施,以提升终身学习体系的数字化转型水平,并使其成为实现教育治理能力现代化的重要内容。

信息数据也是终身学习服务体系的内容要素与治理资源。由于个人信息与数据均是数字化时代的重要资产与要素,因此,其必然成为终身学习数字化转型的重要内容与资源。在大数据技术的推动下,终身学习大数据平台和终身学习数据治理应运而生,这反映了数字技术推动终身学习服务体系的智能化、数字化与开放化的趋势。一方面,信息数据是终身学习

① Castro Benavides L. M., Tamayo Arias J. A., Arango Serna M. D., et al., "Digital transformation in higher education institutions: A systematic literature review". *Sensors*(Basel), June (2020).

服务体系的基本要素，被大量运用于终身学习的资源支撑层、数据采集层、信息存储层、教学分析层、课程应用层以及个体服务层等各个环节；也可为全民终身学习服务提供数据监测与分析，满足不同学习领域与对象群体的学习需求。另一方面，信息数据是终身学习治理的关键资源，通过大数据可以规范与监管学习平台的管理、共享、运行过程，并以数据可视化、数据观察画像与学习行动轨迹等方式，提高终身学习平台全方位、多维度的综合评估能力与决策咨询水平，以此整体推进应用大数据技术，实现终身学习的趋势预测、风险评估与全域覆盖方案实施，从而重点解决老年教育、社区教育、职业教育与继续教育在开展过程中学习资源的不均衡与内容更新迟缓的问题。①

终身学习服务体系的数字化转型，是科技革命驱动终身教育变革的必然阶段。信息技术在全球终身教育的发展历程中发挥了重要作用。在我国，终身教育与信息技术的融合，大致历经了酝酿期、初始期、摸索期与深化期四个阶段，并逐渐迈向全面数字化的时期。② 例如，我国开放大学从 21 世纪初期，就

① 路宝利、吴遵民：《构建服务全民终身学习的教育体系：路径与机制——基于"后学校化"理念的思考》，《开放教育研究》2020 年第4 期。

② 吴遵民：《现代终身教育体系论：中国终身教育发展的路径与机制》，上海人民出版社 2019 年，第 225—226 页。

建立了终身学习卡制度、数字化学习港路径等，这标志着较为完善的数字化教育、教学系统，以及大众化、数字化学习机制的形成。随后，在此基础上还建立了终身学习的公共服务平台及由信息技术支撑的终身学习体系。① 自此，终身学习的服务对象开始由大众转向个体，并逐渐在终身学习的基础设施工程等领域建立了一套公共教育服务体系，其中包括数字化学习乡镇、数字化学习企业与数字化学习社区等。2019 年，我国在《中国教育现代化 2035》中再次明确，我们要基于数字技术构建服务全民终身学习的体系，并且在原有远程教育与在线教育的基础上，积极推动数字化技术对终身学习的参与主体、平台建设、课程资源与交互设计等领域的应用和整合，进而建构多元参与、服务全民、个性定制的新型终身学习服务模式。

三、终身学习体系数字化转型的要素框架

从终身学习体系数字化转型的核心要素来看，其目标旨

---

① 杨宗凯、杨浩、吴砥：《论信息技术与当代教育的深度融合》，《教育研究》2014 年第 3 期。

在实现教育全领域、各口径的数据联通、数字协同与跨域协作，进而形成以数字技术服务全民学习、创新合作网络、重塑协作系统、健全评价保障的数字化治理体系。作为数字时代终身学习的全新范式，其数字化转型理应包含目标导向、技术网络、协作体系与评价保障四个方面的基本要素，而互动与运行则构成了数字化终身学习体系的框架范畴，如图 1 所示，该框架致力于确保各层次、各领域与各群体之间的紧密合作与联结。

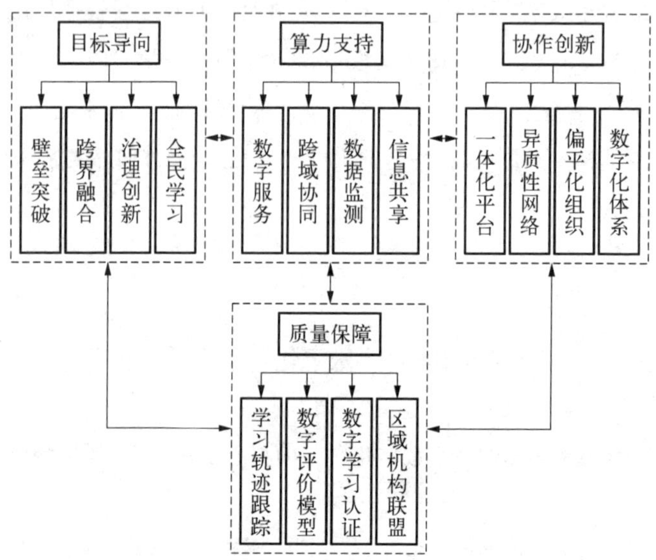

图 1　终身学习体系数字化转型的要素框架

(一) 聚焦数字时代终身学习的服务对象

在智能时代,全体公民都将成为新的“数字原住民”,教育学习活动将逐渐从现实的物理环境过渡到虚幻的模拟世界,而数据信息所构筑的数字情境在为全民提供学习服务时,也成为数字技术的治理对象。目前,建构数字时代终身学习体系的核心目标在于满足民众日益增长的学习与教育需求。简言之,终身学习体系的数字化转型旨在实现服务全民终身学习的整体目标,以便更好地满足不同阶段与领域学习者的精准化与个性化学习需求,同时需要适时推进,确保每一位学习个体都能获得适应社会发展的可持续能力,从而为全民学习与学习型社会的建设赋能。具体而言,一是通过数字化转型,将社区教育、老年教育、继续教育、技能培训与学校教育进行整合,并从体系目标的角度出发,全面提升服务全民终身学习的政策效力与设计水平;二是通过数字化共享推动大学、社区、社会组织、公民社会与政府之间的有机融合,例如,知识生产、知识购买、学习服务与学习监测进程等,构建多元主体参与的终身学习生态系统;三是在打破不同领域的教育壁垒满足全民终身学习需求的同时,还应加强学习服务的数字治理与管理创新。包括这种多重目标的内在逻辑可以理解为以人工智能、机器学习为核心的大数据技术与终身学习相互融合并为全民学习的政策制定提供依据,此举或将有助于形成囊括高校、行业、公民社会与政府在内的终身学习一体化实施框架。[①] 此外，该体系还包含了学术层面的知识供给、行业层面的技能培训、社会层面的学习服务，以及政府层面的学习监测等多维度结构。这些维度相互交织，形成系统合力，共同推动服务全民终身学习教育体系的数字化转型。

（二）健全数字时代终身学习平台的算力支持

数字技术在终身学习体系的转型中发挥着关键作用，主要是通过数据治理来提升终身学习的服务能力与治理效能，这突显了构建数字时代终身学习体系技术环境的必要性。目前，利用云计算、大数据、区块链与虚拟现实等数字技术，我们可以为终身学习提供全方位的技术支持。同时，从技术重塑教育的角度来看，我们还可以改进终身学习体系中的内容服务、数字治理、数据规范和信息采集等各个环节。而通过完善的算力平台与技术环境，则可以实现知识生产者、学习服务者、数据跟踪者与技术支持者的任务协同。[②] 因此，数字时代终身学习体系的转型离不开高性能的算力技术与大数据模型的支持。一是基于终身学习的内容模块与流程应用设计体系的架构方案，在服务全民终身学习需求中可以做到明晰内容分布、数据采集与分

---

① 孟天广：《政府数字化转型的要素、机制与路径——兼论“技术赋能”与“技术赋权”的双向驱动》，《治理研究》2021年第1期。

② Duncan J. Watts, “Should social science be more solution-oriented?”, *Nature Human Behaviour*, 2017.

析管理的应用目标。二是因为终身学习体系包括了老年教育、职业教育、社区教育与学校教育等多个领域与不同的内容层次，同时，又包含了政府、学校、行业与社会等多个参与主体。因此，需要借助数字技术打通终身学习体系的成员异质、跨域协作的融合难题。① 三是围绕终身学习目标建设算力支持平台，设计涵盖终身教育机构与个体学习情况的数据监测模型，并探索行业、高校、政府、公民与社会之间的信息共享机制。以此为契机，制定终身学习数据技术标准、学习服务体系与管理咨询制度，还可以实现数字化终身学习体系的网络创新，从而为个性化学习、知识服务与数据分析提供更强大的算力支持。

(三) 完善数字时代终身学习体系的协作系统

全民终身学习的现实需求十分复杂，所以，有赖于既有组织体系与大数据平台的高效协作，这又涉及组织体系的一体化与大数据治理服务两个层面。一方面，在面对多样化的学习需求与丰富的教育资源时，构建一体化、数字化的全民终身学习组织体系显得尤为重要。为了更加便捷地提供全面型、个性化与系统性的学习服务，以开放大学为代表的终身教育机构主导搭建的终身学习数字化协作平台，该平台可以使社区大学、职

---

① 李德显、马皓苓：《近十年国内终身学习的研究现状与热点分析——基于文献计量与共词分析法》，《中国成人教育》2019 年第 21 期。

业院校、高等学府与老年大学形成协同机制,共同完成学习内容研发与教育推进活动;同时,该平台还提供社区教育、老年教育、职业教育与继续教育等相关的学习支持与服务。一体化的终身学习组织体系借助数字技术,能够最大程度地为社会开放学习资源,推动优质教育资源向农村和边缘地区渗透与普及。此外,原本垂直化的“省、市、区”终身教育组织体系在数字空间中将变得更为扁平,这就使得乡镇或社区终身教育组织在数字空间中参与终身学习服务变得更为便捷、高效与优质。[①] 另一方面,在既有在线学习平台的基础上,还可以整合成立各类老年教育、社区教育与职业教育的大数据综合学习服务平台。实际上,终身学习数字平台不仅可以为民众提供学习服务,例如,通过课程管理、在线互动与学情分析抽取数据与编码信息,使之结构化与系统化;同时,还可以更好地进行数据建模与信息融合,从而构建全民学习的“数据池”。[②] 总而言之,基于学习行为的海量数据分析,终身学习数字协作平台可以通过不同业务模块向学习者开展智能化推送与学习评估,进而实现平台功能优化与终身学习治理目标。简单来说,数字化终身学习平台

---

① 李兴洲、陈宁和彭海蕾:《论学习型社会建设中成人教育的社会治理功能》,《中国远程教育》2019 年第 6 期。

② 王建虎、童名文、王芸等:《全球数字化学习:挑战、趋向及思考——〈2020 数字化学习现状〉报告的解析》,《远程教育杂志》2020 年第5 期。

致力于集结众多专业人员、行业组织和政府机构，由此形成一个庞大而多元化的协同网络，共同参与终身学习服务。这种转型将推动传统的、单一的终身学习体系向一个高度融合、持续创新的系统发展。

（四）加强数字时代终身学习服务的质量评价

在数字时代，终身学习体系的参与主体、资源内容与服务水平涉及广泛，因此建立学习评价标准与学分银行的认证系统显得尤为重要。这不仅能强化终身学习的质量评价体系，还能激发全民终身学习活动的可持续性。换言之，数字化时代终身学习体系的转型依赖于数字化质量评价体系的建立，此举有助于从学习过程与行动轨迹两个层面进行追踪分析，以更有效地评价全民终身学习的在线表现与互动质量，进而分析数字评价背后的模型结构及技术有效性。

由于数字平台建构的众多学习评价模型无法清晰地监测学习者的过程状态，因此需要利用数据算法对学习者学习效果的因果机制与需求趋势进行预判与检验，以确保终身学习的内容与体系的适配性。为实现这一目标，终身学习平台必须依托数据技术，建立全过程与全内容的数字化评价机制，并将平台服务、内容质量与学习体验等检测项目纳入数字评价模型中，以便进行更为有效的服务追踪与干预。

在评价模型的外围，平台组织需要依托学习认证团队、标准制定委员会等专家群体，制定数字化的知识学习评价体系与学习资历认证机制；同时，基于原有学分银行实践，探索数字情境下更大范围的区域性学分银行联盟，以鼓励学习者通过终身学习数字账户进行职业资格认证或学习资历认定。[①] 此外，大数据技术与终身学习体系的融合，对于改进既有终身教育机构、服务机制与组织制度的评价方式也具有积极意义。届时，众多平台可通过全过程学习跟踪、数字模型建构、学习轨迹分析与可视化反馈，对学习者的学习评价进行整体而客观的精准判断。然而，需要强调的是，数字化终身学习评价体系的基本宗旨始终是促进人的生命发展与社会公共利益的保障。

四、技术赋权与终身学习体系的多元参与

随着数字技术的普及，服务全民终身学习的教育方式与影响途径都有明显的变化，并在一定程度上改变了不同阶段对象的学习模式与认知思维，从而引发了对既有终身教育制度与治

---

① 黄予：《教育数字徽章：数字化时代的新学习认证》，《电化教育研究》2018年第11期。

理秩序的反思与创新。作为教育治理体系现代化的重要组成部分，终身学习与大数据技术的融合赋予了不同主体、组织与个人参与知识服务、全民学习与内容供给的选择空间。不同主体依靠数字技术平台可以进行信息获取、内容生成与行动参与，基于技术的便利性不仅提升了自我参与终身学习的能力，还潜移默化地改变了既有体系参与治理的结构，由此完成了公民社会、社区教育组织、老年教育机构等利益相关者在服务全民终身学习中的自我增权。

数字技术全面提升了全民终身学习的权利意识。数字技术突破了传统学习空间的限制与资源匮乏的障碍，从而使得全体民众在学习资源、学习方式和学习时段上具有更大的灵活性与选择空间。它不仅为民众提供了多样化的学习路径和机会，同时还在一定程度上弥补了正规教育在全民终身学习领域的不足和缺失。因为移动互联技术的无边界性与去中心化特征，基于社交媒体、在线论坛与知识问答从而使社区与网民之间的知识分享与学习互动成为可能。① 事实上，大众获取学习资源的渠道已经逐渐由知识权威转向越来越多的“知识博主”与“意见领袖”。特别是随着数字技术的发展，短视频等开始取代长

① 李永杰：《数字技术赋能社会治理创新》，《中国社会科学报》2022 年 6 月 17 日。

视频平台，成为普通大众娱乐、学习与社交的主要方式，这在一定程度上强化了数字时代个体获取知识与信息的对称权益。随着数字技术在未来的普及与终身学习数字体系建设进程的加速，城乡学习资源鸿沟差异将在更大程度上缩小，老年教育、职业教育与社区教育之间融合的障碍也将得到缓解。例如，以5G为代表的新兴技术，通过“屏幕控制”已经实现了将不同学习资源延伸到普通民众生活与工作之中，因信息平台不同而导致的知识割据现象，也将被逐渐减弱，而“知识由谁创造”以及“学习为谁服务”的话语权与影响力也将被再次被重塑。①虽然数字技术在推进人人享有终身学习权利方面发挥了重要作用，但也需要防止将数字技术应用于终身学习过程中可能出现的技术滥用、算法正义与数字素养等非预期后果。针对上述问题，我们同样需要构筑“数字滥用”的防火墙，即对终身学习数字化转型进行空间约束与制度规范。同时，通过提高全民数字素养、划定技术滥用的范畴与边界，建立预警机制，以应对数字化学习进程中可能出现的工具迷失与技术误区。

数字技术赋予了专业组织参与治理的权力。通过应用数

---

① 逯行、王欢欢、刘梦彧：《数字经济时代的学校教育模式如何转型？——〈未来学校：为第四次工业革命定义新的教育模式〉报告的解读》，《现代教育技术》2021年第3期。

字技术使原有的终身教育与远程教育机构实现了平台虚拟化、内容数字化与边界模糊化。这一转变推动了全民终身学习的进程，还促使这些机构完成了自我组织的智能化转型，从而降低了参与终身学习治理的技术和空间门槛。具体而言，数字技术赋权终身学习组织，主要体现在以下三个方面：一是降低了与其他社会机构之间联通的技术成本，并为其他组织融入终身学习体系提供了融入窗口与载体；二是数字技术使终身学习日趋智能化与精细化，由此使得老年教育、社区教育与职业教育等组织机构在参与终身学习服务时，无需进行全面的综合化转型。相反，它们可以通过数字技术实现不同专业分工机构的有机结合，从而降低了专业组织参与终身学习服务的技术壁垒和内容障碍。三是单一组织在应对更为复杂问题时无法发挥系统性力量，但依赖智能技术嵌入更为宽广的网络生态与平台组织进行智慧型再造。这将终身学习社群机构转变为动员能力与集体行动较强的虚拟社群组织，从而实现组织功能由技术赋权向技术赋能转型，最终促使数字技术与组织要素的全方位融合。① 总体来看，技术赋权终身学习组织其实就是平台联盟的实现过程，其所要达到的目的在于以数字技术为驱动、智能网

① Duncan J. Watts, "Common Sense and Sociological Explanations", *American Journal of Sociology*, vol.120, no.2 (2014).

络为基础,以此支撑起以社区、高校、政府为主体的横向组织与以各级各类终身教育机构为核心的纵向体系,并进行智能升级与创新融合,最终形成一体化与数字化的终身学习服务体系,呈现的是终身学习数字化转型的服务成效。

数字技术还可以加速资源共建与共享的进程。以高性能计算机与智能设备为代表的数据信息处理平台,将有利于实现政府、专业组织与公民社会之间的数字资源共享。因此,通过数字技术联结,可以形成数字化终身学习资源的共享与共建机制。在数字信息时代,源于数据系统的复杂性,导致其对组织分工协调的要求越来越高,然而,这种数字化协同机制所发挥的协同作用与影响效应却是传统信息平台无法比拟的。究其原因,在于传统方式借由科层主导的线性模式对复杂教育问题进行响应,但其影响效应低下;数字技术则在重塑教育体系的结构进程中,使其转变成更为扁平化与无边界的协作系统。这促使职业教育、特殊教育、老年教育以及学历教育等资源需求得到最大限度地满足与回应。可见,数字技术加速了资源共建、共享的进程,这具体又体现在对资源的准入、合作共建与推广服务三个层面的数字化改造上。① 其一,终身学习体系的数

① 吴遵民、蒋贵友:《公共危机背景下社区教育功能再思考——基于社区治理的视角》,《教育研究》2020 年第 10 期。

字化转型，带来了数字教育资源的骤增，这便需要结合不同教育领域的现实需求与特点去完善数字资源技术的标准，并建立优质资源建设的遴选基准；其二，数字技术降低了各方参与终身学习服务的技术门槛与现实成本，因而探索多方参与、合作共建的终身学习数字化协作机制是各大开放教育机构与政府的实践议题；其三，让优质的数字教育资源有效抵达边远、农村地区有赖于终身学习服务推广机制的建立，并且基于免费共享、激励共享与合作共享三种学习分享模式，可使优质终身教育的资源能够覆盖“处处”与“人人”，从而实现终身学习资源的配置效率最大化与服务均等化。

五、技术赋能与终身学习体系的治理优化

现今，海量的学习信息数据与丰富的数字技术网络已经深刻影响了终身学习体系的转型方式与推进路径。数字技术在终身学习领域的运用，不仅重构了其内部体系的治理能力构成，赋予了该体系自我治理与革新的动力，还重塑了终身学习推进社会治理的全新模式。简言之，通过数字技术有效赋能终身学习体系的治理优化，已经成为当下教育研究必须面对的重要课题。

终身学习体系数字化转型是第四次工业革命所创造的全民学习与教育模式的创新变革，其具体意义可概括为以技术驱动、数字联通与协同共享为机制的全新教育治理模式。具体而言，人工智能等数字技术对终身学习体系治理能力的重塑，首先反映在“数字技术何以驱动终身学习体系转型”的认识论命题上。当数字技术全面渗透教育领域时，就意味着终身教育也需要在三个层面上进行全面的探索：即面向数字技术、基于数字技术和运用数字技术来推进终身学习理念的全新探索。这就要求我们必须超越以往终身学习治理强调内容驱动与组织创新的认识论基础，而在技术层面赋予终身学习体系全新的边界与框架。① 其次，终身学习数字化转型还拓宽了原本终身教育的范畴。因为在数字空间中，终身学习体系其实已经超越了物理世界的教育实体，通过虚拟镜像与数字技术实现“高校-社区-政府-社会”的创新联动，在服务全民终身学习与创建学习型社会的同时，也对教育资源的高质量整合、倡导人人成长发展，以及推进欠发达地区的贫困治理等问题提供了有所裨益的解决方案。其三，数字化转型也丰富了终身学习体系的治理工具。在数字化社会，机器学习与算法技术在对终身学习议题进

① 郑勤华、于玻：《教育模型支持高质量教育体系建设的架构研究》，《中国远程教育》2022 年第 3 期。

行创新与重塑的过程中，推出了终身学习大数据平台、数字化协作网络、数字学分银行、教育培训网络学院等形式各异的技能型工具平台，而各个平台之间的互联、互通也搭建了数字化与系统化的学习支持创新系统，并在一定程度上打破了学习的领域边界、学科限制与组织分割的现有局面，而在整体与细分两个维度对服务全民终身学习进行准确、及时与深入的实践和探索。

数字技术为终身学习体系赋予了重要的自我治理能力。这一能力的实现很大程度上依赖于其所构建的多元参与、互联互通与横纵交错的数字化教育生态系统。不过，诸多数字技术赋能教育变革治理的研究，仅看到了大数据技术对教育体系向外延伸、拓展的功能，而忽略了其对终身学习体系内部系统的赋能与变革。因为就其内部意义而言，传统的终身学习范式较难回应全民学习、个性诉求与知识更新的时代趋势，甚至老年教育、社区教育与职业教育长期的分割化状态与层次结构分明的组织管理，也已经成为终身学习服务创新的制度化障碍。因此，面对智能社会所蕴含的技术治理创新，其意义与价值并不局限于终身学习数字化转型所要达成的“人人皆学、处处有学、时时可学”的目标，也应该实现终身学习体系通过数字技术进行决策优化、组织创新与数字协作的功能，从而打造一个更具开放、多元、包容与韧性的数字化学习体系。[①] 首先，当算法技术与大数据模拟逐渐智能化时，终身学习机构就能基于全民终身学习的趋势与特征，去构建数字模型与跟踪机制，并不断优化服务全民终身学习的政策平台；其二，零散的社区组织、老年大学、高等学府与职业院校，在统一的数字平台背景下可以进行有机整合，从而构建内容分化但高度协同的学习服务体系；其三，数字化加速了终身学习平台由分割走向统一的趋势，这意味着信息数据之间的开放、共享以及无障碍流动，可以实现更大范围和人群规模的数据集成与学习追踪，为分析全民终身学习规律、学习型社会变革和公民数字素养等议题提供了可能性。同时，这些技术的发展也提升了终身学习体系的治理能力。因此，数字技术赋能终身学习体系的自我治理变革主要是通过平台数字化升级、数据的开放化共享以及信息无障碍流动等方面来实现的。这为数据驱动下的终身学习实践议题与传统学习问题提供了新的理论视角与分析框架。

数字技术具有拓宽终身学习服务体系教育治理范畴的重要功能。它正在成为终身教育机构回应全民终身学习偏好的

① 欧阳忠明、徐卓和王江雁等：《终身学习何以贯穿生命历程？——经合组织〈2021 年度技能展望：终身学习〉之思考》，《远程教育杂志》2022 年第 2 期。

创新机制，通过构建全新的学习互动与教育传播的空间、体系和生态，实现了教育边界的跨越。这种变革对广泛的社会议题产生了深远影响。一方面，自动信息提取、社会仿真建模与社交网络分析等智能技术，使全民在线学习轨迹与信息得以空间化、结构化与类别化，进而将杂乱无章的数字符号变为行业预测、社会治理与教育创新的重要依据。实际上，作为终身教育领域治理主体的各类教育机构，其发挥的影响已不限于教育服务领域，其所探索的弹性学习、国家资历框架、学习认证制度与职工继续教育等众多实践，均可以通过数字技术建立跨部门、跨行业与跨学科的社会服务与专业支持体系，从而在实现教育服务均等化与全民终身学习目标的同时，提高以政府、高校为主体的终身学习体系在治理贫困、社会稳定与人力资源开发等众多领域的危机应对及精准施策能力。另一方面，数字技术参与构建服务全民终身学习教育体系，主要是通过制度创新、平台创新与机制创新三个维度，来衡量前者对后者所发挥的积极影响。在整个终身学习治理过程中，政府、大学、社区、专业组织与公民社会之间的互动，已经逐渐加快了政务公开、学分认定、学分替代、学分银行建设的议题改革，并克服了传统治理方式的资源限制、响应缓慢与联动困难的不足，由此极大地推动了终身教育体系及其相关机构由边缘走向社会治理中心，并改变了民众、政府与专业机构之间弱互动的现状。① 简言之,智能技术除去既有的技术特征,还带有独特的话语权力与系统性的体系力量,可以为处于转型期的终身学习体系开拓更多的创想空间。

六、结语

综上所述,当下数字技术正在以不可逆转之势席卷全球各个角落,并深刻地影响教育治理体系的变革创新,而我国在这场以数字信息为本的技术革命中,必须抓住将终身学习体系数字化转型,作为实现教育治理能力与治理体系现代化的通途与契机。由人工智能与终身学习结合所产生的数字化全民终身学习服务模式,作为既有教育组织的形态变革、运行机制创新、治理体系联通与教育资源整合,提供着新的实践路径与理论突破。可以预见,未来的数字技术变革发展,必将为终身学习体系的转型提供无可限量的外在驱动。当然,我们也必须清醒地意识到,技术渗透可能会带来的技术至上与工具理性等弊端,其中将涉及信息安全、数字素养、数字鸿沟等问题。不过,无边

---

① 张建国:《数字化场域下开放大学综合改革与终身教育创新发展》,《远程教育杂志》2021 年第 6 期。

界、全民性与数字化的终身学习体系，终将会成为未来教育的重要形态，而通过技术赋权与赋能两条途径，可以加速推动终身学习体系的数字化转型。

简而言之，数字技术融入松散的终身学习体系，推动了传统组织向数字化平台的转变，这不仅加速了社区教育、老年教育、职业教育、高等教育等领域的一体化、数字化与协同化进程，还推进了各类教育的融合创新，这一变革为实现全民终身学习与学习型社会建设提供了有力支持。总之，终身学习体系的数字化转型既包括了数字技术重塑全民学习范式、扩大教育资源供给与学习服务方式的创新；同时还推动了服务全民终身学习的教育变革，进一步推动了社会治理的变革，社区、政府、大学与专业组织之间的互动关系将得到根本改善，未来的终身学习生态将更为健康与健全。

* 本文曾发表于《远程教育杂志》(2022 年第 5 期)，原题为《数字化时代终身学习体系的现实挑战与生态构建》。《教育学文摘》(2023 年第 1 期)转载全文；《成人教育学刊》(2023 年第 3 期)转载全文。

中国终身教育体系为何难以构建

一、中国终身教育体系构建的政策背景

构建终身教育体系是我国教育改革与发展的重要战略决策。自20世纪90年代起，该课题就被纳入议事日程，并在教育改革与发展中占据重要地位。1993年，在中共中央、国务院颁布的《中国教育改革和发展纲要》中就明确指出："成人教育是传统教育向终身教育发展的一种新型教育制度，对不断提高全民素质，促进经济和社会发展具有重要作用"；①1995年出台的《中华人民共和国教育法》第十一条更是明确规定："国家适应社会主义市场经济发展和社会进步的需要，促进各级各类教育协调发展，建立和完善终身教育体系。"②此后，在每年的

① 这是我国第一次在教育政策文件中正式使用"终身教育"的词汇。《中国教育改革和发展纲要》，参见 http://www.moe.gov.cn/publicfiles/business/html/files/moe/moe_177/200407/2484.html。

② 参见《中华人民共和国教育法》，1995年3月18日。

政府工作报告及其要点中都必然提到建立终身教育体系及与此相关的问题。2010年颁布的《国家中长期教育改革和发展规划纲要(2010—2020年)》将“构建体系完备的终身教育体系……促进全体人民学有所教、学有所成、学有所用”①的目标提升到了教育改革与发展战略的高度。为实现构建终身教育体系的战略决策,除了中央和地方政府的积极推动外,部分地区还出台了相关法律来予以保障。2005年,福建省率先制定了中国大陆第一部关于终身教育的地方性条例——《福建省终身教育促进条例》;经过数年的深入探索与精心准备,2011年上海市也颁布了《上海市终身教育促进条例》。以上地方条例的制定,实现了我国大陆地区终身教育立法零的突破。

但是,从国家及地方整体的发展状况来看,无论是体系构建还是立法保障等一些重大举措至今仍然停留在理论酝酿或空泛讨论的阶段,几乎没有实质性的进展或突破性的举措。历经几十年的努力,为何我国终身教育体系仍然难以构建?而阻碍终身教育体系构建的现实问题与当代困惑又究竟是什么?

① 《国家中长期教育改革和发展规划纲要(2010—2020年)》,参见 http://www.moe.edu.cn/publicfiles/business/htmlfiles/moe/mo e_177/201008/93785.html。

对此我们应采取怎样的措施、进行哪些方面的努力才能扫清发展的障碍？这里的探讨与明晰，正是在推进终身教育体系构建之际亟待研究与解决的基本问题。

二、终身教育体系构建达成的国际共识

终身教育思想源远流长，早在古代西方和中东的宗教教义以及中国民间的古老俗语中就已蕴含了终身教育的理念。然而，现代意义的终身教育源于第二次世界大战以后知识社会的形成、经济发展对教育的依赖以及公民学习权保障的需要。1965 年，保尔·朗格朗在联合国教科文组织召开的国际会议上第一次提出了“终身教育”的理念，至此，终身教育理念引起了世界众多国家的广泛关注，并掀起了一股推进和开展终身教育活动的热潮。

终身教育历经半个多世纪的推广与发展，基础理论与实践活动都取得了显著的进展，但目前对终身教育概念内涵的界定及其具体形态的科学解说仍未形成统一的定论。不过，得益于国际社会近年来的深入研究与不断实践，在终身教育理论及其体系构建等一些主要领域还是形成了一些基本共识。

共识之一，确认终身教育体系形成的关键，是通过围绕人一生需要的角度，重新有序和有效地整合各种教育资源，旨在打破原先存在于学校与学校外教育资源因历史或现实等原因所造成的鸿沟与壁垒。

共识之二，明确终身教育的主体乃是学习者自身，要求终身教育始终贯彻"自由、自主与自助"的原则，明确构建终身教育体系的基本原则之一是确立公民应该享有的基本教育权利。

共识之三，确认构建终身教育体系的终极目标乃是实现"学习社会"，而学习社会的根本宗旨是要体现"人生真正价值的转换"，即学习的最终目的不是为了经济或职业上的需求和利益，而是为了提升自身的生活品质和精神教养的程度，以最终实现人的"贤、乐、善"①为根本目标。

三、中国终身教育体系构建面临的困境

历经近 60 年的推广与普及，终身教育理念在世界各国已

---

① 参考哈钦斯的《学习社会》(*The Learning Society*)。

逐渐转化为深化教育改革与发展的重要方针与政策。在我国，虽然因为"文化大革命"等历史原因，对终身教育理念的推广滞后西方发达国家约20年，但自改革开放以来，在政府的高度重视和大力推进下，我国在终身教育的理论和实践方面都取得了显著的成就，有效缩短了与世界发达国家之间的差距。然而，目前令各级政府和学界深感困惑的是，尽管几十年来一直大力倡导终身教育体系，但至今它仍然主要停留在口头宣传和文件批转的层面，难以实现深入推广和取得突破性的成果。如我国仍然未能建立起体系构建所需要的政策与立法机制，各种教育机构之间横向割裂的状态依然普遍存在，教育资源也未能有效整合，在国家层面，尚未建立专门负责推动终身教育的指导管理机构，鼓励全民参与终身学习的奖励机制也仍然处在空白状态。具体而言，当前影响与阻碍终身教育体系构建的各种困惑与问题主要体现在以下几个方面：

(1) 终身教育体系与既有国民教育体系的概念界定仍未明晰

自1995年《中华人民共和国教育法》提出"建立和完善终身教育体系"①以来，构建终身教育体系随即成为我国促进教育改革与发展的重要政策与战略导向。2002年11月，党在十

① 参见《中华人民共和国教育法》，1995年3月18日。

六大“全面建设小康社会，开创中国特色社会主义事业新局面”的报告中，就教育发展的战略决策提出了“构建终身教育体系”和“形成比较完善的现代国民教育体系”①两个发展目标。终身教育体系与国民教育体系第一次并列且同时出现在党代会的重大文件中。在党的十七大“高举中国特色社会主义伟大旗帜，为夺取全面建设小康社会新胜利而奋斗”的报告中继续沿用了两个“教育体系”的说法，但相较于之前的描述，更为简洁精练：“现代国民教育体系更加完善，终身教育体系基本形成，全民受教育程度和创新人才培养水平明显提高。”②2010 年 7 月 29 日，备受关注的《国家中长期教育改革和发展规划纲要(2010—2020 年)》(以下简称《纲要》)正式公布，这是中国进入新世纪之后的第一个教育规划，也是指导十年内全国教育改革与发展的纲领性文件。虽然《纲要》对包括教育发展战略与目标在内的各种方针与政策作了全面阐述，但是关于困扰学界的所谓“两个体系”的界定仍然没有取得重大突破，只是基本沿袭了十七大报告的提法，其具体表述为“现代国民教育体系更

---

① 《全面建设小康社会，开创中国特色社会主义事业新局面》，参见 https://www.most.gov.cn/zxgz/jgdj/xxyd/zlzx/200905/t20090518_69741.html。

② 《高举中国特色社会主义伟大旗帜，为夺取全面建设小康社会新胜利而奋斗》，参见 http://cpc.people.com.cn/GB/104019/104099/6429414.html。

加完善，终身教育体系基本形成，促进全体人民学有所教、学有所成、学有所用”。①

相较于十六大报告首次提出的构建终身教育体系的方针，以及与国民教育体系并列的“两个体系”论，十七大报告及《纲要》在阐述两者关系上有了明显的深化和明确。其指出，只有在“具体形态”下的“各种”国民教育得到充分完善，才能基本实现“理念中”的终身教育体系构建。这一表述不仅揭示了两者之间的内在联系，也凸显了终身教育体系构建的复杂性和长期性，相较于之前的提法，有了显著的进步。但一个国家不可能同时存在两种教育体系，相对新形势、新理念下产生的终身教育体系，固有的国民教育体系又该如何转型、如何变革乃至进一步完善，这实际上已经成为教育界所面临的一种新的挑战与机遇。然而，如今依旧采取“貌合神离”的表述，这不仅在学理层面存在误区，并且对于一线的教育实践者和指导者而言，也难以产生实际有效的指导与引领作用。如果在概念界定层面都不能取得完全一致的认识，那么终身教育体系的具体构建就必然遭遇困境。2012 年党的十八大报告虽未再提及“国民教育体系”，而是直接对“完善终身教育体系，建设学习型社会”提

① 《国家中长期教育改革和发展规划纲要（2010—2020 年）》，参见 http://www.moe.gov.cn/srcsite/A01/s7048/201007/t20100729_171904.html。

出了要求，但如何界定和整合国民教育体系与终身教育体系的内涵，仍然需要学术界在理论与实践的研究和推进中进一步深入探讨，以期得出一个符合当今时代特征的科学结论。

(2)“校外教育”发展面临的体制问题长期得不到解决

校外教育，是相对正规学校教育而言的各种学校以外的非正规和非正式的教育形态。考虑到人的一生中，个人接受正规学校教育的时间实际上非常有限，因此，对于个体的持续成长与完善来说，学校教育之后的继续教育乃至终身教育显得更为重要。换言之，校外教育资源的有效利用，对于终身教育体系的构建与完善极为关键。

改革开放以后，伴随着人们对教育需求的日益增长，如同正规学校教育一样，社区教育、老年教育、职业培训等各种形式的校外继续教育均取得了长足的进步，而这一状况极大地促进了终身教育实践活动的推广。然而，由于受制于顶层政策框架设计的不足以及校外教育理论研究的缺失，各种形式的校外教育普遍面临着体制与机制的发展困境，一些曾经非常繁荣的教育形态，因为受到社会形势的急剧变化而面临“终结”的危机。

以成人教育为例。这一校外教育形态，伴随“文化大革命”的结束及改革开放新形势的需要，在我国兴起并逐渐发展起来，承担着对走上工作岗位的成年人进行补偿教育、学历教育、岗位培训及市民精神教养教育等历史重任，还曾经在20世纪80年代被列入国民教育体系四大组成部分之一。但在进入新世纪以后，随着“两基”完全普及，高等教育大众化的实现，“文化大革命”后教育欠账的渐次“偿还”，以及社区教育的日益兴起，成人教育开始陷入发展瓶颈，并逐渐面临“消亡”的危机。①

社区教育的发展也面临同样状况。三十年的推动与发展虽然使社区教育在促进居民终身学习、提高居民精神文化素养以及维护地区稳定与发展方面起到了不可估量的重要作用，但由于得不到立法的保障，社区教育至今没有被列入国民教育体系的序列，其专业工作者队伍也面临着无培养途径、无职称系列及无岗位编制的各种困境。如果这种状况延续下去，若干年后随着社会形势的再次变化，目前非常兴盛的社区教育也将与成人教育一样，陷入短暂繁荣后逐渐凋零的境地。然而，更为严重的是，这种情况将造成大量人力、物力和财力的损失与浪费，对社会将造成巨大的损失和危害。因此，在构建终身教育体系的过程中，如果没有形成成熟而有效的校外教育资源整合路径，并通过立法保障解决体制机

① 吴遵民：《中国成人教育会终结吗？——新时期我国成人教育面临的重大危机与挑战》，《开放教育研究》2013年第4期。

制的各种困境，那么终身教育体系的构建就将成为一句空洞的口号。

(3) 终身教育立交桥与各种教育资源整合的困惑

终身教育在倡导之初，联合国教科文组织曾使用的英语术语为“Life-Long Integrated Education”，“Integrated”即有“统合”之意。按终身教育理念的创始人保尔·朗格朗的观点来看，统合指的是“每个个人在自己不产生矛盾的情况下，就教育训练的不同阶段作出统一和协调的努力”①。就终身教育体系构建的本质而言，其原本就是要为人一生不同阶段的发展提供教育帮助，因此统合学校与学校外教育的各种资源，并使其围绕人一生发展的需要，发挥促进与提供条件的作用，无疑非常重要。这不仅是构建终身教育体系的意义之所在，更是形成终身教育体系的关键因素。换言之，为了构建一个国家的终身教育体系，必须首先对学校教育与校外教育资源进行有效“统合”，即在两者之间架起有机连接的“立交桥”，打破因各种历史原因、行政组织和利益关系而造成的纵向和横向障碍，并通过顶层设计的方式使原本互不关联、互不融合的教育资源得以连接贯通且能被有效利用，从而达到协调与统合的目标。无疑，

---

① 转译自[法]保尔·朗格朗：《终身教育入门》，波多野完治译，全日本社会教育联合会1984年版。

实现这一目标不仅是构建终身教育体系的关键,也是消除各种教育壁垒和隔阂的重要手段。然而在我国,这一重要理念的实现面临着严重的困难和挑战。除了学校与校外教育资源的整合问题外,还存在所谓的"正规"与"非正规"、"体制内"与"体制外"的障碍,即使在"体制外"的非正规教育领域,因归属不同和行政管辖机构的不同,也面临着难以有效整合的困境。例如,社区教育由街道管辖,各种成人教育则由教育部门或民间机构举办,还有一些是由各种社会团体或个人举办的。因为归属和利益关系的复杂性,单纯校外教育资源的整合就呈现出一种混乱的状态。如果这一问题得不到有效解决,终身教育体系的构建就无法真正落到实处。

(4) 国家终身教育立法难以实现

进入新世纪以后,在教育部公布的《教育事业"十五"规划和 2015 年发展规划》中曾第一次明确提出"研究起草推进终身学习的法律法规"的设想。受其影响,自 2002 年开始,研究并起草《终身教育法》就几乎成为每年教育部年度工作的要点。[①] 但是,以上倡议已经提出了十几年,国家层面的《终身教育法》却仍然处在空白状态。而国家终身教育立法的止步不前,也真实地反映了我国终身教育难以深入开展的困顿

① 国卉男:《中国终身教育政策研究》,华东师范大学博士论文 2013 年。

局面。

2005 年 7 月 29 日，作为地方性终身教育立法，福建省的《福建省终身教育促进条例》首先获得地方人大会议通过，这部地方立法不仅明确了政府推进终身教育的职责，规定了设立终身教育促进机构（终身教育促进委员会）及建立终身教育活动日，还规定了媒体的宣传职能等法定内容。这是国内第一次以法律的形式明确在我国现有条件下区域性终身教育事业如何开展与推行的一个实例。福建省终身教育地方条例的制定，不仅极大地推动了我国终身教育的政策实践，还为终身教育从一个理念、思潮转变为具体可行的政策举措乃至立法原则作出了重要贡献。但是，此条例在起草之初是由学者及民间团体为主推动发起的，因而政府职能基本处在缺失状态，这种缺位导致了该法在实施过程中的空乏与无力，如实质性的终身教育体制机制并未建立，教育资源的整合与衔接也未有重大突破，终身教育经费来源没有给以明确规定等。因此，这一地方条例变成了一部仅具象征意义的“空法”。① 同样的问题也出现在 2011 年公布实施的《上海市终身教育促进条例》（以下简称《条例》）中，如该《条例》狭隘化了终身教育的内涵，各级各类正规学校

① 吴遵民、黄欣、蒋侯玲：《终身教育立法的国际比较与评析》，《外国中小学教育》2008 年第 2 期。

教育均被排除在终身教育体系之外，大量在社区开展的各种具有教育意义的文化休闲乃至娱乐身心的活动也都不在此条例推进之列，这就使得期待依托立法而开展的各种扎根社区的终身学习活动失去了赖以生存的法律基础。

简而言之，要充分利用各种教育资源，加大统筹各类教育与文化资源的整合力度，提供多元化、多样性的教育课程或学习活动，以满足公民学习需求，这对促进公民的终身学习具有重要作用。而要形成这样的局面，必须在立法层面进行必要的法律规范和规定。

四、终身教育体系构建的关键举措

对于上述终身教育体系构建之际遭遇的现实困境，理论界以及地方政府在实践的过程中亦曾针对不同问题并在不同层面提出过一些有益的解决对策。例如，为了激励普通市民参加终身学习活动，一些地区实施了终身学习卡制度，凡地区居民参加一定数量的学习活动即可获得物质奖励。又如，为了满足更多民众终身学习的需求，上海开放大学创设了学分银行制度，普通市民不需要考试即可直接入学，而平时所参加的各种学习活动与课程，若经学分银行的认可还可积累学分，以供个人获取学历或资格证书所用。但是,要论及国家层面终身教育体系的构建,仍然任重道远。笔者认为,目前体系构建存在的最为核心与关键的问题,是国家层面缺乏实质性的行政推动机构。虽然在理念上已经形成了基本共识,但是在具体的实施层面,如整合各种教育资源、协调各种教育关系、搭建各种教育平台等一些必须通过顶层设计及制定强有力政策来予以推进的举措,则因为行政机构的缺失及主管部门的缺位而导致无法深入推进与落实。换言之,我国虽然早已确立了构建终身教育体系的政策导向,事实也已证明这一目标不仅符合国内教育发展的现实需要,而且与国际教育的发展趋势也实现了接轨,但是作为重要的推动力量,即具体实施上述目标的执行主体,尤其是作为公权力所架构的行政主体却仍处在一个空白的状态。我们至今没有在国家层面建立起一个直接主管与推动终身教育实施的行政机构,并仍然以传统的学校管理机制与模式来发展终身教育,于是在实践过程中,就可能会遇到许多功能不匹配与人为的制度障碍,这些难题也往往难以克服。例如,因为没有一个归属终身教育的管理机构,于是无论校内还是校外的教育文化资源就难以得到有效整合;因为缺乏顶层设计与政策统筹,各种教育机构各自为政、互不贯通,故终身教育在推进过程中,依然存在着条块分隔、多头管理的问题,这导致了教育资源的重复与浪费现象层出不穷。

为了解决这些问题，国家根据2010年政府中长期教育规划纲要的基本精神在教育部设立了继续教育办公室，并赋予其推动终身教育具体事务的权限。[①] 从表面上看，这一机构的设立，似乎解决了终身教育因主管部门的缺失与缺位所造成的无法深入推进的问题；然而，"继续教育"只是对应"学校教育"并衔接学校后教育的一种形态，其本隶属于终身教育体系的范畴。

换言之，继续教育只是终身教育体系中的一个基本组成部分，它完全归属于终身教育的内涵范畴。因此，教育部虽然通过成立继续教育办公室来承担构建终身教育体系的重要任务，但其在理论上存在着误区，在实践上也可能会带来困惑。因为这种做法是以一个下位概念去包容上位概念，用局部性的教育形态去统筹整体性的教育形态。为了解决这一问题，笔者强烈建议教育部应专门设立终身教育推进办公室，而通过这一中央层面行政机构的设立，就可以将终身教育的定位从成人教育、

---

① 根据《教育部办公厅关于成立综合改革司等机构及相关职能调整的通知》(教人厅〔2012〕5号)，设立教育部继续教育办公室。主要职责是：协调推动终身教育体系建设，宏观管理社区教育、职工教育、社会培训等各类非学历继续教育，指导并管理成人教育、网络和远程教育、自学考试等各类学历继续教育。日常工作由教育部职业与成人教育司相关部门承担。

继续教育的狭小范畴拓展到整个教育领域，并由此可解决行政归属上将终身教育划归于职成教司这一狭隘化的推进困境。对于在国家层面设置专门行政机构的做法，国外已经早有先例。例如日本在1988年将原文部省的社会教育局升格为终身学习局，并下设终身学习振兴课，其中一个重要职能就是制定终身教育政策、促进终身教育事业的发展并承担起协调与其他部局等行政机构的关系。韩国也在2008年由教育科学技术部(Ministry of Education Science and Technology，MEST)专门设置终身教育振兴院(National Institute of Lifelong Education，NILE)，该院的主要职责是促进韩国全国终身教育事业的发展，包括知识援助、政策拟定、项目开发及对终身教育的成果进行评估认证，并对终身教育体制进行运营及管理。该院直属韩国教育科学技术部领导，下面并设韩国自学学位考试院、学分银行中心(CBS)和终身教育中心(NCLE)等三个职能部门。①

参考国外的情况可以发现，通过设立继续教育办公室的机构来推动终身教育，这是对终身教育内涵的极大误解，此举不仅无助于终身教育体系的构建，并且对未来终身教育的发展也将造成负面影响。总之，只有加速推动中央层面终身教育机构

① 奇永花、张蕊、吕文娟：《韩国终身教育的中枢机构——韩国终身教育振兴院》，《终身教育》2010年第6期。

的改革力度，加强政府行政力量的有效推进，并继续深化对终身教育理念的理解深度，如此才有可能打破当前终身教育体系构建所面临的僵局，并突破长久以来因体制、机制的壁垒所形成的教育资源难以整合的困境。

* 本文曾发表于《现代远程教育研究》(2014年第3期)，原题为《中国终身教育体系为何难以构建》。《新华文摘》(2014年第19期)、《教育文摘》《中国人民大学复印报刊资料》全文转载本文。

冬之吟

论老年教育的本质

——基于世界图景演变视角的分析

一、问题的提出

随着全球范围内老年人口的快速增长，老龄化问题俨然成为现代社会必须面对的重要课题。当老龄社会被识读为潜在与泛化的风险危机时，各国政府则纷纷期待通过为老年人提供新的教育机会或开展各类学习项目与实践活动，以及为其创造积极宜居的生活环境等方式，缓解老龄化对现代社会所造成的负担与冲击。正是由于老龄化社会的到来，教育再次担负起了克服社会危机及社区治理的重要使命，这也证明了功能主义与技术理性的发展逻辑，即将老年教育定义为对老年人进行潜在能力提升与发展的社会活动。① 简言之，在功能主义范式的主

① Glendenning F., Battersby D., "Educational Gerontology and Education for Older Adults: A Statement of First Principles", *Australian Journal of Adult & Community Education* (1990).

导下,老年人已被视为社会系统中需要改进的缺陷抑或需要调整的社会问题。而这一取向也着实推进了老年教育作为解决老龄化问题的正当手段与合法地位。虽然关注现实生活中老年人的部分教育需求应该是这个社会的责任,但过于强烈的功利取向也受到了质疑与批判。① 而在这一背景之下,批判老年教育学应运而生。上述理念重新回到了老年教育的原点,对"老年教育究竟为谁服务"的问题进行了重新审视,随之引发了学术界对"老"与"教"之内在逻辑的思考。因此,对老年教育的探讨应当首先从现代老年问题入手,因为这些问题决定了老年教育的逻辑起点和价值取向。就现实而言,老年问题最初是从医学、生理学等领域逐渐扩展到社会学、心理学乃至教育学领域的。② 并且无论是西方还是中国,成文的老年问题研究都以实证研究为主,而对老年问题进行反思尤其是基于哲学思辨高度予以探讨的则很少。换言之,老年问题一直被看作一个现实的社会问题而不是理论问题。事实是否如此呢?结论无疑是相反的。因为唯有通过哲学的分析路径去重新审视老年问题

---

① B. Findsen, M. Formosa, *Life long Learning in Later Life: A Handbook on Older Adult*, Rotterdam: Sense Publishers (2011), pp.131 - 143.

② 熊春文、张彩华:《西方老龄社会学:渊源、演进与流派》,《云南师范大学学报(哲学社会科学版)》2016 年第 5 期。张晓青:《新世纪以来中国人口老龄化研究的新动向》,《人口与发展》2009 年第 3 期。

的本质，即从世界图景、认识论等的角度去深入分析老年问题背后的生命困境，如此才能为解决老年问题提供科学的思考。诚然，老年问题首先是一个现代性的问题，因为它主要出现在现代社会中，而不是古代。尽管现代社会带来了许多好处，如人的寿命得到显著延长，但同时也引发了一系列问题。其中，事实与价值的二分就是一个明显的问题，这导致失去了价值的事实世界逐渐转变成了一个力的世界和虚无的世界。而对力的崇尚进一步带来了两方面的转变：一是体现在本体论上，即社会普遍相信物质力量，而德性价值被置于次要地位。于是现代社会物质性的力量超越甚至取代了人的德性力量。二是反映在认识论上，即不论是命题性知识还是一般的能力性知识(即可以用语言符号表达的明晰知识和用行动表达的技术能力)，都超越甚至取代了老年人的经验知识。因为年轻人在身体(包括大脑)上的优势，他们更容易掌握和适应命题性的知识和一般能力型的知识。因此，失去了这些知识和能力的人尤其是老年人的价值问题，就此成为一个现代性的问题。

当事实与价值二分，由老年问题所引发出的老年教育，就自然只关注老年人作为社会问题的负面存在。在技术理性的支配下，老年教育随即被当作构建和谐社会的有效手段而被广泛接受，这使我们对于老年教育的工具属性放松了警惕。由于我们对老年教育的本质茫然无知，并逐渐在价值遮蔽的技术论中放弃了教育的基本立场,[①]因此对老年人进行教化就成为老年教育场域中的普遍性话语,并逐渐解构了教育作为主体的自身价值的实现过程。换言之,社会在现代化的演变与转型中,社会秩序只关注效率、注重力量而逐渐放弃了对人性的思考与价值完善的追求。由此,老年问题逐渐成为现代社会的一种症候群。而从古典世界图景中价值与事实的统一,到现代机械论世界图景中价值与事实的二分,这一转变清楚地揭示了其蜕化的轨迹。在机械论的图景中,人的价值在于力量的大小,并且这一力量尤其体现在知识层面,所谓"知识就是力量"凸显的就是这一变化。但老年人恰恰从身体到心灵两个方面都失去了驾驭力量的能力,于是老龄化就成为现代社会的问题,而教育成了可供化解的策略之一。那么,老年教育仅仅指的就是老人受教育吗?上述经过教化的观点自然难以让人信服。因为基于教育的本质,老年教育同样也是关于生命的教育。而当前把老年教育与"力量"的再生产或"资源"的再利用联系在一起,这种认识上的误区,正反映出学界对于老年教育本质理解的偏颇。为此,本文基于古典世界图景中的老年形象,借助赖尔(Gilbert Ryle)等人关于知识的概念工具,对德与力的概念

① 王颖、李琦:《国内外老年教育研究综述与展望》,《社会科学战线》2019年第10期。

之异同进入深入探讨。通过教育与哲学层面的本质探讨,我们希望其为正确解决老年化问题提供正确思路,并重新赋予老年教育以新的理解,这无疑具有重大的意义。

二、世界图景的古今之争

就老年教育的词义来看,它应是为了应对现代老龄化的社会问题应运而生。但作为一种自然现象,“老人”概念自古就有,对老人的谈论无论中西都不乏其人。例如古罗马哲人西塞罗就著有《论老年》,孟子则云“老吾老以及人之老”,佛陀更指出人间有四苦,即“生老病死”。老年学作为一门现代学问,正式建立于20世纪初,而且,老年现象成为一个问题本身就代表了一个现代性症候。因为在古典社会,无论是古希腊还是中国,“老”都不成为一个问题。这可以从两个方面来理解,一是从现实的角度看,在医疗水平低下的古代,人类平均寿命普遍较低。即便有少数人能够长寿,这也不会成为一个社会性问题,而只能被视为一个自然现象。然而,到了20世纪以后,特别是第二次世界大战之后,随着医疗卫生水平的迅速提升,人类的平均寿命也显著增长,老龄化问题才逐渐凸显出来。

从理念或象征性的层面来看,老年问题是一个现代性问题。如果从不同层面来理解现代性，如政治、社会和文学等，可以发现它们之间既相互区别，又互相联系。但从古今之争的角度切入现代性的问题，更能鲜明地凸显老年问题的实质。在笔者看来，现代是一个与古典相对的概念，这一概念的提出就蕴含着古今之争的问题。当然我们也可以从不同的层面去理解古今之争，但在这里我们主要把关注点放在古代与现代在世界图景的差异性上。这一问题如果用中国哲学的概念表达就是天人之辨，即天道与人道的关系。所谓天道就是我们所说的世界运行之规则，人道即人类社会的行为规范。在古代的世界图景中，天人合一，即天道如是，人道亦当如是。这种天人相副的观念，无论中西皆是如此。所以不论中西，对天文学的观测与研究都非常发达，这不仅是出于实际生产活动的需要（因为天文事关历法），还因为天道运行事关人间正义，概括地讲就是天地之间、自然事物的运行法则与人类社会具有某种内在的同构性。换言之，人类社会不是单纯的机械运作，而是具有价值或规范的维度，所以自然也被看作具有价值属性和思想维度的重要因素。①

---

① 从现实角度看，我们是以人类行为具有价值性反推世界运行具有价值之维的。但从本体论角度看，我们是假定天道具有价值之维，来为人类行为价值奠基的。

但在现代世界的图景中，天人相分，天道运行与人间之事似乎都失去了内在的联系，世界是一个物质世界，物质在时空中按照可以用数学表示的定律运动。① 牛顿力学所描述的宇宙图景可以说是最典型的体现，牛顿的《原理》问世之后，世界图景的机械化原则便宣告完成。所谓世界图景的机械化，意味的就是我们能够用数学的语言解释自然现象。而古代的宇宙图景又可以亚里士多德为典范。在从亚里士多德到牛顿的转变过程中，"实体性思维"转换成试图确定事物行为相互依赖性的"函数性思维"。② 对此我们还可以从两个方面来进一步说明世界图景的古今之变，其一是在古代的宇宙图景中，世界本身被看作是有性质的，现代世界则恰恰相反。"人所生活的真实世界不再被看作一个实体的世界，在这些实体中能够经验到多少基本性质，它们就拥有多少基本性质，相反，这个世界已经变成了一个原子世界（现在是电子世界），原子只具有数学特性，按照完全可以表示为数学形式的定律运动着。"③而按照力

① 参见[美] 埃德温·阿瑟·伯特：《近代物理科学的形而上学基础》，湖南科学技术出版社 2012 年版。

② 参见[荷] E·J·戴克斯特霍伊斯：《世界图景的机械化》，湖南科学技术出版社 2010 年版。

③ [美] 埃德温·阿瑟·伯特：《近代物理科学的形而上学基础》，第 260 页。

学——数学规定原则——运行的世界是去除了属性和价值的世界。其二是在亚里士多德的世界图景中，不论是人的实践活动，还是天体运行，都有其自然的倾向性或目的，而所有具体目的又指向一个最终目标，那就是至善。其具体目的也是作为原因而驱使事物运行，因而它可以不用机械因果论的关系就可以解释事物的运动变化。但现代机械世界图景不需要目的论解释，就其概念本身而言，它也和目的论解释相悖。① 简而言之，上述两者是一体两面的关系，两者相互依存，互为表里。原子世界即机械世界，是去价值化的、缺乏明确的目的指向。正因如此，牛顿试图通过其力学体系来证明上帝的存在，但最终陷入失败的境地。"对于仍然希望保持自己信仰的科学家来说，除了把宗教和科学严格地区分开来，他们几乎没有任何其他的可能性。"②

虽然自然科学取得了辉煌的成就，但我们仍倾向于为我们的伦理生活进行辩护。大卫·休谟在《人性论》第三卷的开头部分就提出了是与应当的问题，即区分事实与价值的关系，这也可以被视为是对这个问题的回应。伊曼努尔·康德在《纯粹理性批判》中，也通过为理性划定界限，为信仰保留一席之地，从而在某种程度上采取了相似的策略。具体来说，我们通过分

①② 参见[荷] E·J·戴克斯特霍伊斯：《世界图景的机械化》。

别强调将伦理领域或自由领域以及自然领域的独特性和重要性,来分别肯定它们的意义与地位。这个问题可以被一般地表述为真与善的分离。

三、美德即知识与知识即力量

以上之所以如此花费笔墨去说明世界图景从古代到现代的转变,主要就是为了引出如下的结论:首先,从以善统真的世界图景到单纯科学真理的世界图景的转变,只是为了说明,在一个科学主义占据主导地位的时代,善或伦理学不再具有真正的有根基的价值,或者只能算作次好的价值,其正在失去终极辩护的意义。诚如尼采所称上帝死了,人类已经来到了虚无主义的时代。① 而在古典时代,真正的知识是关于德性的知识,它是对内在于心灵的原则的认识,这种认识被看作最高的技艺,苏格拉底将之表述为"美德即知识"。而在现代机械世界图景中,我们显然无法如此直接地思索,对人的价值的辩护不能或首先不能从伦理层面展开,而必须从力学的角度呈

① 有很多人试图为伦理学提供客观性或普遍性的辩护。但总体而言,价值相对主义或社群主义似乎还有很大市场。

现。虽然尼采的强力意志不是牛顿力学意义上的“力学”,但从他对力量的重视中,还是可以看出近代物理学的痕迹。对虚无主义问题最典型的解题思路是,按照一种还原论的路径,将真理最终还原为以力学为典范的数学命题。但在这一转换的过程中,世界被模拟为一台机器,而伦理就成了这台机器中应当被消除的幽灵。①

从现实层面来看,“力”可以在我们的身体与心灵的不同维度上实现,或者说通过心灵与身体我们能够认识或实现“力”,而力也就成了衡量人的价值的新尺度,于是人不再被看作万物之灵,而是诸种原子组合方式中的一种。人的价值之大小在于力实现的大小,人也不再被视为具有内在差异性的个体,而是庞大机器的同质的运作零件。在此意义上我们甚至可以说,人已经被资源化了、同质化了,乃至异化了。② 因为我们已经把伦理德性排除出了世界图景之中,剩下的只是一个纯粹的物质世界,所以在当下我们首先关注的就是物质性的力量。这在人的身上就是肉身的力量,然后才是心灵以认识世界的方式实现和转化物质的力量,即知识。在这里我们大致完成了对知识的

① 文中的用法参考赖尔,但略不同于赖尔原意。

② 或者换一种思路看,社会对人开始福柯哲学意义上的生命政治的管理了。

理解及其古今之变，即从苏格拉底时的“美德即知识”到弗朗西斯·培根的“知识即力量”的转变。以下我们将主要从认识论的视角去阐明老年问题的基础。

首先，我们引入赖尔对知识区分的理论将有助于深入探讨这个问题。赖尔区分了两种不同的知识，即命题性知识和能力之知。[①] 命题性知识指能够以命题表述的知识类型。能力之知则主要是一种体现在‘做’的活动即行动中的知识。[②] 前者的典范是自然科学，所有自然科学的知识都可以用数学表达为明晰的命题。后者则可以竞技体育为例，运动员具有的知识不表现在他知道关于某项运动的多少命题性知识，而在于能够多好地完成某项运动。不论是哪一种类型的知识，似乎都是年轻人占据优势，因为他们都在某种程度上要求智力、体力、计算能力、记忆力等的完美体现。而老年人随着身体机能的下降，已经无法完成一定强度的劳作，无论是体力的或脑力的，即使能够勉力完成，在时间成本上也一定十分高昂，因而可以被视为低效。[③]

---

① 参见 G. Ryle:“Knowing how and knowing that”, *Proceedings of the Aristotelian Society*, 46(1946)。[英] 吉尔伯特·赖尔:《心的概念》，商务印书馆 1992 版。

② 参见郁振华:《人类知识的默会维度》，北京大学出版社 2012 版。

③ 郁振华:《论道德-形上学的能力之知——基于赖尔和王阳明的探讨》，《中国社会科学》2014 年第 12 期。

更抽象地说，我们在设想一般认知活动时，通常假定认知主体是一个具有一般智力、体力的青年人，我们还得假设这个青年人的五官功能正常。因此我们才把儿童理解为尚不成熟的青年人，而把老人理解为已经衰老的青年人。简而言之，年轻人成为衡量儿童和老人的标准，只有更强、更敏捷的年轻人才是高于标准的，老年则意味着对标准的偏离和降低。

另一方面，在知识领域，我们或许可以说在人文学科的知识领域，似乎老年人更有优势。因为老年人花费了更多的时间积累了更多知识。但在自然科学的强势发展面前，人文学科似乎逐渐失去了其作为知识的主导地位，因为科学在改造世界的外观上，具有前所未有的有效性和普遍性，而人文学科几乎千年没有什么进展，它似乎既不是对自然真理的认知，也不具有具体的社会功效，因此，它作为现代意义上的知识主导地位遭受了质疑，更被视为无用之学。所以，人文学科要么将自己数学化，进而成为一门科学，或者失去知识的领导地位，沦为一种单纯的娱乐。后者自不必说，但就前者而言，因研究对象本身的特质，其数学化程度非常之低且时常无效。如果以数学化程度来衡量一门学科的成熟程度，那么人文科学明显很不成熟，也就是说，老年人只可能在劣等的知识上存在相对优势。新康德主义者李凯尔特、诠释学家威廉·狄尔泰等人就认为，自然科学和精神科学是两种不同的知识类型，要求不同的认识能力，一种是理性与推理，一种是体验与理解。这种方式与上文述及的休谟-康德方案相似，即通过消极地划定两者的界限并积极地规定各自的独特性，以为精神科学或伦理学保留空间。但这种态度，在全球人文学科不断萎缩且不断科学化的背景下，显得悲凉而无力。用马克斯·韦伯的术语来表达，即在祛魅时代，工具理性已经完全压倒了价值理性。① 事实上，近年来在很多文科国家课题数据库的建设中，数字人文方向展现出了蓬勃的发展态势。从发展视角上看它就呈现了这方面的特征。换言之，消极的划界并未能阻止科学部队进军和侵占精神科学或伦理学的高地。

在当代知识论的图景中，还常常隐含着一种观点，即把正常的青年人视为认知典范，其他人（小孩和老人）则被视为残缺的认知者。当然，不论是在命题性知识上，还是在能力之知的比拼上，青年人都显得更加卓越。而将精神科学还原为自然科学的行为，就算其能够成功，也依然无法解决老年问题。因为这不过是确认了当代知识论图景中的认知主体预设，其意图是通过区分与应当来划分精神科学和自然科学，以便为老人的独特性留下空间，但在工具理性强势压倒价值理性的局面下，这已然黯然失色。因为在机械论世界图景中，人已被理解为资

① 这两个术语可以看作是对康德的认知理性和实践理性的社会学表述。

源，人的力量在理性时代又主要是通过知识来实现，于是只有年轻人能更好地把“力”呈现出来。老年人则成为残缺的认知者，因为他们是力量匮乏者，当他们无法为社会发展提供进一步的能量，却又必须消耗社会资源的时候，老龄化/老年人就不再是一个现象，而成为一个问题。

四、古代图景中的老人形象

在古代世界，无论中国还是西方，似乎都不曾把老年人视为一个问题，即老年人在那时只是作为现象的存在而不成为社会问题，其中缘由或可被当代借鉴。古代世界图景的失落有其必然性，这也使得我们无法通过古代思维来解决当下的问题。但它却可以为我们提供一个参考，即为我们打开一种另类思维的可能性。虽然古代没有面临我们当下的问题和困境，但它的意义在于面对问题时我们将如何创造性地打开思路并探讨问题解决的可能性和契机。

孟子曾言：“老而无妻曰鳏，老而无夫曰寡，老而无子曰独，幼而无父曰孤；此四者，天下之穷民而无告者。”（《孟子·梁惠王下》）此处的鳏寡就是我们所说的老年人。但它又与我们现代所说的老龄化问题不同，他们特指失其所养的老年人。那些有子女奉养孝顺的老人并不归于鳏寡。于是古代中国的血缘宗族就形成了一个伦理共同体，这种伦理共同体的内部相互扶持，荣辱与共，抵御风险。个体在其内部可以做到“老有所终，壮有所用，幼有所长”（《礼记·礼运》）。也就是说，通过构建一个基于血缘的伦理共同体，就可以使老人得以安置，享受天伦之乐。而另一方面，老人也是维系这个伦理共同体的道德权威和象征。

在亚里士多德的年代，老人也同样不被看作衰老的年轻人，而只是在品质上与年轻人有所差异而已。“青年人需要朋友帮助少犯错误；老年人则需要朋友的关心与帮助，并为他们提供力所能及的援助；中年人也需要朋友帮助他们行为高尚。”①柏拉图在《会饮篇》中表达了相似的观点。② 可见这是古希腊当时颇为流行的观念。廖申白曾进一步阐发：“对于成年男子，这将促使他的智慧得到最大的发挥；对于少年，接受一种启智则是他的心智的最大的善。”③其中都是强调老年人在“成人”问题上或德性问题上对年轻人的指导和示范作用。

关于这一问题，西塞罗同样在《论老年》中进行了系统讨

① [古希腊] 亚里士多德：《尼各马可伦理学》，商务印书馆 2017 年版，第 249 页。

② 参见[古希腊] 柏拉图：《会饮篇》，商务印书馆 2013 年版。

③ 廖申白：《亚里士多德友爱论研究》，湖南人民出版社 2000 年版，第 35 页。

论。他指出，一般认为，老年人的不幸有四条理由："第一，老年使人退出了事业；第二，老年使人身体朽弱；第三，老年使人失去感官娱乐；第四，老年离死期不远"[①]。这里与我们主题相关的是前两条[②]，即老人身体朽坏并离开了原来的事业，这就使得他成为社会中多余的人。但这种说法是含糊的，因为在西塞罗看来老年人只是转变了参与事务的方式。他问道："退出什么事业？……难道没有适合于老年人的事业，没有不需要强壮的身体，而需要心灵和智慧的事业？"[③]青年人和老年人都是人类生命历程的不同阶段，每一阶段皆有其特征和合理性：

> 生命的途径是固定的，自然的道路是唯一的、单向的，生命的每一个阶段自有与其对应的特性：童年软弱，青年狂妄，中年严厉，老年成熟，所有这些都是自然属性，每一种特性分别属于与其相对应的生命时期。[④]

---

① [古罗马] 西塞罗：《论老年·论友谊》，上海人民出版社 2011 年版，第 33 页。

② 本文的主旨与西塞罗的主旨不同。西塞罗讨论的是人作为一个主体如何幸福地度过老年，即"老人的养生之道"，他的方案是"研究学问和培养美德"，他说的学问主要是我们现在所说的人文科学。而本文讨论的是，老年人在现代成为社会负担之后，如何解决老龄化问题。但我们仍然可以从他的思路中获得教益。

③ [古罗马] 西塞罗：《论老年·论友谊》，第 33—35 页。

④ [古罗马] 西塞罗：《论老年·论友谊》，第 20 页。

再从能力的角度讲，青年人的优势是“力气、速度和灵巧”，而老人的优势是“思想、威望与判断力”。若要成就伟大事业，两者皆不可或缺，就像一支军队，既需要冲锋陷阵的年轻人，也同时需要运筹帷幄的老年人。“凡是力求从自身寻求各种美好东西的人，按照自然规律必然产生的一切都不会使他们觉得可厌。”①老人与年轻人代表着人类生命历程的两个不同阶段，各有其不可替代的差异性及生命品质，这也是自然规律。因此我们不应该将老人仅仅看作是残缺的年轻人，正如我们不应该把年轻人看作没有成熟的老年人一样。一个运作良好的社会，应当确保每一个人各谋其位、各得其所。让老年人去冲锋陷阵，而要求血气方刚的年轻人沉着稳重、运筹决胜，这都是错误的。只有当我们把老年人视为失去力量或知识的青年人时，我们才会把老龄化看作一个问题，而不是一种自然现象。

五、实践或道德能力之知

古典时代的老年人形象，在知识上的优势及丰厚经验是毋庸置疑的。但随着社会的进步，老年人的经验如今在很多领域

① ［古罗马］西塞罗：《论老年・论友谊》，第 3 页。

逐渐面临失效，例如在农业生产上，当我们有足够科学知识的时候，一个聪颖的年轻人似乎可以做得比一个老农更好。[①] 在自然科学的研究领域，突破性的贡献往往由年轻人完成。一些享有盛名的科学家在晚年时期，其科学探索的成果往往显得乏善可陈。但在其他一些领域，比如亚里士多德所说的实践领域（主要包括伦理和政治领域），老年人却往往更富有智慧或经验。这里指的不是具有某种关于伦理命题或政治命题的知识，而是处理伦理问题或政治问题的经验及能力。这种能力的获得并不是依赖于书本知识的学习，而是依赖于王阳明所谓的"在事上磨"的经验过程。一个成熟的政治家必定是经过诸多历练而成的，这样一种知识就是上文所言的能力之知。所以我们对能力之知的把握，不应该局限于一般的生理依赖性极强的能力上，例如游泳、骑车、打球等，它还应包括传统意义上的实践能力。西塞罗也正是在这个层面上，认为老年人对青年人的教诲主要体现为德性层面上的。"正如智慧的老人乐于同秉性高尚的年轻人忘年相交，以便从年轻人的敬重和热爱中减轻老

① 这也有例外，比如，虽然科学家们知道一般应当如何种好地，但他可能因为缺乏对某一土地的具体知识而做得很糟糕，即缺乏地方性知识。或者，他只是知道如何种好地，但缺乏实际种地的技能，即他只有命题性知识，而不具有一般的能力之知。参见[英] 蒂姆·卢恩斯：《科学的意义》，上海文艺出版社 2018 年版。

年的困惑一样；年轻人也乐于听取老人的教诲，那些教诲可以使他们培养美德。"①

以上所提到的德性或实践能力，我们称之为道德的能力之知。这样一种实践或道德的能力之知，其核心内涵在于"不仅化为实际的道德行动，而且表现为一种既稳定一贯又活泼灵动的实践智慧"②。在这里我们之所以把它诠释为一种能力，而不仅作为主体的一种属性或功能，是因为在我们的语境中，就算美德具有自足价值，如果它不能成为一种可以解决某类问题的能力，进而转化为某种资源，那么它就不能成为我们去解决老龄化问题的可能方案。在传统的世界图景中，世界本身就具有性质或属性，实现或践履这种属性就具有目的论上的价值，老年问题可以通过老年人自身的道德躬行及实践而得以解决。然而，在现代社会中，世界图景已经变得机械化，世界本身已经失去了原有的价值属性，因此，我们必须将其诠释为能够在这个世界中发挥某种力量的知识或能力，才能将其视为某种问题的解答路径。③

---

① ［古罗马］西塞罗：《论老年·论友谊》，第 45 页。

② 郁振华：《论道德-形上学的能力之知——基于赖尔和王阳明的探讨》，《中国社会科学》2014 年第 12 期。

③ 在西塞罗那里，其对老年的谈论依赖于神性宇宙图景，他认为老年人的幸福，是因为他们的劳作"既可以用来养育人生，又可以用来敬献神明"，相信灵魂不朽，而本文在讨论能力的时候，并不需要预设这样的世界图景。

属性的价值是目的论价值，它需要世界图景的支持，能力之知可以作为一种行为主义或自然主义的解释，而无须承担多余的形而上学的责任。这种能力完全可以在主流的自然主义图景中获得安置，而没有任何神秘性。

固然我们现在还无法离开当下社会的基本环境去讨论老年问题。一方面，自然是世界图景的机械化，但另一方面，我们依旧处在某种传统制约之下的伦理或政治的社群之中，需要使得现代社会合理、高效和长久地运作，而不能通过与传统决裂的方式开展。20世纪以来的历史已经证明，任何试图与传统彻底决裂来发展的乌托邦，最后无不落入"恶托邦"的困境。在现代社会中，青年人在众多领域中占据主导性，尤其是作为现代性象征的科学研究领域，但是科学研究的展开无法离开一定的范式和科学共同体。科学共同体的协同运作，既要求高度的智力，也要求实践的能力之知。科学研究也不是在真空中进行的，而是与政治、伦理等领域纠葛在一起。在这些领域中，老年人的实践智慧具有不可替代的作用。欧克肖特(M. Oakeshott)在《政治中的理性主义》一书中就批评近代理性主义政治学忽视实践智慧所带来的政治危害。理性主义政治的基本态度在于将现实中纷繁复杂的各种经验简化为一套原则，他们往往无力应对现实政治和生活中差异性的经验，倾向于采用一套简单、抽象且自足的原则，并将这些原则无差别地应用于处理各种对象。同时,他们通常批判传统习俗和制度为保守和消极的,并期望以一套在理性上完美且自足的政治理念来取代这些传统制度和习俗。在他们的世界图景中,事物都是由原子构成的,符合一定的机械原则,只不过有些运作复杂而有些简单。以这样的方式展开的政治治理,看似简明、高效,但实际上带来的却不是善治,而是各种幼稚和残酷。[①]

因此,学者郁振华在论述道德能力之知时曾指出:

> 道德-形而上学的能力之知,作为实践智慧-形上智慧,其目标是成己、成人、成物。其拥有者能够从容应对伦理、政治事务,处理天人关系,使万物、他人、自己各得其所,是其所是。……面对前所未有的挑战,作为实践智慧-形上智慧的道德-形而上学的能力之知的培养,对于当代人来说,显得尤为迫切。[②]

道德实践能力之知的获得并非一蹴而就,而是需要在多样性经验中反复实践,并逐渐沉淀为自身能力。[③] 因此,老人不

---

① 参见[英] 迈克尔·欧克肖特:《政治中的理性主义》,上海译文出版社 2004 年版。

② 郁振华:《论道德-形上学的能力之知——基于赖尔和王阳明的探讨》,《中国社会科学》2014 年第 12 期。

③ 参见黄勇:《美德是否可教,如何教?》,《思想与文化》2018 年第 2 期。

应被简单地视为残缺者,而应该被看作具有丰富实践或道德能力之知的人。可以说,在命题性知识和一般性的能力之知上,青年人更具有优势,而在实践或道德能力之知上,老人则更为见长。现代社会发展同时需要这两方面的能力。目前,老年人就会因为缺乏相应的知识和能力,而被视为负担和需要被解决的问题,这是一个单向度发展能力的结果。然而,令人欣慰的是,已经有越来越多的学者已经意识到,在老龄化问题上,应当从"消极老龄化"转变为"积极老龄化",从原来的以娱乐、保健、福利为主的消极老年教育,转向发挥其积极主动创造性的老年教育。他们也开始"重新思考老年人作为社会资源和生产潜能的重要功能"①,并强调老年人的相对优势,"生活经验和见识的丰富、智慧的广博、工作技能的熟练"②。简言之,建立健全的老年教育体系,发挥老年人人力资源的作用,可视为对这一文脉思路的延续以及在世界图景和知识论上的辩护。

还需要指出的是,在既有的研究中我们似乎更强调老年人重新学习新知识以适应新时代的理念,即如何使老年人部分地具有青年人的能力。这背后的逻辑是"教育老年人",但这一观点值得商榷。实际上,笔者认为强调老年教育更需要发挥老年

①② 吴遵民、邓璐、黄家乐:《从"老化"到"优化"——新时代老年教育的新思考与新路径》,《现代远距离教育》2019 年第 4 期。

人人力资源中的智慧、经验和德性的内容。而后者指向的又是另一个方向，即不是教育老年人，而是让老年人来教育。为此，如果泛泛地谈论老年教育则可能会遮蔽这一区分的真相，其背后则关乎我们是否认同人类生命历程中其实是有不同阶段和相应品质的问题，因为在把老年人培养为具有某种新技能、新知识的背后是把老人视为老化的青年人，并因此力图使之重新年轻化。但如此就可能会混淆“教育老人”和“让老人来教育”这两者之间的本质区别。老年教育似乎可以在“让老年人来教育我们”这一点上做出更多制度性的安排。[①] 如此一来，实际上就拓展了老年教育的另一个维度与空间，这也是借助实践或能力之知这一概念来诠释老年人智慧优势必然带来的理论推演。

六、结论与建议

由上所述，老龄化之所以会成为一个现代性问题，一是时代进化与发展使然，二是古典世界图景中价值与事实统一

① 吴遵民、邓璐、黄家乐：《从“老化”到“优化”——新时代老年教育的新思考与新路径》，《现代远距离教育》2019 年第 4 期。

的原则被遗弃所致。因为在现代机械论世界图景中,人的价值转化为力量的大小,老人所拥有的智慧与经验的价值因而被崇尚力量、资源与效率的工具理性社会所遮蔽,所以,老人在现代生活中作为弱势群体的形象开始在新的社会秩序中被想象和固化,即他们唯有被教化、被重塑并重新赋予新的"力量",或者采用尼采的概念,对老人价值的重估,才能满足现代社会的期许。对此,老年教育作为"力量"赋予的手段与途径而备受社会的关注与重视。故而,重新审视老年教育的作用与功能,充分发挥其育人(培育年轻人)、善人(完善老年自身人生)及惠人(用老年人的智慧与经验惠及社会)的重要价值,则是当下反思老年教育的本质、扭转老年教育的定位、确立老年教育的发展路径等必须予以考量的深刻且基础的问题。

(一) 重审老年教育的目标定位

在机械论世界图景中,人已被框定为资源,而人的力量在理性时代又主要通过知识来实现。因为年龄的上升,老年人就被认为是认知残缺者,力量匮乏者。这种论调其实是将老人视为因无法为社会发展继续提供力量且仍在消耗社会资源的群体。于是,老龄化成为一个社会问题,教育则被利用来作为解决上述问题的工具与手段。在教育的理性规训中,老年教育活动试图通过力量与认知的改变而使老年人和年轻人一致,即成为社会发展的资源。而老人长期积累的人生智慧与工作经验，因无法量化而遭到了轻视乃至漠视。如上所述，道德实践能力之知为老年教育开辟了新的面向，老年人并非完全作为社会缺陷而存在，他们同样具备知识优势以成就教育能力。无论是“被教”还是“去教”，其背后隐含的逻辑其实都是老人作为独立的生命个体所作出的不同诉求。一方面，面对高速运转、迭代的现代生活，老年人确实需要更新观念，加深认知与提升能力以适应当下，但这绝不意味着“老年即残缺”。这与儿童、成年人的迭代学习一样，需要更新知识以适应社会发展，所谓终身教育与终身学习就为包括老年群体在内的所有人的不断完善提供了基本保障。

从能力的角度来看，年轻人代表着气力、速度与灵巧，老年人则具有判断能力、思想与威望。在社会的发展中，两种能力都应有其对应的位置，其不仅代表着人类生命历程的两个不同阶段，而且还各有不可替代的差异性品质。因此，这种认识也就催生了老年教育全新的目标定位，一是将老年教育展现为对人类生命历程中的潜能与需求的价值予以人文关怀的教育活动；二是将老年教育置于现代社会中，当作一种提供再生产的工具，从基础层次化解老龄化社会的困境，进而成为增进社会福祉的积极的公益性活动。为了使老年教育发挥正常的社会功能，我们需要纠正将老年人视为缺乏力量或知识能力的观点，让不同的老年人在教育活动的过程中找到适合自己的位置，实现自我价值。因此，老年教育应回归老人生命发展的本身，彰显其内在价值，从而使老龄化不再成为问题。

简而言之，老年人拥有独特的思维品质和能力，他们不应被视为问题，应成为独特的力量，而这一观点应该成为老年教育重新定位的基本原则。

（二）重思老年教育的价值指向

在能力之知视域下，重新调整老年教育的价值指向，回归完整的人的价值，这意味着事实与价值、精神与力量将由二分走向统一。现代社会中事实与价值的分离，造就了老年教育与老龄化社会的深度捆绑，这与古典图景中关于老人形象的价值建构大相径庭。从古典时代直至现代社会之初，皆是从认识论的视角来确定老年群体的内涵与价值的建构，这也极大限制了老人的价值的发挥。当今，当我们重新思考老年教育的价值之际，就应该尝试回归哲学的路径去重新思考作为生命历程的老年阶段与教育之间的内在关系，或回归教育活动的源点，去重新关注人的精神价值的发展与提升。因为，教育绝非仅指以人为原点而进行的知识获取与潜能激发的社会活动，它更在于将个体置身于文化、社会与历史的情境之中去思考人的存在价值及终极目标，并在道德实践与精神孕育等层面造就一个完全的人。由此来看，老年人就不仅是抽象意义上的生命符号，同时还应是兼具个体与群体属性的具象化的人。如果老年教育不能回归人性的本位或不去关注教育活动中人的精神价值,那就不能实现老人作为个体或群体的主体发展。由此,我们可得出如下的结论,即无论"老年如何被教"或"老年如何去教",皆不可能完全实现老人作为生命历程的阶段性发展。因为,老年人不是"老化的年轻人",其也应该拥有作为生命个体——"人"的终身学习的权利,并以此实现自我认知的提升与心理的健康。与之相反,如果把他们视为具有"实践智慧的老年人",那么他们在知识延续与教育的共同体活动中就可以发挥出更多积极的作用。在现代社会中,人的创造性与主体性已经表现出极大的自由与可能,某种程度上也可以说,在技术的加持下,人已经成为可以主宰自我命运的主体。那么,老年教育及其制度安排就同样应该着眼于老人的个性化、主体化发展,并将老年人的精神价值与制度的公共价值融合为一。如此,老人作为个体的主体性特征,才不会在政策制度的理性建构中被遮蔽乃至消灭。①

简而言之,老年人作为自身独立且完整的生命阶段,其存在深化了我们对教育的理解,引导我们重回教育的原点:教育

① D. N. Roberson, S. B. Merriam, "The Self-Directed Learning Process of Older, Rural Adults", *Adult Education Quarterly*, Vol.55, No.4 (2005).

指向完整的人。在这一框架下，老人成为完整人类生命中不可或缺的部分，而非需要被克服的因素，这背后则是对“人是目的”的观念的深化。在这种新语境下，事实与价值又获得了统一的可能性。

（三）重构老年教育的发展路径

当我们暂时避开对“老”的问题的过度关注，重新回归人的生命主体的本质路径时，老年教育的新格局也将随之展现。在现代社会中，尽管我们强调人是和谐社会构建的目的而非手段，但老年教育的制度建构却在一定程度上倒置了二者的关系。在此过程中，教育成了老人重获“力量”的手段，“老”则成为教育所要克服的目的。这虽然在某种程度上缓解了老龄社会的压力，但使教育偏离了人性发展的既定轨道。换句话说，老年教育就此被异化为解决老龄社会问题的手段。尽管将老人群体安置于现代社会的运作秩序中，但通过仔细观察，我们发现老年教育在现代社会中仍然处于一个尴尬的位置，并深受其现代性矛盾的困扰，且难以摆脱生命异化所带来的弊端。如老年人基本教育权利的缺失与精神价值追求的迷茫等。如果老年教育能够跳出崇尚力量的理性框架，回归人作为生命体本身的立场，老年教育才可回归“育人”的本质。有鉴于此，我们就需要重构老年教育的发展路径：一是加快推进老年教育的立法进程，保障老年人作为教育者与受教育者的基本权利及义务，从而扭转老年教育的功利立场、效率目标与传统路径。二是对老年教育的课程、教学等相关联的制度设计，始终都应围绕教育对人产生生命价值的角度予以系统思考。即在教与被教、知识与经验，以及与此相关的教学、课程及实践生活等方面，都应始终将老年人置于主体的核心地位。三是完善老年教育在终身教育体系中的制度建构，尤其应关注老年作为生命历程的一个重要阶段，其与社区、学校以及社会存在的天然且密切的互动关系。为了更好地发挥老年教育作用，将其与社区教育、学校教育进行制度性的连接显得尤为重要。因为，当把老年人视为教育活动中的生命体时，他们才能成为与时代相契合且全面发展的人。这种视角的转变将促使老年人实现其主体价值进而推动教育在政治经济及社会发展中价值的实现。

总而言之，在能力之知的视域下，重视差异化的能力品质，并以生命或完整的人作为发展的思考路径，或许老龄化问题从此将不再被视为社会的负担与危机，老年教育也不再成为克服危机的手段与路径。由此，敬老、乐老、优老等福利事业才将真正彰显老年人的内在价值与个体潜能。

* 本文曾发表于《现代远程教育研究》(2022 年第 1 期)，原题为《论老年教育的本质——基于世界图景演变视角的分析》。

新时代老年教育服务体系构建的价值导向与实践路径

当前中国社会正面临着老龄化程度持续加深及“未富先老”的双重挑战。处在当下我国正在迈入新时代的关键时刻，如何妥善化解人口老龄化带来的各种社会问题，这不仅已经关系到国家发展的宏观大局，而且也是关涉社会福祉的民生议题。2022 年 2 月 21 日国务院印发了《“十四五”国家老龄事业发展和养老服务体系规划》（以下简称《规划》）的重要文件，其中就明确指出“我国老年人口规模大，老龄化速度快，老年人需求结构正在从生存型向发展型转变”①。上述文件为我们重新认识老年教育的本质，思考老龄社会如何从“问题思维”走向“生命发展思维”提供了新的思考方向。除此以外，《规划》还提出了“践行积极老龄观”的视角，而这首先需要重新认识老年社

① 中华人民共和国国务院：《“十四五”国家老龄事业发展和养老服务体系规划》，参见 https://www.gov.cn/xinwen/2022-02/21/content_5674877.htm。

会，对老年人的生命价值进行全新的评估与审视。

论及老年，它是人一生中自然而然的一个发展阶段，而老年教育同样是人的生涯教育的一个组成部分，就如婴幼儿教育、青少年教育、成人教育一般，它们的本质都是关乎生命健康成长的科学。因此，唯有深刻认识生命、理解教育，并引导社会重新认识老年、理解老年的生命意义与价值，才能重建积极老龄观，并有助于建设新的服务老年社会的教育体系。上述《规划》中有关践行积极老龄观的第一个建议便是“创新发展老年教育”。那么，我们应如何开拓创新、持续发展呢？对已有的老年教育资源，又应如何进行科学的整合、开发以及提升呢？尤其是处在新的历史时代，我们又应通过怎样的发展才能使老年教育成为集聚“温度”、提升“精度”、提高“效度”及拓展“宽度”的教育，并由此构建一个适应新时代老年教育新需求的服务体系，这无疑是一个需要全社会，尤其是教育界来共同努力思考并回应的重要问题。

一、新时代老年教育服务体系构建的价值基础与导向

新时代老年教育服务体系的构建，首先需要回应新时代社会发展的新需求。那么，新时代是一个怎样的时代，老年教育

的服务体系又应如何构建才能体现新时代的发展特征与价值目标，具体而言应体现在以下几个方面：

（一）必须回应新时代社会发展及人民对幸福生活追求的期待

党的十九大报告曾指出，中国特色社会主义已经迈入了新时代，社会的主要矛盾也随之演变为人民日益增长的美好生活需要与当前发展不平衡、不充分之间的矛盾。2021 年，在中国共产党成立 100 周年之际，我们终于胜利实现了第一个百年奋斗的目标，即在中华大地全面建成小康社会，如今我们正在朝向第二个百年目标努力奋进。

但与此同时，我们也面临了一系列新的问题，尤其是随着我国人口老龄化问题的不断加剧，诸多社会问题日益凸显并影响到我国社会的健康发展。一方面，人口老龄化对养老资金及养老基础设施、养老服务等公共服务需求的体量日益增大，其会造成社会保障、健康保健等福利需求的高涨，从而加剧国家财政负担；另一方面，老龄化也给家庭养老增添压力，越来越多的家庭将需要投入更多的时间和精力去呵护老人，这会削弱青壮年从事社会生产劳动的能力，从而造成人力资源的侵蚀与流失，并进一步影响国家经济发展的正常运作。

在这样的时代背景下，社会的老龄化就成为我们首先必须正视的问题。正如 2021 年 11 月 18 日《中共中央、国务院关于加强新时代老龄工作的意见》中所述,“有效应对我国人口老龄化,事关国家发展全局,事关亿万百姓福祉,事关社会和谐稳定,对于全面建设社会主义现代化国家具有重要意义”①。而要有效应对人口老龄化问题,其中一个关键点就在于构建一个符合新时代发展要求的老年教育服务体系。关于老年教育服务体系的构建问题,实际上也正是《中国教育现代化 2035》明确提出要构建服务全民终身学习体系的重要一环。其又具体体现为通过完善老年教育的机构与活动场所,充分调动各种社会资源为老年人提供服务,以满足老年人对教育的多元化需求。从这个意义上来看,老年教育服务体系的建设,不仅是一项关乎知识传承与技能提升的教育事业,更是一项关乎民众福祉的民生工程。其彰显的是公益性、公平性和普惠性的价值属性,这正是新时代所呈现的重要特征。

简而言之,构建老年教育服务体系,不仅有利于促进老年人的社会参与、健全养老服务体系,而且对于建设友好型的老年社会,促进老龄社会的健康发展等都具有重要价值。更为重要的是,它将回应新时代社会发展的需要以及人民对幸福生活

---

① 中共中央国务院:《中共中央、国务院关于加强新时代老龄工作的意见》,参见 http://www.gov.cn/xinwen/2021-11/24/conten t_5653181.htm。

的期待与要求，助力实现新时代中华民族伟大复兴的宏伟目标。

（二）必须凸显老年教育的经济功能与社会价值

如上所述，中国社会的老龄化当下面临的是程度持续加深和“未富先老”的双重挑战。一方面，近年来我国老龄化的程度在不断加剧：如 2017 年我国 65 岁以上的老年人口为1.5961 亿，占总人口的 11.4%；而 2021 年末，65 岁及以上人口已跃升为 2.0056 亿人，占总人口的 14.2%。① 另一方面，与那些先期进入老龄社会的发达国家相比，中国进入老龄化社会时的人均国民生产总值明显低于前者，据统计只相当于前者的 15%，这就呈现出了明显的“未富先老”问题。老龄化程度的不断加剧不仅会消耗社会资源、消解经济红利，而且经济实力的减弱，也会大大增加解决老龄社会问题的难度。

因此，面对经济层面的压力与现实，教育作为服务未来养老事业健康发展的重要路径与举措，如何既使得老年教育能够产生积极的社会价值，又关注老年教育所具有的经济效益，尤其是通过教育重新整合老年群体的资源结构，发挥老年群体的实践智慧，以此来实现服务整体社会的发展需要，这应是老年

---

① 王萍萍：《人口总量保持增长，城镇化水平稳步提升》，参见 https://www.stats.gov.cn/sj/sjjd/202302/t20230202_1896587.html。

教育应该思考的功能与意义。

对于发挥老年教育的经济效益问题，近年来党和政府亦在多项重要文件中有所体现。2019 年，由《国务院办公厅关于推进养老服务发展的意见》就目前提出要大力发展老年教育，“建立全国老年教育公共服务平台，鼓励各类教育机构通过多种形式举办或参与老年教育，推进老年教育资源、课程、师资共享，探索养教结合新模式，为社区、老年教育机构及养老服务机构等提供支持”①。又如《规划》中明确指出要“鼓励老年人继续发挥作用”，“促进老年人社会参与。在全社会倡导积极老龄观，引导老年人根据自身情况，积极参与家庭、社区和社会发展”。

总体而言，构建老年教育服务体系，将有助于开发老年人的资源财富，同时也是积极应对人口老龄化，凸显老年教育经济社会价值的重要举措。从长远的视角来看，构建老年教育服务体系，充分挖掘老年人的智慧潜力，是“老有所为”在新时代背景下的一种新思考与新气象。

（三）必须极大地提升老年群体的幸福感与获得感

构建新时代老年教育服务体系，还需要注意提升老年群体

---

① 中华人民共和国国务院：《国务院办公厅关于推进养老服务发展的意见》，2019 年 4 月 16 日，参见 http://www.gov.cn/zhengce/content/ 2019-04/16/content_5383270.htm。

的幸福感与获得感，具体体现在以下几个方面：

首先，应有利于老年人更好地融入社会。人在步入老年期以后，其在生理、心理和社会层面都会发生相应的变化。如在生理方面，由于器官衰老导致记忆力衰退、反应迟钝、行动迟缓等；在心理层面，则容易产生失落感、空虚感和孤独感等；而在社会层面，老年人会面临一系列因为人生阶段的转变而带来的角色适应障碍。[①] 在这种背景下，如何有效地帮助老年人适应角色的转变、缓解可能产生的心理焦虑，并顺利融入社会生活，就显得尤为重要和迫切。而通过发展老年教育、建设老年教育服务体系，就能够有效引导老年人适度参与社会活动、充实老年生活，并在提升生活情趣的同时，为老年人提供新的知识和技术信息，以此帮助他们消除因年龄代沟与技术鸿沟而造成的自卑或不适应，并使他们在保持与时俱进的认知和创新能力的同时，实现自我价值与老有所为的理想。

其次，构建老年教育服务体系应有利于满足老年人精神文化的需求。众所周知，当物质生活达到一定水平之后，人们对精神文化层面的需求便成为亟需满足的重要议题。对老年人而言，这种需求尤为突出。为了帮助老年人丰富精神文化层面的需求，提升思想境界、增强精神能量，我们应精准定位老年人

---

① 参见叶忠海：《老年教育学通论》，同济大学出版社 2014 年版。

的精神需求，为他们提供多样化、个性化的教育内容。其中，构建具有“温度、精度、效度和广度”为特征的老年教育服务体系就显得尤为重要。

最后，我们还需要关注老年人受教育权的保障。现代社会的一般认知是把老年人视为衰老的象征，这种消极的态度导致将老年人视作社会的边缘与负担。上述偏见是现代工具理性主义思维的产物。实际上，老年人曾为国家的发展贡献了青春和力量，老年人的历史功绩不容遗忘，他们积累的人生经验与智慧，更是一笔宝贵的财富。因此老年人接受教育不应仅仅被视为单纯的福利提供，更应被视为他们应该享有的基本权利。对此，我们必须高度重视。就此而言，发展老年教育、建设老年教育服务体系，需要突显的就是党和政府对权利意识的保护与重视。尤其是处在一个大力提倡“全民学习”“终身学习”的时代，建设老年教育服务体系就不仅是为了满足老年人对终身学习的需求，同时也是提高生命和生活品质的重要保障。

（四）有利于促进国家教育体系的构建与完善

建设老年教育服务体系还有一个重要功能，就是完善国民教育体系乃至拓展终身教育体系。换言之，建设老年教育服务体系不仅有利于宏观教育体系内部各要素之间的优化组合，而且也有利于不同办学主体之间的融通与衔接，其对促进老年教育的健康与健全发展，具有事半功倍的作用。

《中国教育现代化 2035》的重要目标之一就是构建一个服务全民终身学习的教育体系。而老年教育作为全民终身学习体系的重要组成部分,它的健全与否至关重要。目前,全球正在大力推进终身教育理念,其实践的重要目标之一,就是创建一个学习型的社会。学习型社会的主体面向的是全体公民,其中老年群体的参与度已经成为一个不可或缺的关键要素。

综上所述,发展老年教育,加快促进老年教育服务体系的建设,凸显的是新时代我国深化社会主义建设的一项新思路与新战略,其既要破解老龄社会的困惑问题,也要提升新时代人民的幸福指数。教育的本质就是关注人的生命成长,通过教育更可以唤起社会重新认识老年的本质、澄清老年教育的功能内涵,让老年重新回归其本应具有的生命价值与社会地位,这也正是积极老龄观的核心之所在。故而构建老年教育服务体系就需要基于上述理念,精准、有效地服务于老年群体的生命历程与发展需要。

二、关于我国老年教育服务体系构建的研究现状

当前国内就开展新时代老年教育服务体系的建设研究已经奠定了一定的理论基础。具体来看可以分为几个方面:

一是关于老年教育体系构建的研究。已有的研究从老龄社会的特征、学习型社会的建设以及终身教育体系完善的角度思考了老年教育服务体系的建设问题。如有学者将老年教育看作终身教育体系的一个组成部分来进行研究，认为老年教育是建立和完善终身教育体系的必然要求，同时在促进学习型社会的建设中发挥着积极的作用。[①] 此类研究立足于终身教育的视角，不仅充分认可发展老年教育对构建终身教育体系的积极贡献，而且将老年教育存在的问题纳入终身教育体系的框架内进行思考。也有学者从老龄社会的特征出发，提出应完善适应老龄社会的教育体系，即“基于老年社会的特征，依据老年人的发展需求，满足老年人对提高生活品质的向往，尤其是以发挥老年人积极作用的角度去重新思考和完善已有教育体系的缺陷与不足”，这种观点期待的是通过对现有国民教育体系的改革去构建终身教育体系。[②]

二是关于老年教育的问题与对策研究。众多学者从不同视角对老年教育的现实问题进行了剖析。如有学者基于社区工作的视角，剖析了社区老年教育对象的狭窄、教育内容和形式的单

① 连明伟：《终身教育体系中的老年教育问题探讨》，《教育评论》2008 年第 5 期。

② 吴遵民、邓璐、黄家乐：《从“老化”到“优化”——新时代老年教育的新思考与新路径》，《现代远距离教育》2019 年第 4 期。

一、教育专业化服务水平不高、资源缺乏等问题。[①] 另一些学者立足于供给角度，指出老年教育存在资源供给有限、分配不均、课程体系设置不完善，以及人才不足等情况。[②] 更有学者从立法视角出发，指出老年教育存在法律地位缺失、政策保障缺位、教育定位缺漏等弊端。[③] 针对上述问题，学者们都提出了应加强顶层建设、健全制度保障，整合有限资源、实现开放办学，坚持以人为本、构建学习共同体，拓宽老年教育内容等建议。[④]

三是关于国外老年教育发展模式的研究。有学者针对个别国家进行了深入研究，如有学者分析了以英国和澳大利亚为代表的“自主型”老年教育模式，该模式依托第三年龄大学，在“自助学习”的指导原则下，允许老年人进行自我管理、自我教育和自我学习。[⑤] 这种方法为充分激发老年人的学习积极性，

---

① 王英：《社区老年教育问题研究：社区社会工作视角的分析》，《成人教育》2009年第2期。

② 郑新、韩伟、于维洋：《精神文化养老服务产业：老年教育供给困境及对策研究》，《河北经贸大学学报》2018年第4期。

③ 黄欣、杨婷：《解构与重建：老年教育立法问题探究》，《教育发展研究》2020年第17期。

④ 杨庆芳、邬沧萍：《老年教育是中国积极应对人口老龄化不可或缺的》，《兰州学刊》2014年第1期。

⑤ 马莉：《国外“自助型”老年教育模式的经验及启示——以英国和澳大利亚为例》，《成人教育》2019年第10期。

发挥老年人的资源优势提供了宝贵的借鉴与启示。也有学者对西方不同的老年教育模式进行了分类比较，认为其共性在于保障机制趋于法制化，办学主体趋于多元化，经费投入趋于规范化，教育内容和方式趋于多样化，①这些宝贵的经验同样为我国老年教育的发展提供了值得借鉴与参考的思考方向。

四是对我国老年教育政策的研究。有学者依据政策的发展动向，将老年教育的发展历程划分为初创期（20 世纪 70 年代末 80 年代初到 1995 年）、推广期（1996—2001 年）、发展期（2002—2011 年）和繁盛期（2012 年至今）等四个阶段。② 还有学者基于政策执行的综合视角，对老年教育政策执行阻滞的问题进行了深入剖析，指出老年教育在政策文本层面，存在法律依据不足、政策体系之间的关联性不佳、政策价值负载“增能”不强、政策文本表述明晰性不够等问题；在政策执行主体层面，也存在着执行主体出现的偏差行为、管理体制的尚未理顺、监督机制不够健全等问题。③ 上述研究都为我们把握研究方

① 王梦云、翟洁：《英、法、美老年教育模式比较研究》，《中国成人教育》2017 年第 7 期。

② 马丽华、叶忠海：《中国老年教育的嬗变逻辑与未来走向》，《南京社会科学》2018 年第 9 期。

③ 于蕾：《我国老年教育政策执行阻滞问题研究》，《成人教育》2020 年第 12 期。

向、推进落实政府的政策举措提供了实践导向。

基于以上现状，结合当前我国老年教育发展的实际状况，笔者认为有四个问题需要关注。一是目前国内对老年教育的理论研究尚显不足，特别是在深入探究老年教育本质这一关键问题上，几乎处于空白状态。若不能把握老年教育的本质属性，将难以从根本上摆脱老年教育面临的现实困境；二是对老年教育内涵概念的理解尚存分歧，这种概念上的不统一可能导致在构建老年教育服务体系时出现认识上的偏差；三是关于老年教育的研究范围和对象较为局限。目前国内多数研究主要聚焦于经济发达地区的老年大学，对欠发达地区及其他形式的老年教育模式的研究则显得相对匮乏；四是当前老年教育的研究存在诸多不足，力度、效度与宽度均有所欠缺。研究视野相对狭窄，导致大量观点雷同，缺乏创新。而且，大部分研究仅关注政策的解读与分析，缺乏从宏观视野对老年教育体系的构建进行深入且全面的探讨。

三、新时代老年教育服务体系构建的预期目标与功能预设

（一）预期目标：提升四个“度”

随着知识与技术的飞速迭代，信息化、数字化与智能化在

加速社会生活方式转变的同时，也为老龄社会的建设提供了新的时代背景。而新时代的老年人能否幸福生活和自由发展，是衡量老龄社会建设成效的关键要素。教育关注人的生命成长，也因此是一个重要的突破口。但从目前的状况来看，已有的老年教育无论是在发展目标还是质量功能上都已严重滞后，因此，建设并完善老年教育服务体系势在必行。笔者认为，新体系构建的预期目标主要有二：一是需要加速推进积极老龄观的形成，同时通过教育的途径去激发老年人的生命价值，并逐步实现从“老化”到“优化”的转变；二是要以满足老年人的发展性需求为宗旨，精准服务老年人在生命成长、精神文化及健康卫生等方面的现实需求，从而使老年教育从“泛化”走向“深化”。但若要实现上述“两化”的转变，新时代老年教育服务体系构建的目标又可以用“四个度”的提升来概括，即强调温度、提高精度、提升效度和拓展宽度。

首先，新时代老年教育服务体系的构建应强调“温度”，这源于对老年生命价值的尊重。我们需摒弃以往将老龄化视为社会问题、老年人视作社会负担的陈旧观念。原有教育体系中的老年教育定位过于消极，不仅忽视老年人生命成长的内在规律，还抑制了他们继续发挥社会价值的潜力。因此，新体系的构建应以积极老龄观为基石，在转变老年教育观的同时，重塑社会对老年人的价值认知。我们应致力于促进老年人的生命成长，充分发挥老年人的社会价值，这样才能满足新时代老年人的多元教育需求，进而回应社会发展对老年教育体系提出的新要求与挑战。简言之，新时代的社会发展特征需要重新反思老年价值及老年教育的本质，将尊重老年人的生命价值、凝聚老年教育的温度作为首要目标。

第二，新时代老年教育服务体系的构建应提高"精度"，即对老年教育服务体系进行精准定位，并提供精细化服务。对此老年教育服务体系的构建，我们需进行高瞻远瞩的顶层设计，以确保其整体性。这一体系不应脱离外部社会环境和原有教育体系而单独考虑，而是应将其置于终身教育体系及学习型社会的建设中进行精准定位，并密切关注外部环境的变化与影响。同时，由于老年教育服务体系自身是一个复杂系统，其中又包括管理系统、资源系统、制度系统、评价系统等子系统，且牵涉到诸多部门机构之间的合作，因此我们需要对体系中各要素之间的关系进行深入剖析，由此才能更加精准地发挥新体系的效用。而作为特定服务对象的老年群体，其教育需要和发展特点是精准定位新体系服务目标的基本点，我们应重新思考和调查老龄群体的切实需要，并据此完善和优化老年教育服务的具体目标。这就意味着不仅要以整体性的视角去构建老年教育服务体系，而且还要更加精准地去把握老龄群体的需求，加强各组成要素之间的合作，由此提升老年教育服务的精度。

第三，新时代老年教育服务体系的构建还应提升“效度”，即围绕老年人的个性化教育需求，融合一切可利用的社会资源，并通过体系的建设来大幅提高老年教育的质量与效率。换言之，新体系的构建应更加深入挖掘老年人的个性化学习需求，以摆脱以往老年教育过度偏重于休闲娱乐和健康保健的局限，这种局限导致教育服务与老年人的真实需求脱节且质量不高、效果有限。为此，应根据各地的经济发展和文化建设的特点，积极整合资源，推进均衡化举措，以提供多元且个性化的老年教育服务。优化现有配置、融合其他资源，尤其是集聚政府、学校、社区和市场等一切社会资源，充盈老年教育的服务力量，这对提升老年教育的效度至关重要。固然，要实现融合和均衡的理念，协调各方利益是一个关键要素，而这也必须依靠体系化的建设来达到优化资源、融合利用的目标。

最后，新时代老年教育服务体系的构建应关注“宽度”的拓展，即最大限度地拓宽老年人的受教范围，实现“愿学尽留”的原则，尽可能地提供更加宽泛多样的老年教育学习内容。从老年教育服务体系的内涵角度而言，鉴于其服务对象覆盖全体老年人，新体系应以满足老年人生命成长与发展的多元化需求为核心，提供全方位，个性化的服务与支持。但从现状来看，老年教育的受教范围仍然十分有限。在优质教育资源普遍存在挤兑的当下，一些优质的老年教育资源供不应求，许多老年人因名额的限制而难以获得学习机会。“我国现有老年教育机构仅能提供小规模‘精英化老年教育’的入学机会，资源严重不足。以福建老年大学2021—2022学年招生情况为例，共开设8个系14个专业89门课程，设学制班301个，学员约1.4万人次，报名人数超过18万人，平均录取率不到8%。”①与此同时，从老年教育的内容与形式来看，当前存在着活动类型过于单一、内容更新不够及时的问题。显然，这些困境都制约了老年教育在满足个性化教育需求方面的效果。因此，新体系的构建应以惠及所有老年人为目标，在最大限度汇聚社会教育资源的基础上，尽可能拓宽老年人的受教范围，畅通老年教育的学习渠道，并与时俱进地拓展老年教育的学习内容与形式。而在传统的健康保健、文化艺术、休闲娱乐活动之外，老年教育服务体系还应借助数字化的力量，进一步开拓与生活服务、生命成长相关的课程内容，同时通过搭建线上、线下融合发展的资源平台，来加强各类教育资源的共享与共通。

① 《人民政协报》:《全国政协委员李明蓉：扩大老年教育资源供给解决老年人文化教育需求》，2022年3月16日，参见 http://www.rmzxb.com.cn/c/2022-03-06/3066934.shtml。

(二)功能预设:以服务老年群体为导向、助力现代化建设

从我国老年教育的发展历程中可以发现,以往较为注重的是发挥服务养老事业、增强社会福利保障的社会功能,受教范围也基本局限在部分退休干部的群体中,而对面向全体老年人并促进其全面发展和生命成长的教育功能发挥十分有限,最终往往演化为一种较低水平的休闲娱乐活动。但随着老龄社会的深入发展,老年教育的供需矛盾日益突出,其又具体表现在两个方面:一是数量庞大的老年群体的终身学习需求日益强烈,但现有的老年教育服务体系却并不完善,无论教育资源的数量与质量都难以满足老年群体的个性化教育需求;二是老龄化背景下的社会发展与社会治理面临新的挑战,尤其需要培养适应时代发展变化的老年社会成员,并动员老龄群体的力量去服务社会,由此促进老年人更好地融入社会。对此,完善我国老年教育体系、促进老年群体再社会化等功能的发挥至关重要。

第一,新体系应充分关注并发挥老年教育的教育功能,促进老龄群体的终身发展。随着老年教育受教范围的扩大,教育需求的多样化,现有服务的不足与匮乏愈发凸显。又因为我国老年人口基数大、文化水平以及地域与城乡之间老年教育服务水平的参差不齐,这使得老年群体终身发展的教育功能未能得

到充分发挥。对此，新时代老年教育服务体系就应在促进老年人的身心健康发展、提升老年人的社会适应能力以及帮助老年人进一步发现生命的本质和价值方面下功夫。相较于单纯满足兴趣爱好，这种教育服务体系更注重为老年人增权赋能，并帮助他们追求更高层次的生命成长，从而在深度和广度上实现新的提升。

第二，新体系的构建对进一步完善国家教育体系应起推动与完善的作用。我国的教育事业目前正在朝向现代化与高质量的方向前进，其中，推进老年教育服务体系的构建则是完善服务全民终身学习教育体系形成的重要一环。换言之，新体系的构建不仅可以进一步明确老年教育在国家教育体系中的地位，同时，新体系的构建还可以解决以往老年教育游离于教育与社会保障系统之间所引发的边界模糊、内涵缺失、质量不高等问题。通过这一体系的构建，我们能够加强其他各类教育与老年教育之间的融通、交流和合作。

第三，新体系的构建应致力于开发老年人力资源，充分发挥他们在社会现代化建设中的经济功能。“老有所为”“老有所用”一直是老年教育期待实现的目标，其意味着老年教育具有促进社会经济发展的使命担当。而新时代的社会发展不仅要求老年教育服务体系能够提升老年人自身的职业能力以使其继续服务于社会经济事业的发展，同时还应发挥老年教育服务体系的组织和协调作用，将长期积累的经验与智慧传承下去，使之能间接地服务于现代化的经济建设。此外，在我国社会治理及现代化发展的过程中，老年教育服务的均衡化则是治理现代化的重要目标。通过老年教育培养具有现代法治精神并积极参与基层治理的老年人，不仅可以为基层治理提供可靠的人才储备，同时还可缓解因老龄化所引起的社会治理问题与矛盾。2022 年 8 月，中国老年人才网正式上线，为“老有所用”“老有所为”拓宽了人力资源的渠道，为老年人提供了更多的机会和展示平台。

四、老年教育服务体系构建面临的问题

从当下老年教育面临的主要问题来看，一是教育资源紧缺且各地区发展极不平衡；二是供需矛盾突出，“老年学校供不应求”现象频发。因此，构建老年教育服务体系，首先就需要明晰当前所面临的问题，只有破解这些问题，才能实现提升四个“度”的目标。

（一）老年教育资源不足

老年教育资源不足主要体现在总量性短缺以及财政资源和政策执行资源的欠缺。中国 65 岁及以上人口在 2019 年

为 1.7767 亿，2020 年为 1.9064 亿，[①]2021 年年末则更是高达 2.0056 亿人。[②] 随着老年群体数量的激增，对教育的需求也因为社会的安定、经济条件的改善而呈现持续增长的趋势，但与之对应的老年教育资源的供给总量却十分有限。截至 2019 年末我国老年大学(学校)数量总共为 76296 所，远程老年教育的学校数量共计 6345 所；2021 年我国老年教育办学机构(包括县以上老年大学数和基层老年教育机构数)总计约 11.1 万所。[③] 相比 2 亿多的老年人口总量，老年教育资源显得十分匮乏。从财政资源层面来看，老年教育所获得的投入更是少之又少。政府对老年教育的投入长期被置于继续教育的框架之下，其资金配置和长效投入都不受重视，这种处境相当“尴尬”。由于受各种负面因素的影响，市场的参与率也很低。上述困境都直接影响了老年教育的供给范围与质量，同时也不利于老年教育机构、师资和设施的高质量配置与运作。此外，近年来国家虽然陆续出台了《老年教育发展规划(2016—2020)》《“十三五”国

① 参见中华人民共和国国家统计局：《中国统计年鉴》，中国统计出版社 2021 年版。

② 王萍萍：《人口总量保持增长，城镇化水平稳步提升》，参见 https://www.stats.gov.cn/sj/sjjd/202302/t20230202_1896587.html。

③ 邬沧萍、崔保师等：《老年教育蓝皮书：中国老年教育发展研究报告(2018—2020)》，当代中国出版社 2021 年版。

家老龄事业发展和养老体系建设规划》《关于推进养老服务发展的意见》等政策文件，但实践中的老年教育却仍然处在举步维艰的状态之中，这主要是由于政策执行的力度不足，对老年教育的内涵理解不够深入，政策功能定位模糊。同时，老年教育涉及的部门众多，包括教育部、全国老龄办、民政部、文化部、人力资源和社会保障部等，形成了“九龙治水”的局面。因缺乏明确的主体关系和权责归属，行政管理机制不够完善，立法进程也相对迟缓，导致现有的一些资源处在利用率不高的状态之中。

（二）老年教育发展不充分

老年教育发展的不充分又主要体现在城乡与地域之间、家庭与社区之间以及“线上与线下”之间协同发展的不均衡与不到位。“城乡二元”结构体制不仅深刻影响了我国的教育均衡和教育公平，同时也造成了老年教育发展水平的巨大差异，如城市老年教育资源的供给无论数量还是质量都显著优于农村，城市老年人口的学习热情与教育参与率也明显高于农村老年人口。《老年教育蓝皮书：中国老年教育发展研究报告（2018—2020）》显示，我国华东（七省市）老年教育机构逾 69000 所，占全国总数的近 62%；而西南、西北（七省市区）只有约 11000 所，占比不足一成。[①] 城乡与地

① 邬沧萍、崔保师等：《老年教育蓝皮书：中国老年教育发展研究报告（2018—2020）》，当代中国出版社 2021 年版。

区之间老年教育发展的不均衡已经严重制约了我国老年教育体系的构建。微观层面的家庭与社区老年教育也存在着发展不充分的问题。特别是在老年教育功能被置于社会治理主导的背景下，家庭和社区作为老年教育的重要阵地却缺少信息互通，缺乏代际教育破壁，缺少内容的衔接整合；社区老年教育自身也存在着管理效能与资源共享程度低，体制归属不明，交叉运作方式混乱等困惑。① 同时，信息化、网络化、智能化技术手段固然可以重塑老年教育生态，但“数字鸿沟”却让老年人望而却步。因此，规避技术风险，帮助老年人在保持与时俱进的认知能力和创新能力的同时，才能实现自我价值与老有所为的理想；如何利用技术手段，扩大老年教育的资源供给，促进老年教育的协调均衡发展，上述问题均已成为智能化时代老年教育发展亟待破解的课题与困惑。

（三）老年教育服务不深入

老年人口个性化的教育需求得不到满足，是近年来老年教育深受困惑的问题之一。由于受到多重因素的影响，老年教育至今没有确立其在各类教育活动，尤其是国家教育体系中的基本地位。老年教育与其他教育活动以及社会活动之间的关系

① 万蓉：《社区教育与老年教育的融合：以开放教育机构参与老年教育为突破》，《教育发展研究》2020 年第 17 期。

仍显得错综复杂，尚未理顺。而在教育服务方面，针对老年群体的服务意识尤为淡薄，甚至到了严重缺失的程度。相对最近“积极老龄化”的短暂推进与传播，“老年歧视”却有着更为长期的历史，甚至在2020年之后还有加剧的趋势。换言之，对老年教育的认知错位以及对老年人的刻板印象，乃是导致我国老年教育服务不够深入的重要原因之一。对此，笔者曾就老年教育的本质进行过讨论，并基于世界图景演变的视角对当下工具理性的老年教育观进行了反思，认为现代机械论世界图景把人的价值体现为力量的强与弱，导致了老年教育与老龄化社会的深度捆绑。因此，唯有让老年教育跳出崇尚力量的工具理性框架，回归人作为生命本体的立场，方可使其重新回归教育“育人”的本质。① 同时，心理学的研究也表明，在没有生理和心理障碍的情况下，人的学习能力可以持续到高龄阶段。换言之，老年人拥有完整的智力结晶、持久的好奇心、知识与经验的积累以及智慧处理新事物的能力，这些补偿性因素甚至使老年学习者比年轻人更具优势。但在崇尚力量的社会中，人们对老年人的认知却大相径庭。他们往往将老年人视为失去了力量的“年轻人”，而将儿童看作尚未成熟的“年轻人”。因此，老年教

① 吴遵民、姜宇辉、蒋贵友：《论老年教育的本质——基于世界图景演变视角的分析》，《现代远程教育研究》2022年第1期。

育往往被偏颇地定位为使老年人重新获取"力量"的教育方式。上述观点无疑忽略了老年人的人生经验与智慧价值，弱化了老年人力资本中的文化生产、精神生产乃至经济生产属性，进一步加剧了老年教育资源的匮乏、服务表面化以及多元化学习需求的不足。

五、老年教育服务体系构建的框架与路径

基于对以上问题的分析，新时代老年教育服务体系的构建不仅需要实现老年教育从"老化"到"优化"的转变，同时还要继续朝向老年教育服务从"泛化"迈向"深化"的发展，并通过汇聚温度、提升精度、增强效度及拓展宽度的多维度视角去全面提升老年教育的服务水平。最终，我们的目标是构建高融合的教育机制、高效保障的支持系统以及高质量标准的教育供给。

（一）新时代构建老年教育服务体系的基本框架

正如上文所述，建设老年教育服务体系是《中国教育现代化 2035》规划中的关键一环，其旨在构建服务全民终身学习的教育体系。为了实现这一目标，我们需要不断完善老年教育的机构与活动场所，充分调动各类社会资源，以满足老年人的多

元化需求。换言之,构建新时代老年教育服务体系的首要任务,就是要明确其组织架构与行政机制。

关于组织架构,我们首先需要明确哪些机构可以纳入老年教育服务体系。《规划》的第二十条明确提出,应支持各类具备条件的学校举办老年大学(学校)、参与老年教育……推动各地开放大学举办'老年开放大学',鼓励老年教育机构开展在线老年教育。① 但笔者认为,虽然建设老年大学和促进开放大学转型能够在一定程度上缓解老年教育供需矛盾,但却不足以全面支撑老年教育服务体系的建设格局。构建老年教育服务体系应考虑实现供给主体的多元化,如开放大学、老年学校、社区学校、各级各类高等院校及社会团体、养老服务机构、企业及个人均可提供老年教育服务,也均应参与构建老年教育服务体系。简言之,包括三类力量举办的教育机构,一类是政府部门举办的各级各类老年教育机构,第二类是社会组织的非营利性机构、公益性教培机构、个体、家庭组织的学习共同体等,第三类则是市场上由社会力量举办的各类机构与平台,它们也应被纳入老年教育服务体系的框架中(如图 1 所示)。一方面老年教

① 中华人民共和国国务院:《"十四五"国家老龄事业发展和养老服务体系规划》,2022 年 2 月 22 日,参见 https://www.gov.cn/zhengce/content/2022-02/21/content_5674844.htm。

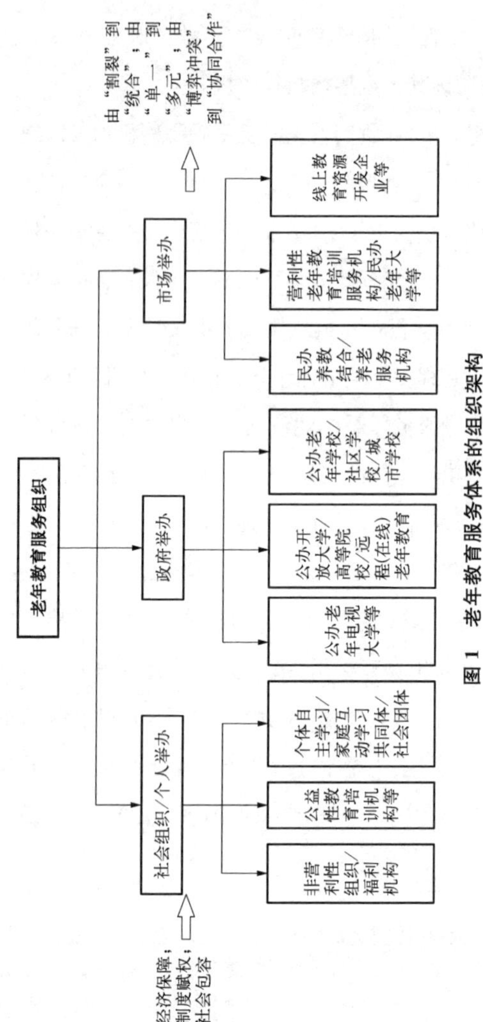

图1　老年教育服务体系的组织架构

育服务的供给主体可以通过多元化和合作的机制去优化其组织结构;另一方面,构建老年教育体系也迫切需要破除组织之间的资源壁垒,推动高等院校等组织服务老年学习,尤其是促进网络信息技术赋能老年教育,并推进老年教育与老年疗养的结合,鼓励市场力量有序参与老年教育服务供给。

再从行政架构来看,其需要解决的是如何赋权行政机构以优化资源利用效率的问题。固然,将相关组织机构纳入老年教育服务体系以扩大老年教育供给十分重要,但保障各组织机构之间的合理统筹并有效运行同样关键。有研究者对我国老年大学管理模式进行调查发现,我国老年教育管理主体主要包括老干部局、教委、老龄委、民政、文广新局合管以及老年教育领导小组、老年大学主体管理部门等。① 由于多方参与且管理体制存在不畅,这严重制约了老年教育服务体系的构建与发展。事实上,针对行政归属不同、体制机制不同以及利益需求不同而造成的组织机构之间的割裂与阻断,笔者曾建议在国家层面设立统筹各种教育资源并统管终身教育整体发展的推进办公室,而在省、市、区级层面则设立直属于地方政府的终身教育推进机构。② 鉴于老年教

① 参见王剑波:《我国老年教育资源协同发展研究》,经济科学出版社 2021 年版。

② 吴遵民:《服务全民终身学习教育体系构建的若干思考——基于服务与融合的视角》,《中国远程教育》2020 年第 7 期。

育服务体系与终身教育体系之间的密切关系，笔者还认为应在政府体制中建立起老年教育的专管部门，并隶属于国家及地方的终身教育推进机构，由此来理顺各级老年教育组织管理机构之间的协同关系，明确各自的权责归属和行政行为。同时，我们还需妥善处理好社会组织与个人、政府部门与市场之间的关系，以实现老年教育的提质增效。简言之，所谓老年教育服务体系的行政架构，一方面是通过加快教育行政体制机制的改革，以明确老年教育服务体系的管理职能，另一方面则是通过规制各供给资源主体的行为以确保组织机构的高效运行，并将老年教育服务体系的构建落于实处。

如上所述，老年教育服务体系的建设不仅是一项重要的教育事业，更是一件民生工程。因此在老年教育服务组织与行政架构的建设中，就应充分考虑其与其他组织部门之间的关系，以确保能充分调动各项资源，服务于老年人的终身学习，以及切实提高老年教育的服务质量。

(二) 新时代老年教育服务体系的构建路径

在上述的论述中，笔者提出了“五个高”的原则，而这也应该成为构建老年教育服务体系的方向与路径，即老年教育服务体系需实现高标准的教育供给、高融合的教育机制、高均衡的资源配置、高保障的支持系统、高效益的教育成效的具体目标。

其一，当前老年教育的供需矛盾十分突出，因此扩大资源供给已经成为实践共识，但笔者认为强调高标准的教育供给尤为重要。换言之，扩大供给并不仅仅意味着各类老年教育机构数量的增加或社会各方力量的参与，还需要从办学场所、规模、硬件设施、师资力量、课程教学等方面去保障质量，以避免低效的资源供给，确保资源的充分利用和优化配置。其中，还需要凝聚老年教育的“温度”和提升“精度”，即以高标准坚守老年教育的“育人”本质和“服务”功能。而为了实现教育供给的“高标准”还必须明确老年教育从业人员和办学资质的门槛，即着眼于老年教育师资队伍的培养和建设，确立老年教育课程和教学资源的质量标准，并在增加市场性、社会性教育资源供给的同时，以制度规制行业形态的发展，尤其要警惕资本的无序介入或“捆绑”“异化”老年教育，并使其成为纯粹的营利性对象。这种情况可能会对老年教育服务体系的构建造成潜在的危害。

其二，针对老年教育在国家教育体系中的“边缘化”问题，建议以高融合的教育机制去打通学校和校外教育的壁垒，以此促进各级各类教育资源的深度融通。一方面，我们需要加强老年教育与学前教育（家庭教育、幼儿教育）和学校教育（初等教育、中等教育、高等教育）以及继续教育（社区教育、成人教育）之间的衔接与融通，即要确立老年教育在国家教育体系中的作用与地位，又要大力整合、开发与利用各种资源发展老年教育。另一方面，我们需要打破传统封闭、僵硬的教育形式与内容，充分利用现代信息技术的强大功能，推动网络与手机终端的个性化教育服务发展，并构建线上、线下终身教育的一体化学习平台。这将有助于实现教育资源的大融通与大融合，以满足老年人多元化的学习需求。最后，通过构建“立交桥”式的教育资源架构，我们可以将原本割裂的教育资源进行有机连接与融通，为提高老年教育质量，提升教育服务的“效度”和拓展“宽度”奠定坚实基础。

其三，以高均衡的资源配置去破解老年教育发展的不充分、不均衡问题。长期以来我国老龄教育主要都是由老年大学来承担，其覆盖面窄，入座率低；老年教育的结构性短缺严重，教育资源的地区布局失衡、城乡发展差距大的问题十分严重。为了解决这一难题，首先就需要在资源短缺的情况下去拓展“宽度”，即大面积地扩大老年群体享有教育资源的范围，并尽可能地提供更加宽泛多样的老年教育内容，以实现“愿学尽留”的原则；其次是需要充分发挥“数字化”的技术优势，利用一体化学习平台去打破资源配置的时空和地域限制，并通过宣传渠道提升农村地区和欠发达地区老年教育的参与率，以实现全民终身学习；最后则要在财政和制度系统中建立对老年教育服务体系的长效支持机制，以覆盖城乡、公平普惠、多元参与、有效利用为原则的物力资源、数字资源、财政资源和人力资源等，以加强老年教育服务体系的公平性建设。

其四，高保障的支持系统，需要以不断完善的保障机制与政策法规支持老年教育服务体系的构建。目前，我国老年教育行政主体之间的统筹协调存在不畅，这严重制约了老年教育资源的利用率，进而阻碍了老年教育服务水平的提升。针对这一问题，我们必须加快推进老年教育的法制化建设和体制机制的改革。具体而言，我们需要进一步明确哪些法定部门或受委托的机构应参与老年教育的管理、运营与服务，并界定其行政主体的行为与责任边界。同时，建立有效的监督和评估机制也至关重要，这有利于确保老年教育质量和效益得到持续提升。在终身教育的背景下，遵循老龄社会的发展规律，有利于实现各级各类教育机构与其他机构（卫生、保健、福利、民政）之间的相互合作与协调的关系。此外，在国家老年教育政策向地方推进与落实的过程中，如何避免其在执行中因“失真”而阻碍服务体系的构建，这是确保老年教育服务体系从中央到地方全面建构并实现“四个度”目标的必要保障。

其五，高效益的教育成效是构建老年教育服务体系的导向，也是评估老年教育实践的重要指标。老年教育服务体系应当提高教育质量与教学标准，满足老年人终身学习的需求，提高老年人的生命和生活品质，并帮助其实现老有所育、老有所为、老有所乐，及真正“有效”推动老年社会的发展、促进社会践行积极老龄观的理想。同时以“高效益”为标尺构建老年教育服务体系，方能实现促进老年人社会参与，完善国家教育体系，服务未来养老事业健康健全发展的目标。

以上述“五个高”为导向，构建老年教育服务体系还需践行“精确定位、精准服务、精细管理”的策略。当前，老年教育资源的数量和质量均严重滞后，能否为各类老年群体提供精准服务，满足其学习需求，实现城乡老年群体的全面覆盖，以及能否提供多样化、精细化的教育资源以实现个性化的精准服务，这些是体系构建所要达成的最终成果。而所谓“精确定位、精准服务、精细管理”，就是对老年教育体系进行精确定位并制定精细服务的目标。这就需要利用一切可资利用的各种社会资源，围绕老年人的个性化教育需求，厘清服务全民终身学习的教育体系与老年教育服务体系之间的内在联系，并通过体系的建设来大幅度地提高老年教育质量与老年教育的效率。与此同时，还要从老年人个体的角度，去了解老年教育存在的差异性，如此才能实现老年教育服务的“精度”，比如以医、养、教有机结合的策略确保老年人的健康权与学习权的实现；以丰富多样的教育服务满足老年人多元化的学习需求；通过人性化和人情味的管理，提升老年教育服务的效率，从而整体提升老年教育服务体系的水准。简而言之，只有从内部建设和外部保障上确保老年教育的“效度”，我们才能充分保障老年教育资源的有效利用，提升老年教育的服务质量。

新时代老年教育服务体系构建的价值导向与实践路径

教育是积极应对人口老龄化的重要举措，也是回应新时代社会发展要求、尊重老年生命价值、让老年人获得幸福感的必由之路。本研究旨在通过对老年教育的精确定位，推进教育服务体系的构建与完善，并探寻为老年群体提供精准服务的路径，最终实现老年教育在“温度”“精度”“效度”和“宽度”等四个“度”上的显著提升。

* 本文曾发表于《中国远程教育》(2023 年第 2 期)，原题为《新时代老年教育服务体系构建的价值导向与实践路径》。《成人教育学刊》(2023 年第 6 期)全文转载本文。

从“老化”到“优化”

当今世界已然进入了一个全球老龄化的时代，包括亚洲的日本、欧洲的意大利、北欧的芬兰等发达国家，其60岁及以上人口均已占总人口的28%以上。我国近年来的老年人口增长率每年都以超过0.6%的速度增长。① 作为影响国家社会经济发展的重大问题，人口老龄化的研究也开始受到国内外学者的高度关注。众所周知，老龄化的产生实际上是一个社会在发展过程中不可避免出现的自然现象，它从一个侧面反映了一国社会的稳定与和谐，还彰显了百姓的健康与长寿。然而，人口老龄化现象也带来了一系列社会问题，它消耗着社会资源，消弱了经济红利，并对医疗、卫生、教育乃至社会经济文化等领域构成了沉重的负担与挑战。因此，如何从“消极老龄化”转化为

① 2013年我国60岁以上的老年人口为2.02亿，占总人口的14.9%；2014年老年人口为2.12亿，占总人口的15.5%；2015年老年人口为2.22亿，占总人口的16.1%；2016年，60岁及以上人口为2.31亿，占总人口的16.7%。而时至2023年，60周岁及以上人口已达2.9亿人，占总人口的21.1%。数据均来自中华人民共和国国家统计局的中国统计年鉴。

"积极老龄化",从"消费老龄化"转化为"生产老龄化",以及从"福利型老龄化"转化为"成功型老龄化",已经逐渐成为国际老龄社会研究的焦点与热点。本文从转变老年教育的思维与路径的视角入手,围绕如何从"老化"转向"优化"并最终实现"成功老龄化"进行深入研究与探讨,以期对此命题能够形成一个较为清晰的认识与深刻的理解。

一、老年教育认识困境

我国老年教育是伴随近年来人口老龄化的快速发展而兴起的。然而,相对老年教育的实践而言,目前我国在理论层面的研究相对滞后,包括老年教育的概念至今还没有形成统一的认识。如有人认为我国老年教育的基本内涵是"健康教育、适应教育、参与教育和快乐文化教育"①;也有观点认为老年教育就是向老年人施加的有目的、有计划、有组织的影响活动;②还有一种观点则认为老年教育应是以老年人为对象的教育体系,

① 叶忠海:《老年教育若干基本理论问题》,《现代远程教育研究》2013 年第 6 期。

② 参见叶忠海:《老年教育学通论》,同济大学出版社 2014 年版。

它集普通教育、高等教育与职业教育于一体，不仅构成了成人教育的重要部分，同时也是终身教育的最终阶段。[①] 从上述观点来看，目前对老年教育的内涵把握仍然处在模糊不清的状态，对老龄社会的本质特征及其深层问题依然缺乏清晰的认识与整体的把握。虽然有学者指出老年教育对个体发展及终身教育体系的构建具有推动作用，但学界尚未深入剖析老年教育对个体和社会发展的深远价值及意义，同时也未能准确把握老年教育的独特性和发展性，这在很大程度上受我国特有的养老文化和社会体制的影响。在老年教育的价值取向上，无论是理论层面还是实践层面都普遍认为老年教育主要就是提供休闲娱乐和健康养老的活动，并以丰富老年人的闲暇生活和增进老年人的身心健康为宗旨，因此，在老年教育的课程编排及内容设计上也基本以居家养老、保健教育和休闲娱乐为主。但老年教育作为我国教育事业的重要组成部分，尤其是终身教育的最后阶段，其生产性、发展性的功能同样不可忽视。老年教育与普通教育类似，同样具有促进社会发展和个体提升的功能。新时代的老年教育不仅要为老年人提供各类丰富多彩的休闲娱乐活动和健康养老的活动，还可以为老年人带来人力资源和社

---

① 参见熊必俊、郑亚丽：《老年学与老龄问题》，科学技术文献出版社 1990 年版。

会资本的潜在收益。

如果按照联合国在维也纳老龄问题世界大会上所规定的满 60 岁以上人口超过 10% 即为老龄社会的标准，中国早在 1999 年就已进入了老龄化社会，并已成为世界上老年人口最多的国家。如今，我国社会老龄化的趋势仍在加剧。根据最新数据显示，2017 年我国 60 周岁及以上人口达 2.41 亿人，占总人口的 17.3%。预计到 2025 年，我国的老年人口将达到 3 亿，而到 21 世纪中叶，老年人口更将超过 4 亿，达到峰值。① 让人倍感焦虑的是，中国社会的老龄化面临“未富先老”的严峻挑战，即目前的国家财政还不能承担起所有老年人的养老需求。因此，在这种情况下，重新思考老年人作为社会资源和生产潜能的重要功能，这无疑是一项有效且重要的举措，其有助于缓解家庭和社会的负担，并促进老年人继续实现自我价值与提升生命品质。

随着年龄的增长，老年人在生理机能、学习能力等方面都会逐渐衰弱，但老年人的人力资源却又独占优势。一是老年人长期积累的人生经验具有启迪后辈、引领社会风气的独特意义；二是老年人在工作和学习中积累的丰富知识和精湛技能又可以在某些专业领域起到特殊的指导作用；三是老年人在长期

① 参见中华人民共和国国家统计局：《中国统计年鉴（2017）》，中国统计出版社 2017 年版。

的社会交往中积聚了大量的人脉资源，可以在基层社区开展各种服务工作时起到重要的协调作用。[①] 实际上美国早在 20 世纪 80 年代就开始关注老年人的资源功能，并通过职业培训、成人教育等方式开发老年人的人力资源。日本也同样如此，老年人在日本已经成为一种重要的劳动资源，例如出租车司机、社区志愿者、出入境的后勤服务人员等都由老年人来担任。韩国近年来也对开发老年资源进行了多种探索和实践，尤其重视老年人的职业技能教育。据调查数据显示，韩国有工作收入的老年人占全部老年人总数的 29%，老年人在韩国作为人力资源已经渗透社会服务的各个领域。韩国早在 1992 年就颁布了《老年人雇佣促进法》，该法保障老年人的就业机会，同时以法令的形式改善了老年人的就业环境。当前国内也有学者提出以“积极老龄化”替代“消极老龄化”的建议，我们还应致力于改变人们对老龄社会的刻板印象，将其视为人类社会成熟的标志，并深入探究如何将老年人口从社会负担转为社会财富。然而，目前这种研究还尚未形成完善的理论体系，实践层面也尚未达成广泛共识。因此，我们从非功利主义的角度出发，重新定义老年人的社会价值，正视社会中各个群体的存在意义，并

---

① 张倩：《论如何实现老有所为——从人力资本视角研究老年人力资源开发》，《劳动保障世界（理论版）》2012 年第 10 期。

将老年人置于和其他年龄层同等重要的地位并给予积极而平等的对待,这在当下社会很有必要。

二、新时代老年教育新思考

世界卫生组织2002年就曾提出过"积极老龄化"的构想,强调应对老龄社会的三大支柱是健康、参与和社会保障,并促使其发挥最大的效应。联合国在第二届世界老龄大会上也曾强调,应让老年人的宝贵学识和丰富经验得以充分发挥,而积极参与社会是实现这一目标的重要途径。我们应该为有能力、有条件、有需求的老年人提供受教育和就业的机会。① 随后,国际学术界又将"积极老龄化"定义为老年人积极主动地保持健康、身心活跃、进行学习,以及积极参与家庭和社区生活。② 若要实现以上"积极老龄化"的重要目标,老年教育则是一个不可或缺的重要因素与推进路径。大量研究显示,通

---

① 参见杨庆芳:《我国老年教育发展——基于积极老龄化的视角》,知识产权出版社2014年版。

② Gillian M. Boulton-Lewis, "Education and Learning for the Elderly: Why, How, What, Educational Gerontology", *Educational Gerontology*, Vol.36, No.3 (2010), pp.213-228.

过参与老年教育活动，人们可以不断丰富自己的生活，而不断学习也使得他们更加愿意融入社区和社会，增进身心健康，丰富精神生活。同时，老年教育还可以激发老年人作为人力资源的自觉意识，并提高他们服务社会的积极性。

从结果上来看，“生产老龄化”与“积极老龄化”都具有某种相似的特征，它们都更强调老年人积极参与社会实践。如上所述，老年群体有长期积累的社会资本，他们在经验传达和文化传承等方面都独具优势。因此，如何借助老年教育激发这种优势，使他们丰富的社会资源不仅能够为社会所用，更使得老年群体从依赖者或被服务的对象转变为独立于社会的行动者、家庭的支持者和社会经济的贡献者，就显得尤其重要。① “成功老龄化”强调老年群体在生理上保持健康，在心理上维持认知和身体机能，在行动上积极参与社会活动。简言之，其不仅强调个人的生理和心理健全，同时也更强调老年人和他人及社会的关系，以及能够进行生产性的行为。

从老年学的发展来看，国际社会对老年群体的认识，大致经历了从将其视为弱势的、被救济的社会边缘群体，到逐渐认为其是自由的、睿智的、具有独特作用与潜在功能的社会活跃

① 张旭升、林卡：《“成功老龄化”理念及其政策含义》，《社会科学战线》2015 年第 2 期。

群体的过程。国外学者一般认为老年人接受教育和学习的动机主要有两种，一是表达型动机，二是工具型动机。其中表达型动机是指促进个人的成长和发展，工具型动机则是指进行工作、职业和技能的训练。以往在应对老龄社会的政策中，我们过于偏重满足老年人的表达型需求，而老年人也往往被定位为追求表达型动机的代表。这是由于退休以后，人们更喜欢把时间用于个人的兴趣发展，而不是学习跟劳动力市场相关的职业技能类知识。① 随着社会老龄化的日趋严重及人们对老龄群体认识的变化，这种观念明显已经陈旧，人们逐渐开始重视并积极探寻老年人继续推动社会发展的重要作用，开始深入思考如何通过变革现有的教育体系，以满足老年人的学习与生活需求，以及他们对实现自身价值的期待。上述无论是“积极老龄化”“生产老龄化”还是“成功老龄化”理念的践行，都需要老年教育的积极介入，而在重新设定老年教育的目标与内容时，也必然需要对上述发展意向进行深入思考。

与西方发达国家的老年教育相比，我国对老年教育的认识还停留在传统阶段，即将老年教育看作是消费型、娱乐型、福利

① Formosa M.，“European Union Policy on Older Adult Learning：A Critical Commentary”，*Journal of Ageing and Social Policy*，Vol. 24，No.4 (2011)，pp.384 - 399.

型或被服务型的“消极”层面，其根源于我国传统的养老观念强调的老年人必然会带来的消极后果，从而忽略了老年人作为人力资源所积累的丰富知识和经验。面对日益加剧的老龄化社会及不断变革的教育体系格局，如何从教育的视角出发，转变思路并构建与完善适应老龄社会的教育体系，通过发挥教育因素的积极作用，将“消极”转化为“积极”、将“老化”提升为“优化”，已成为备受社会各界关注的一个重要命题。上述分析也告诉我们，不同的思维视角会产生不同的结果。如果从老年人的“脆弱性”角度来看，结论就是消极的，而如果从它的“潜在性”层面去观察，就可能得出积极的判断。

以日本为例，日本早已是一个“老龄化”与“少子化”叠加的社会。由于出生率的连年降低以及老人寿命的逐年延长，日本政府开始思考动用老年人的资源。比如公立大学延长退休年龄，教授一般可以工作到 65 岁，并且即使在公立大学退休了，教授们还可以去私立大学继续工作到 70 岁。他们认为“年长”并不意味着“脑衰”，一个大学教师长期积累的经验不仅体现在知识技能层面，而且还更凸显在对生命的感悟及对人类社会的洞见之上。又例如日本的所有中小学校长，大多白发苍苍，因为他们认为中小学校长的工作有关孩子成长与生命的保护，只有达到一定年纪，才能深刻领悟生命的真谛。甚至连出租车司机都是老年人，这是因为开车涉及乘客的生命安全，老年司机一般不会开“快车”和“暴力车”，同时开出租车也不用消耗太大体力，但却可以解决千万老人的再就业问题。简言之，日本政府把老年人安置在最适合他们工作的场所，把福利与教育紧密地结合在一起，由此开创了一个“积极老龄化”社会的先河。

综上所述，我们可以得出如下结论，即对当代社会的老年人而言，其无论是在公共场所还是私人领域、正式舞台还是非正式场合、长期或短期的阶段、系统或自发的情景，都可以通过他们所拥有的知识、技能和经验，以对社会有益的方式为年轻一代提供实际的帮助和支持。尤其在当下，如何提升老年教育的目标、丰富老年教育的内容，并将“积极老龄化”“成功老龄化”“生产老龄化”的理念融入老年教育，通过教育的因素化“投入”为“产出”、化“娱乐”为“学习”、化“消费”为“红利”、化“服务”为“创收”，以实现老有所为、老有所乐、老有所用和老有所成的宏伟目标，同时促进老年社会产生新的活力与社会效益，这已然成为一项既造福当下又泽被后世的宏伟事业。

三、实现从“老化”到“优化”的关键与策略

要实现将“老化”转为“优化”，关键在于老年教育的变革，

可从以下五个方面予以推进。

(一) 转变老年观和老年教育观

观念影响着实践的走向和实施的路径,老年教育若要促进老龄群体从“老化”到“优化”的转变,同样需要伴随着观念的深刻变革。大量研究资料显示,对老年人的传统刻板印象会影响一个社会对待老年人的看法,同时也会影响老年人对自己的定位。例如,老年人会降低自我形象,甚至甘愿被社会边缘化。[①]当处在一个观念陈旧的传统社会中,老年人作为经验的象征在家庭和家族中似乎仍然处于中心地位,但彼时的社会舆论却大多认为老年人已经处于人生的最后阶段,他们的主要任务就是养老,并尽可能地享受生活。因此,基于这种观念而形成的老年观就主张以颐养天年为要旨,老年教育的内容也以休闲娱乐型活动为主,所谓老年教育就是“福利+娱乐+保健”。[②] 同样,持这种观念的人往往将老年人视为被动适应社会的个体,而非积极主动创造价值的群体,故其老年教育观也倾向表现出“消极”的特点。

近年来,随着终身学习理念的普及和学习型社会建设的推

---

① Shiu-Yeu Fok, “The Meaning of the Learning Experiences of Older Adults in Hong Kong”, *Educational Gerontology*, Vol.36, No.4 (2010), pp.298 - 311.

② 董之鹰:《新世纪的老年教育与资源价值观》,《中国人口·资源与环境》2001 年第 1 期。

进，人人皆学、处处可学及保障每一个个体学习权的思想深入人心，教育的核心理念亦从“教育”转向“学习”，尤其值得注意的是，老年人不应仅仅被视为被动的教育接受者，而应成为积极主动的学习者，这一观念正日益受到社会关注和认同。换言之，老年人同样是具有发展需求的个体，需要化被动为主动，需要通过不断学习、终身学习去提升自身的生命价值，他们的学习权利同样需要得到切实的保障。尤其处在一个新的时代，为了提升老年人的生活质量和生命价值，改变对老年人的陈腐偏见，只有将他们继续看作是社会发展的重要力量，由此促进老年人通过教育途径去达成自娱、自乐、自学、自养的目标，同时鼓励有条件、有兴趣的老年人参与“夕阳红”的再培训与再就业计划，就能使其在学习和劳动的过程中找到自己的价值所在，从而实现老有所学、老有所为、老有所乐、老有所用的目标。

（二）完善适应老龄社会的教育体系

当前我国教育体系在开放性、整合性和促进人力资源的开发等方面还没有很好地发挥应有的作用，这与国际社会普遍提倡的终身学习体系存在着较大差距。因此，若要实现从“老化”向“优化”的转变，还需要对现行的以学校教育为主体的国民教育体系进行重大改革，即通过大力构建终身教育体系，关注人一生发展，并整合各类教育资源，以适应老龄化社会的发展与需求。而教育体系的完善与发展的目的之一就是解决老龄社会面临的各种问题，唯有加强整合各种教育资源，形成教育合力，才能共同应对因“老化”而造成社会机能“弱化”的问题。

教育体系的完善涉及以下三个方面。一是需要依托社区学校、老年大学、开放大学（广播电视大学）等教育机构，探索完善适应老龄社会教育体系的具体方案。长期以来，我国老龄教育主要由老年大学承担，教育的对象也主要是离退休老干部，覆盖面窄，入学率低，福利性的色彩浓厚，难以满足大部分老年人对自身发展的学习需求。① 因此，若要构建适应老龄社会的教育体系，就需要统合多方面的社会教育资源，与社会各种教育机构形成合力，同时理顺老年大学与其他教育机构之间的关系，并通过体制机制的整体改革，形成一个老年人时时有学、处处可学的良好局面。二是重新确立从事老年教育的各类机构的培养目标，以此作为丰富老年教育内容的依据，并为老龄社会的“优化”发展提供教育的基础。尤其需要加强各类职业教育资源与老年教育机构之间的有机连接，通过有效利用社会各类资源的途径，去探索构建老年教育人力资源开发的整体框架。三是在终身教育背景下，遵循老龄社会的发展规律，思考老龄阶层的发展需要，探讨社会各级各类教育机构与其他部门（卫

① 参见中华人民共和国国家统计局：《中国统计年鉴（2017）》，中国统计出版社 2017 年版。

生、保健、福利、民政)之间相互合作的可能性,最终基于多元化视角提出适应我国老龄社会教育体系完善与发展的政策建议。

简言之,适应老龄社会的教育体系,就是基于老年社会的特征,依据老年人的发展需求,满足老年人对提高生活品质的向往,尤其是以发挥老年人积极作用的角度去重新思考和完善已有教育体系的缺陷与不足。从某种意义上来说,如果终身教育体系的构建是对传统的以学校为中心的教育体系的突破,那么适应老龄社会教育体系的完善,就是对终身教育体系内涵的进一步深化与拓展,二者之间实际上应形成一种互为基础、互相依存并互为拓展与深化的良性关系。

(三) 拓展老年教育的内容和方法

从老年学的视角来看,衰老是一个具有个体差异化的过程,而老年群体作为一个整体,其特点在于拥有充裕的可自由支配时间,以及对学习抱有浓厚的兴趣。这些特点决定了老年教育内容的多样化及目标的多元化。[①] 国外研究指出,老年人一般具有三种学习需求,一是休闲类需求,二是职业类需求,三是自我养成类(兴趣)需求。也有学者认为老年人自愿接受教育或参与学习的主要动机,一是通过学习可以帮助老年人适应老年生活的变化,二是在终身教育理念的激励下老年人受到重

① 参见齐伟钧:《海外老年教育》,同济大学出版社 2014 年版。

返社会的鼓舞，三是接受教育可以实现老年人的自我成长和发展，四是老年人通过学习可以形成一种反思型的思维模式并思考生命的深层涵义。[①] 当前我国老年教育大多是休闲、娱乐以及保健类的内容，其不仅不能满足老年人对于教育的需求，在动机激发层面所做的努力亦十分有限。如上所述，老年教育属于终身教育体系的组成部分，同时，它也是推动“积极老龄化”的关键举措。所以，我们必须全面拓展老年教育的内容，其中包括关注老年人的生理和心理变化、帮助老年人适应社会和融入社会生活、帮助老年人发挥经验和时间优势去服务社会，以及适应信息技术的快速发展和知识持续更新等。除此之外，老年人也面临着人生的最后一个阶段，他们对时间也会产生一系列新的感受，一方面他们会有紧迫感，因为人生所剩的时间无多，另一方面他们又会感到退休后自由时间充足。因此，与人生终极目标相关的教育内容对于老年人也十分重要。这些教育内容可以包括对死亡的认识和看法，医学与人生之间的深入探讨，以及对于老化的生理、心理层面的防护措施等。[②] 上述内容都

---

① Maureen T., “Later life learning experiences: listening to the voices of Chinese elders in Hong Kong”, *International Journal of Lifelong Education*, Vol.35, No.5 (2016), pp.569 – 585.

② 参见台湾成人教育学会：《高龄社会与高龄教育》，师大书苑有限公司 2004 年版。

可以帮助老年人调整心态并树立积极的生命观与人生观。

（四）立法保障老年人的学习权

一项成熟政策的最终归宿是立法。三十年来，我国老年教育虽然取得了很大的成就，但面对我国老龄化社会的严峻形势，我国老年教育的发展仍需得到进一步的提升与推进。为此，总结迄今为止已经出台的各项政策的利弊，并在此基础上通过立法促进终身教育框架下老年教育事业的发展，则是新时代的必然选择。就我国目前教育领域的立法状况而言，我们已经制定了《教育法》《义务教育法》《高等教育法》以及《职业教育法》等，然而对于受教育的老年人这一特殊群体而言却仍然没有任何相关法律对其应有的学习权利予以保障和支持，以至于这也在一定程度上制约了我国老年教育的发展。虽然我国目前已经形成了以《宪法》为基础，以《中华人民共和国老年人权益保障法》为主体以及其他与老年教育有关的法律法规作为补充的老年教育的法律体系，但在国家层面目前还没有专门针对老年教育进行立法，这一缺失使老年教育的实施缺少了权威法律的支持和保障。纵观国际老年教育的发展，众多老年教育发展较好的国家都制定了关于老年教育的法律法规。以美国为例，美国政府为了保障老年人的学习权利不仅出台了《终身教育法》《职业教育法》《成人教育法》，同时还专门制定了《老年人法》和《禁止歧视老年人法》等法律，在管理体制、实施机构和资金来源等方面，老年教育的相关规定得到了明确，就是旨在为老年人提供多样化和多元化的教育服务。同时，日本、韩国等东亚国家也通过老年福利保障立法和终身教育立法，积极推动老年学习的不断深化与发展。韩国颁布了《高龄者雇佣促进法》、日本颁布了《高龄社会对策基本法》和《老龄者雇佣安定法》来实现老年人的生产性与发展性目标，同时推动了老年教育的改革。为此，我国若要推进老年社会从“老化”向“优化”的转变，就必须进行制度层面的规划，通过立法对老年教育的地位性质、管理体制、发展规划、资金来源、评估监督等予以明确的规定。

(五) 开发老年人力资源

一国之教育体系的完善对于社会的发展具有重要意义，体现在经济建设的推进上就是集聚人力资源，这也可以大幅度地促进社会经济实力的增长以及经济发展模式的转变。以往，言及人力资源往往都聚焦于高学历人才及年轻人，殊不知老年群体也是亟待开发的人力资源库。年龄的增长意味着生活经验和见识的丰富、智慧的广博、工作技能的熟练。因此，在老年人身心健康得到充分保障的前提下，适度地开发并利用老年人这个群体，就会产生非常重要的社会价值。通过教育体系的完善去强化对老年人力资源的开发，这是将老年人形成的社会负担转化为老龄人才的红利，同时，也是促使“老化”转成“优化”的重要路径与举措。此举不仅可以充实和丰富社会各年龄层次的人力资源，促进社会经济实力的有效增长，还可以促进经济发展模式的转换，即通过老年人的智慧与才华来拓展一些年轻人无法企及的领域。尤其我国处在“未富先老”及人口红利势头日趋减弱的阶段，如何充分利用老年资源将是一个尚需解决的重要课题。

可以预见，随着人口老龄化趋势的日益加剧，在未来的国际竞争中老年人才的重要性将会越来越显现，因此对适应老龄社会教育体系的完善，其重点就不仅是放在“所养”“所学”与“所乐”上，更是需要考虑它的“所用”与“所为”的功能，以使其化“废”为宝，继续为国家和社会做出力所能及的贡献，这也是新时代背景下老年教育所肩负的重大历史使命。

有效开发老年人力资源，我们可以依据本土的实践并借鉴发达国家的经验。具体而言，有以下若干举措。一是依托地区各级各类老年大学尤其是基层社区教育设施，引入智能型的技术培训与智慧开发型的教育内容，使老年人能够在具备丰富知识和经验的基础上紧跟信息技术时代的发展步伐，充分发挥自身的优势力量继续为社会提供服务；二是健全和完善老年教育的管理体制，建议在国家层面成立老年教育推进办公室，指导并推进全国老年教育课程的开发和短期培训活动的开展，使老年教育能够服务于老年人力资源开发的目标；三是加快终身教育体系构建的进程，通过国家层面的顶层设计，推动教育体系的全面健全与完善，同时进一步明确老年教育的自身定位与功能，并旨在使老年教育的开展更加符合社会发展的需要，以满足老年人自身对生活品质与生命品质的追求。

在新时代背景下，老年教育的发展模式必须要有新的突破，其核心就在于摒弃陈旧观念，打破现有教育体系的局限与缺陷。从而实现老龄群体从“老化”整体转为“优化”的发展目标。总之，通过健全与完善我国既有教育体系，不仅可以开启老年教育发展的新篇章，还可以使其肩负起适应老龄社会发展重任的时代使命。

* 本文曾发表于《现代远距离教育》(2019 年第 4 期)，原题为《从“老化”到“优化”——新时代老年教育的新思考与新路径》。

番外篇

中国践行终身教育的本土化之路

华东师范大学教育学部吴遵民教授和李政涛教授，就中国教育现代化远景目标中提出的“建成服务全民终身学习的现代教育体系”这一宏伟蓝图，展开了深入且精彩的对话。他们围绕终身教育实践的发展路径与现实挑战，深入探讨了终身教育领域的基本命题、研究立场。同时，两位教授还展望了未来终身教育体系化、学科化的发展趋势，为终身教育从理念走向实践提供了具有创新性和指导意义的解读。

《终身教育杂志》编辑（以下简称“编辑”）： 两位教授好！在2020年8月，华东师范大学基础教育改革与发展研究所创办了“浦江终身教育论坛”。那么，创办这样一个全国性终身教育研究平台是基于怎样的现实考虑和未来愿景呢？

李政涛教授： 华东师范大学教育学部基础教育改革与发展研究所之所以创办“浦江终身教育论坛”，首先源于其作为教育部人文社会科学重点研究基地的独特性质。作为基础教育研究的国家队，既然是国家队，所有的研究包括发展方向，就应当基于国家需要，了解国家教育发展的大方向，服务于国家战略。目前，尤其是在《中国教育现代化 2035》公布以后，终身教育已经被列入国家未来教育发展的重大战略与方针，这也是所有教育研究者都必须去思考、去实践的课题。作为教育部的重点研究基地，应当当仁不让，一定要去探索和研究终身教育的问题。其次，这也是基于基础教育研究的需要，教育走到今天，要培养的人已经不再只局限于基础教育阶段，一定要服务于人的终身发展，培养出有终身学习意识、能力和习惯的人。因此，终身教育的视角和眼光需要纳入基础教育的视野里；换言之，基础教育的持续发展与改革离不开终身教育的理念和实践。同时，终身教育的政策制定、理论探索与实践创新，也离不开基础教育的扎实根基。它可以为终身教育的发展奠定基础。基于以上三个原因，我们在基教所这个平台上一起创办了“浦江终身教育论坛”，依托以华东师范大学吴遵民教授为首的终身教育专家团队的研究力量，同时和《终身教育研究》杂志一起，为推动终身教育研究的学术交流和发展做出微薄贡献，这就是我们的初心和目的。

吴遵民教授：政涛教授从基础教育改革与发展研究所作为教育研究的国家队这一特殊地位出发，深入探讨了基础教育在终身教育体系中的基础性作用。他认为，从基础教育为终身教育奠定坚实基础的层面来思考终身教育的问题，具有极为重要的意义。终身教育是从生到老、从摇篮到拐杖,贯穿于人一生的教育形态。从某种角度来说,只要当一个人有需要,这个社会就应该为他提供适合的教育。由于学校教育已经制度化了,所以目前开展终身教育的重点主要放在学校后或学校外,但这也造成了一个很大的误解——以为终身教育仅仅局限于校外教育,即学校教育结束后的教育阶段。诚然,当前校外或学校后的教育相对比较薄弱,尚未形成与学校教育的有序衔接,这也成为终身教育发展中亟待推进的重点,然而,这并不意味着基础教育或者学校教育就不属于终身教育的范畴。从体系构建的角度来看,终身教育不仅包括基础教育,而且包括基础教育以前和之后的人生因发展而需要的各级各类教育,如学前教育和老年教育等。因此单纯从学术研究的角度来看,它就需要基础教育学界的加入。叶澜教授提出要凝聚三种教育力,即学校教育、家庭教育及社区教育的力量,指的就是整合各种教育资源的终身教育力。简言之,构建终身教育体系的核心研究在于如何实现学校教育和学校外教育无缝对接,其宗旨是要把学前教育、学校教育和学校后的继续教育融会贯通起来,由此才能构成一个完整的终身教育范畴。因此,以李政涛教授为代表的基础教育学界发起和推动的终身教育领域的研究,意义十分重大和深远。

从基础教育理论和原理的视角去考察终身教育的发展,这是一个重大的突破。教育万变不离其宗，任何一种教育类型或教育阶段其实都是相通的，归根到底教育是关乎人的发展、生命品质提升的活动。无论是面向青少年的基础教育，抑或面向走出校门以后的成年人的继续教育，教育的本质都是一样的。目前学校教育特别是基础教育，已经积累了比较深厚的理论基础，而终身教育的发展在国际上从 20 世纪 60 年代到现在，不过六十多年的时间，其理论积淀相比学校教育、基础教育肯定薄弱很多。所以，从基础教育的理论或原理的基础去考察终身教育的发展，这就是一个新的视点。正如政涛老师刚才所讲的，它其实是为基础教育奠定了坚实的理论基础。这也是我认为由基础教育改革与发展研究所，特别是基础教育学界的一些理论工作者来加盟终身教育、共同推进终身教育的重大意义。

编辑：正如两位学者所言，终身教育研究在我国得到越来越多学者的重视。那么，按照国际上终身教育发展的现状和历程来看，尤其自 21 世纪以来，我国终身教育在理论、政策、实践层面又取得了哪些实质性的进展，还哪些方面仍裹足不前？

吴遵民教授：终身教育是 1965 年由联合国教科文组织发起并推进的，当时世界上非常多的国家，特别是一些西方发达国家都予以了积极响应。其中，我了解比较多的是近邻日本，其几乎以同步的时间开始推进终身教育。从国际社会推动状况来看，自 1965 年至今，终身教育的发展确实展现出了一些基本特点，而其中最显著的一点便是由政府来主导推进。其实任何一种教育活动，如果有公权力来推进，相对发展速度就会比较快，体系也比较完善。从保障的角度来看，它又体现在三个方面：一是终身教育设施的加快建设。根据教育的三大要素：人的要素，内容的要素，物的要素来看，其中，物的要素指的就是场所和设施。比如，日本投入大量资金建设了作为校外学习场所的公民馆、博物馆、图书馆等，这些都归社会教育、生涯(终身)教育管辖；韩国则建了很多平生(终身)教育的学习中心；北欧则通过开设遍布大街小巷的图书馆或市民学习中心来普及民众教育。二是终身教育体制机制的完善。以日本为例，原来的校外教育叫社会教育，而进入终身教育时代以后，日本快速地把原来的社会教育设施逐渐升格转型为终身教育设施，并在行政体制上把文部省的社会教育局升格为终身教育局，原来的社会教育则归属终身教育局的管辖范围之内，从而使终身教育的体制机制得到了实质性的提升与完善。三是对各种教育和学习资源的整合，其中包括博物馆、图书馆等和民众学习有密切关系的教育资源。如日本放送大学有很多课程都与地区公民馆免费链接，周边的民众不用走出家门很远，就能享受到丰富的学习资源。总体而言，国外终身教育的发展特点大概就是从上到下和从下到上的交互推进。所谓从上到下，就是政府基于社会民众的需求制定政策、完善设施、健全制度;所谓从下到上,则是把社会民众的教育需求看作是终身教育和终身学习的推进目标,并鼓励地方民众自发、自主地开展学习活动。

改革开放以后,我国终身教育的发展突飞猛进,近年来甚至大有赶超日本和韩国的趋势,其中最为重要的就体现为政府的积极推进。例如上海,对终身教育有关的设施进行大规模的建设,目前已经形成了由社区学院-社区学校-社区文化教育中心组成的三级架构;市教委还专门设置了学习型社会推进办公室来统筹全上海的终身教育发展进程。总体而言,终身教育思想深入人心,民众业余生活日益丰富,国民素养普遍提升。但今后中国终身教育的发展如果想要取得更大的实质性进展,我个人认为关键在于做好三件事:一是从中央到地方设置推进机构。目前的做法是在国家层面由教育部职成教司设立继续教育办公室来推进全国的终身教育活动;地方层面如上海在教委成立终身教育处,其他省市虽然还没有设立相应的行政机构,但都设有学习型社区推进或指导办公室。这些机构在推进终身教育发展方面体现了政府的意志和公权力的力量,这点是非常重要的。二是广播电视大学整体向开放大学转型。近年来随着我国高等教育的大众化和普及化,原来以提供学历补偿教育为主的广播电视大学的发展面临了一些困境,而如何引导开放大学在服务全民终身学习的教育体系中发挥重要作用,开放大学就应该有所作为。如其可以发挥自身技术、资源和设施等方面的优势，去搭建终身学习的大平台，或者通过构建数据中心、资源中心等去满足社区居民的学习需求。三是学习成果的认定和激励。现在中央层面正在紧锣密鼓地推进国家资历框架体系的建设，今后对于各种通过自学、校外的非正式、非正规学习形式取得的成果，通过机构的认定就可以获得相应的学分。我们说，学校教育永远只是人在一生中一个时期、一个阶段的学习，更多的学习是从学校走向社会以后。如果学习活动的成果在认定后能够继续用于工作的晋升、提薪或转岗并体现人生的价值，无疑对个人的终身学习而言是一种极大的激励。

那么，我国终身教育发展又面临哪些瓶颈和困惑？就目前来看，我认为最大的瓶颈还在理论研究层面。比如基础教育、学前教育、高等教育、职业技术教育等都有一个强有力的学科背景，这就可以源源不断地培养这个学科的接班人，以及能够适应本领域工作的专业人士。但恰恰终身教育到目前为止还没有形成一个学科，其中的缘由很多。首先终身教育不是一类教育的具体活动，它最初只是一种思潮，一种构想。它的理念是要把各种教育资源整合在一起，因此它强调的是 integrate，英文意为统合。终身教育并非旨在创建或重新去开发全新的教育活动，而是致力于将现有的各类教育活动、教育类型进行有机串联、深度融通与全面统合。它旨在通过构建一个宏大的思维框架，将终身教育体系化、系统化。从某种角度看，这一过程实际上是从价值性的教育理念逐步迈向实体性教育体系的深化过程，它就好比是一家综合性医院里的全科。因此，终身教育就是一种关涉总体性的大教育、宏观思维、大框架，它需要专业性很强的理论人才，但现在最大的问题就是终身教育领域缺乏这样的专才。很多从事终身教育理论研究和实践工作的从业人员都是从其他领域，如中小学校派遣而来，也有些是从成人教育或职业教育转行而来，他们的视角都有一个很大的局限，就是不能从整体的、全局的角度去思考终身教育应该怎么发展、怎么实施。他们往往缺乏一个整体性的架构，缺乏专业素养和基础。日本、韩国对于终身教育从业人员的培养早已经形成了比较成熟的学科体系，而在中国终身教育的发展过程中这成了一个重大的缺陷与瓶颈。

其次，终身教育的发展需要公权力的推进，但现在也遭遇到发展困境。由于行政上的推进机构过于薄弱，导致推进没有力度。而终身教育要做的就是统合各级各类的教育，这显然不是单方面的靠教育的一两个部门就可以独立完成的事情，也更不是教育部下设某个机构就可以完成的任务。因为终身教育的推进不仅和教育部门有关，同时还与民政部、人社部，乃至妇联、共青团等机构或部门有关，它的目的是要把各种学习资源都规整到终身教育的领域，并链接为一个有序的系统，由此来服务于全民终身学习的需求。因此，我个人认为，国务院应当设置一个推进终身教育的办公室。目前在教育部职成教司设立继续教育办公室的机构来推进终身教育，其弊端是明显地把学校教育、学前教育排除在外。而中国终身教育立法迟迟不能出台，其根本原因也在于对最重要的终身教育概念及本质迄今没有达成共识。从已经出台的六部地方性终身教育条例来看，它们都把终身教育界定为学校以外的有组织、有目的的教育活动，这本身就存在一个很大的误区。

第三个面临的困难是资源的整合，由于教育和学习资源分散在各个不同的领域，又因为教育资源的部门归属不同，就会产生利益的纠葛，因此要整合在一起就非常困难。同时，对于社会民间丰富的教育学习资源，也缺乏有效的整合方式和推进路径。简言之，不能有效统合终身教育资源，构建服务全民终身学习的教育体系就成了一句空话，这也是我认为今后必须全力去解决的一个问题。

李政涛教授：我和吴老师深有同感，无论是国际还是国内，影响终身教育发展最重要的因素就是政府公权力的介入。尽管国外和国内存在差异，但整体来说进入政府决策层，有了公权力的支撑，全社会对于终身教育的认知度、共识度和转化度都有很大的提升。我特别要讲讲转化度，我们可以欣喜地看到，经过几十年的发展，终身教育由书本上比较抽象的、宏观的理念、原则，转化为机构、设施和平台。同时，它也适应了终身教育的发展需求，催生出了一系列与之相契合的体制、机制和制度。更为重要的是，终身教育已化为具体可行的实践与行动，并深入社会。在很大程度上，朗格朗所提出的终身教育理念已从天花板走到了地板上，从黑板、书本走向了人类的社会生活之中，体现了终身教育理念带给人类发展的福祉。

关于未来存在的问题和瓶颈，我赞同吴老师提出的学科化裹足不前。第一个方面的裹足不前，表现在终身教育目前可能更多还是一个研究领域或研究问题，还没有真正变成我们期待的“学科的样子”，那意味着要有严格、严密的概念体系、观念体系和方法体系等等，目前来看还有很多缺失。第二个方面的裹足不前，我认为是评估化不够。在我所熟悉的基础教育领域，终身教育理念尚未真正融入其评估和评价指标体系中。最近，中共中央、国务院发布了《深化新时代教育评价改革总体方案》，其中包含了终身教育的维度，但是真正进入日常的评价指标和相应范例，至少在基础教育领域还处于一种类似空白的状态。显然在评估机制、评估指标上，终身教育的维度在基础教育领域还没有真正落地，怎样从终身教育的维度认定学生的发展、认定教师的教学成效、认定学校的发展绩效，从而确立一个来自终身教育的评价标准呢？目前我觉得还存在很多空白和盲点。第三个方面的裹足不前是整合化不够，终身教育的落地实施需要各种教育主体,不同的机构、不同的平台、不同的体制机制、不同的主体之间的协同、整合,这样才能发挥终身教育的独特价值。目前来看,在不同的领域、不同的主体、不同的体系之间的相互割裂,甚至相互矛盾的情况还时有发生。所以,整合化是未来终身教育发展的一个要重点突破的瓶颈。只有把终身教育变成全社会协同整合的一件事情,那么它最有成效的一天才会到来。

编辑:吴老师,您刚刚提出终身教育发展呈现出一个从价值性理念迈向实体性体系的深化过程。对于终身教育是价值性理念还是实体性体系,吴康宁教授也认为,这是终身教育研究的一个基本理论问题,终身教育理论工作者需要从学理上加以厘清,对此您的观点是什么?

吴遵民教授:关于吴康宁教授提出的问题,终身教育究竟是一种价值性的理念还是实体性的体系,根据我个人的观点,两者都是。这个问题也恰好勾画出了从朗格朗的理念论到埃托雷·捷尔比(Ettore Gelpi,朗格朗的后任)的体系论所走过的一条深化与推进终身教育思想的路径。对于最初的终身教育而言,它仅仅只是一种理念,朗格朗自己也说,终身教育不是指具体的教育实体,而是泛指某种思想或原则。概言之,朗格朗是想打破学校教育一统天下的局面,为那些被战争或贫穷排斥在学校门外的人谋取一种重新回归教育的路径。但朗格朗的思想毕竟过于浪漫，教育本质上来说是一种“奢侈品”，假如没有政府或公权力的介入，单凭理念又怎能实现上述理想？他的后任捷尔比是意大利人，曾在米兰郊外综合制学校任教，他的学生许多都是移民的孩子或流浪儿，因此他的名言是“终身教育绝不具有政治上的中立性”。他认为，终身教育应该是学校和学校毕业以后教育及训练的统合。它不仅代表了正规教育和非正规教育之间关系的深入发展，更是个人（包括儿童、青年、成人）通过融入社区生活，达成其最大限度的文化及教育方面的潜能的过程。这一过程中，教育政策发挥着至关重要的作用，是构建这一切要素的核心所在。

结合上述两位终身教育领域的杰出专家的思想和描述，我们可以清晰地勾画出了终身教育的发展路径。首先，终身教育实际上是一种先进的理念，而非具体的，实体性的教育活动或形态。朗格朗致力倡导一种能够打破一次性学校教育的局限，涵盖个体一生的教育思想。因为 20 世纪 60 年代科学技术有了突破性的发展，学校的知识很快变得陈旧，为此如何解决这个问题就成了当务之急。不过朗格朗并没有解决终身教育理念如何转化为现实可以推进的策略问题。其后的戴维指出，终身教育应该是通过人生的各个阶段及生活领域，以带来启发和向上作用为目的的，包括全部正规的、非正规的和非正式的教育或学习在内的一种综合和统一的理念。

简言之，朗格朗之后的戴维和捷尔比都在试图寻找一条终身教育从理念走向实践的路径。他们将提出的所有正规与非正规的学校与校外教育活动称为“统合论”思想，这就是我们正在尝试构建的终身教育体系。

因此，我们得出明确的结论：终身教育首先是一个理念，没有理念的指引，任何实践都会是空谈。其次，要实现这个理念，就需要通过政府公权力去整合各种教育资源，打通各种教育类型之间的横向阻隔、利益纠结与制度障碍，然后通过制定政策去进行有效融合与连接，将各种教育形态融合成一个可以为每一个人在人生所有阶段所需要的教育或学习的资源及机会。而这个努力的过程就是从“虚幻的”理念迈向“现实的”体系的过程。由此，终身教育体系的构建实际上就是为了践行终身教育的理念，推进时时有学、处处可学、人人皆学的实践过程。

李政涛教授：吴康宁教授提了一个非常有价值的问题。他提到终身教育具有两面性——作为价值理念的终身教育和作为实体性质的终身教育。虽然在现实中，这两者常常是分离的、割裂的，甚至是矛盾和冲突的。但正如吴遵民教授所言，这两者实际上是一体的。前者决定了后者，后者则赋予前者可以实现的载体和路径。显而易见，前者具有前提性和指引性。所以，无论是终身教育，还是基础教育，真正有深度有成效的变革，一定是从价值理念和价值体系的改变开始的，这是变革的起点。

编辑： 进入21世纪后，我国在颁布的《国家中长期教育改革和发展规划纲要(2010—2020)》中明确提出“构建体系完备的终身教育”的战略目标，并在理论和实践层面引发了“终身教育体系”和“国民教育体系”两大体系的争辩。2019年，在《中国教育现代化2035》中又提出“构建服务全民终身学习的现代教育体系”的战略目标，其后又引发了“终身教育”和“终身学习”、“终身教育体系”和“终身学习体系”及“终身学习服务体系”等提法的议论。对于教育理论研究者来说，如何看待这些争议？又如何确立教育研究的基本立场呢？

吴遵民教授： 党的十六大到十九大多次提出“完善国民教育体系，构建终身教育体系”，其中关于体系构建的表述就不断有着变化。在2019年所发布的《中国教育现代化2035》等重要文件中又进一步明确为“建成服务全民终身学习的现代教育体系”的方针。我个人认为这一提法及转变非常好，它非常智慧地把“国民教育体系”和“终身教育体系”有机地融合在了一起。简单地说，我个人的理解是，未来的教育体系是关乎国民教育的体系，但这个体系又是以服务全民终身学习为宗旨的，以上是我对两个体系论的解读。关于终身教育和终身学习是不是一组相同的概念，终身教育体系和终身学习体系又有什么不同,其中还涉及终身教育体系和国民教育体系的概念异同等,以下我尝试分别做出诠释。

终身教育理论的提出者保尔·朗格朗是一个非常浪漫且有情怀的法国成人教育思想家。其浪漫体现在哪里?他能在理念层面将一个长达四百多年的顽固且僵硬的学校教育体制一举打破,他指出学校不应该成为年轻人的专利。根据他的思想,教育应该可以在学习世界和劳动世界反复回归,即可以一段时间读书,一段时间工作,然后再回归学校或社会。他的观点基于很多理由,而最大的理由是"二战"以后经过约二十年的政治稳定、社会安宁、科学技术的进步与发展,那些因战争和社会动乱等失去教育或学习机会的一代人成了文盲、成了社会的弱者。他们因为没有学历文凭、缺乏职业技能资格而被社会所抛弃。为了使这些人能够重新回归学校,朗格朗就提出了终身教育的思想。

在他之后还分别出现了戴维、捷尔比、埃德加·富尔(Edgar Faure)等人。尤其是埃德加·富尔所撰写的调查报告《学会生存》第一次提出了终身学习的概念,并强调,如果我们不重视终身学习,那将意味着我们会越来越无法生存。简言之,终身教育和终身学习概念的提出虽然基于不同的背景,但当两个概念交汇在一起时,就产生了灿烂的火花。其中一种看法认为终身教育和终身学习应该分别是两个发展阶段,终身教育在前，终身学习在后，它们呈现的应是一种递进的关系。因此，现在应该进入终身学习的时代，因为终身学习的概念比终身教育更为先进。其实这存在一个很大的误区。我们知道，教育与学习是一对相辅相成的概念，就好比教师和学生、教和学也是一对互相统一且互相对立的概念。至于终身教育为什么要在先？因为它是一个先决条件，即发展终身教育的目的是希望我们的受教育对象——学习者的学习愿望能够实现。而只有不断完善外部环境并以此作为先决条件，如设施场所的提供、教师队伍的配备、课程资源的融合、学习活动的组织等等，才有可能实现作为个体化的终身学习的需求。换言之，必须经过终身教育者的策划与组织才能满足终身学习的需求，才能实现学习者的学习愿望。它们之间是互为条件、互为因果的关系，而不是递进的过程。我们应当明确，如果没有终身教育就根本谈不上终身学习。所以，终身教育和终身学习就犹如一个硬币的两面，它们不是绝对的相向而行，而是相互依存，互为条件的。任何用终身学习取代终身教育的结果，都会造成公权力的后退和政府不作为现象的出现。

那么，终身教育与学校教育又是什么关系呢？第一，它们是包容的关系，学校教育内含于终身教育的大概念之中；第二，终身教育当前的推进重点是关注离开学校后的教育。学校后教育与学校教育相比有许多不同，如学校教育的课程内容是有规定性的，而终身教育（特指学校后教育）更多的是面对走出学校的社会成人，他们具有自主性的学习目标、自选性的学习要求和自助型的学习期待。所以，终身教育相比学校教育有三个鲜明特点：自主性、自助性和自由性。它不可能像基础教育、义务教育那样对学习者进行强制性灌输或设置固定的学习内容，其需要做的是教育资源的融合与提供，而只有整合更多更丰富的教育内容和机会，学习者的自主与自由选择才有望真正实现。

党的十九届五中全会提出要建设高质量的教育体系，推进高等教育的普及化，提升全民教育素养。对此，我的观点是：首先，终身教育在任何时候、任何场合都应确立政府作为公权力应当担负的责任和使命，因为终身教育强调的是公益性的原则，它必须面向全民、惠及民生；其次，应当坚持终身教育永远“在路上”的原则，为了帮助学习者实现终身学习的愿望，应不断地奠定基础、拓宽视野、丰富资源。而终身教育只有不断地充实和完善，终身学习的愿望才能够更加切实地得以实现。最后，对终身教育和终身学习的关系理解也不仅是一个概念内涵的解读问题，它还有一个本质性的思考问题，即终身教育到底是姓公还是姓私的命题。

关于终身教育体系和国民教育体系的异同，我认为这是两个不同时代的不同提法，它实际上指向的是同一个体系。对于国民教育体系，我们可以称它为前工业化时代的概念，它是由国家来创建的服务国民基础教育的教育体系和制度，具有特指性，这个特指就是学校教育。在顾明远先生主编的《教育大辞典》中，国民教育体系就是学校教育体系。那么，这个概念为什么可以延续很长时间呢？这是因为在前工业化时代，一次性的学校教育就可以满足人一辈子的工作需求，满足人生后半段的发展需要，因此，学校教育就代表了人一生的教育。但是到了后工业化时代，科学技术高速发展，一次性的学校教育哪怕就是读到博士，都不可能实现满足个人一辈子发展的愿望。《学会生存》中有一句话，大意是昨天学的知识到明天就已经落后了、过时了，所以要提倡终身学习。当然这是另一层意义上的终身学习概念，其意是人的一生都要处在不断学习的过程中，所以我们需要构建一个为个体终身提供学习机会的体系。简言之，国民教育体系指向的是学校，终身教育体系指向的是学校及学校后教育的融合与连接。国民教育体系是单向的，指的是一个维度、一种教育；而终身教育体系是多维度的，指的是社区、家庭和学校等各种教育的集合。

构建服务全民终身学习的教育体系，就是要将我们刚才讲的终身教育和终身学习、国民教育体系和终身教育体系融合起来，可以说，“服务全民终身学习的教育体系”就是上述两个体系的升级版或现代版。

李政涛教授：吴老师对于几对基本概念的辨析很清晰、完整，我觉得特别重要。未来终身教育要成为一个学科，辨析基本概念是重要的基础。我重点对终身教育和终身学习的关系发表我的想法。这些年对这一概念的辨析也经常被提起，就是教学和学习的关系，最近流行的观点倡导“学习中心”，对此我有不同的看法，“学习”和“教学”是不能等同的。什么叫学习？学习是孩子自己看书、自己做作业、自己思考问题。教学是什么？中国汉字为什么在学前面加个教呢？它意味着要通过老师的介入，引领和改变学生的学，意味着学生学习需有教师在场介入，这才能叫教学。学习当然重要，但不能因为有了学习的存在，就替代了教学，教学永远需要通过老师来引领和改变学生的学习。所以从这个角度出发，转换到终身学习和终身教育的关系问题上，吴老师谈了两个非常重要的观点：第一，终身教育更多是属于外部的社会属性，而终身学习是属于内在的个人心态；第二，更重要的在于，终身教育和终身学习不是一个先后递进的关系，更不是一个割裂的关系或非此即彼的关系，而是相互关联的。终身教育为终身学习创造条件、提供基础，两者永远处在一个互动关联的语境之内和背景之下，这才是一个合理的概念框架，有着合乎逻辑的内涵。这是我对吴老师观点的一个回应。对于这几个概念的辨析，特别是终身教育、终身学习概念的辨析，我觉得要坚持以下三个原则性立场：第一个原则性的立场，是我们要始终尊重教育，包括终身教育自身的逻辑，不能用终身学习的逻辑去替代终身教育的逻辑。第二个原则性的立场，我们要避免终身教育与终身学习的割裂、对立，避免非此即彼。第三个原则性的立场，终身教育和终身学习如同吴老师所言，是一个公与私的关系，不能因为倡导了终身学习这个私人事务，就忘记了终身教育的社会公有责任。以上应该成为我们在终身教育理论研究中必须持有的基本立场。

编辑：两位学者从学理上对终身教育、终身学习等概念作了清晰的诠释。当然，从现实层面来看，终身教育在发展过程中确实也存在着理念上的“大而全”和实践中的“小而窄”，理念上的“统整贯通”和实践中的“割裂疏离”等困境，在你们看来，导致这些深层次的原因是什么？“十四五”期间推进终身教育、终身学习，在基础教育、高等教育及其他教育领域，可以或者应当作哪些方面的突破？

吴遵民教授：中国推进终身教育相比世界上的一些发达国家如美国、法国和日本等，存在着比较大的不同，具有独特的中国特色，即在顶层设计方面尤为重视。十六大就提出了要构建终身教育体系的目标，而最近又提出要建设服务全民终身学习的教育体系。从名称和思路的变化中，可以看出中国对终身教育的理解在不断拓展与深化。十六大讨论的是传统的以学校为主的国民教育体系无疑是落后了，其内涵狭隘，无法满足现代人的终身需求。然而,如何取代它呢?当时在认识上还是不够清楚,所以就提出了所谓两个体系并存的思路:“现代国民教育体系更加完善,终身教育体系基本形成”,即在完善原有体系的同时,新的体系要构建。若干年以后,这个提法有了些许改变,但改变不大。当时教育部的政策确实有些理想化,他们在抛出一个命题以后,对于如何实现却并没有具体举措,令人感觉有点隔靴搔痒。例如,既然要在国家层面推进终身教育,那就需要整合各种教育资源,至少要在教育部乃至更高层面成立一个推进办公室,但现在的办公室却放在了教育部职业教育与成人教育司,而将终身教育和职成教联系在一起很容易引起大众误解,况且通过一个司的力量去整合包括教育部在内的各种教育资源,实际上也是不可能做到的。显然,从顶层设计到具体落实其实都缺乏有力的抓手、有效的路径,甚至在着力点和方向上都存在着迷惑。

然后,从本次提出的“构建服务全民终身学习的教育体系”的宏伟目标的角度来看。其中,“全民”这个定义应该怎么去界定?按照英国人类学家的研究,人有四种不同年龄:婴幼儿、青少年、成年人和老年人,全民是不是指这四类人群?其中婴幼儿有没有可能终身学习?对于已经在学的青少年,其终身学习的目标又是什么?我们明显地可以看出“服务全民终身学习”主要是针对后两类人群。但概念上的过于宏大,如终身、全民，当真要去执行的时候，却又发现根本就抓不到重点。对于地方性教育行政部门来说，在政策具体推进时，也遇到重重困难。从这一点而言，我们与国外恰恰相反。世界上目前制定终身教育法的大概是四个国家：美国、法国、日本、韩国。美国终身教育立法是属于高等教育法的修正案，法国终身教育立法是放置于职业教育法内进行补充规定，韩国和日本则专门制定了专项法，其中韩国叫终身教育法，日本叫终身学习振兴法。美国和法国的立法比较有意思，它不走大而全的路线，而是在某一个专项立法中渗透终身教育，这样就可以避免出现大而全和大而空的问题。中国目前也开始关注这个问题，解决资源融合的困境就是通过资历框架和学分银行的设立来打通因教育类型、教育形态的不同以及归属迥异所造成的利益纠葛。

从当前中国的优势来看，它是能够很有魄力地提出一套整体性、战略性的终身教育发展目标，例如到 2035 年建成服务全民终身学习的教育体系，但在具体细节的落实上却是功力不足、力度不大。我们的现状就好比在下一盘很大的棋，大的方向和思路都有了，但小的策略与细部的周密思考却略显不足。

李政涛教授：我沿着吴老师的思路继续讲。所谓“深层次的原因”，关键何为“深层次”，深在哪里？深的东西，往往都是根源上的问题。只有抓住根源上的问题去思考、去实践，才可能带来突破。那么哪些属于深层次的、根源上的东西？在我看来,至少有五个方面:一是价值观或价值取向,这是终身教育的魂与帆,这里的价值观,最核心的教育价值观,它回答的什么是“教育”与“好教育”,什么是“理想的教育”;二是思维方式,我们必须改变根深蒂固的点状思维、割裂思维、二元对立思维、非此即彼思维和极端化思维,终身教育与基础教育的分离,源于割裂思维。如吴老师所言的“全盘否定”,其实就是一种极端化思维的表现;三是机制,很多现实性具体性的问题,其症结在于机制设计有缺失、有偏差;四是能力,这与人这个终身教育的主体有关,尤其是从事终身教育的教育者,有没有相应的能力和素养,这是至关重要的方面。例如,再好的课程理念和课程教材,如若教师的能力素养跟不上,那教育效果也会大打折扣;五是评价,评价是所有改革的最后一站,也是最大的瓶颈难题。这五个方面,是未来终身教育的突破点或突破方向。

编辑:对于终身教育理论研究来说,有一种声音是要走向体系化、学科化,你们如何看待这种声音?如果说终身教育要学科化,可能最直接的问题就是怎么来处理终身教育学与教育学体系的一级学科、二级学科的关系,这在整体的教育学科体系中又如何来定位呢?

吴遵民教授:终身教育学科化不是说不成熟,也不是说不可能。日本在所有大学都开设有社会教育的专业,在中国称社区教育,其中包括终身教育和成人教育的学科内容。日本的学校教育和社会教育是国民教育体系的两大支柱，因此在教育学学科分类中，除了基础教育外，还有社会教育。他们的社会教育特指学校外各种教育活动的内容策划、设施建设、活动组织等。其中包括从事社会教育专职人员的培养、专业素养的提升等都有一整套的理论。现在，日本已经把社会教育扩充为终身教育，例如在终身教育的框架下开设社会教育、继续教育、成人教育以及职业技能教育等课程。实际上我们也可以借鉴这个思路，把原有的成人教育学科升格为终身教育学，同时在终身教育学学科体系中，开设成人教育专业、社区教育专业、老年教育专业等分支学科。当然终身教育并不等同于以上几个部分，但在当下它却是需要去着重发展并形成理论化的学科体系。如果上述目标能够达成，那么社区教育与学校教育就可以形成两大互相支撑的学科体系，将它们加以有机连接与有序整合，终身教育的服务体系的构建就会成功。

再次强调的是，终身教育绝不排斥学校教育，而眼下特别重视学校外教育，是因为学校教育已经发展得相当完善，其制度化、体系化、理论化的程度很高，而学校外的社区教育、成人教育、老年教育等还需积极努力，以争取与学校教育达到同等重要的位置与同样高的水平。简言之，现在就是要将还没有体系化、制度化、理论化的校外成人教育、社区教育、老年教育等加以规范与拓展，以使其与学校教育处在同一个水平线上，由此学校、社会连接及三教（学校、家庭与社区）融合的理想才能真正实现。

李政涛教授：吴老师已经讲得很清晰很透彻了，我完全赞同他的想法。我再补充两点：第一，“十四五”时期的终身教育研究，要围绕国家近年来积极倡导的育人方式及其变革和育人质量提升来开展，因此需要将终身教育作为必要的路径之一。第二，要将终身教育研究置于人工智能时代的大背景之下，重新进行顶层设计和整体架构。人工智能带来的不只是教育技术与方法，还是整个教育体制、机制和制度的体系性变革，势必会带动未来教育体系、国民教育体系和终身教育体系的链条式重组，进而影响到终身教育的学科化发展，从学科研究对象、研究内容到学科研究方法论的重构。对于我一直很憧憬的“终身教育学”而言，这样的未来，充满了新的发展机遇，值得我们认真思考和努力建构。

* 本文曾发表于《终身教育研究》（2021 年第 1 期），原题为《中国践行终身教育的本土化之路》。《成人教育学刊》（2021 年第 6 期）全文转载本文。

何谓跨界，何以终身，未来走向何方

——终身教育与跨界教育的深度对话

吴遵民：教育何以终身

终身教育理念自 1965 年被国际社会倡导以来，作为一股国际教育思潮早已风靡全球，其影响力延续至今，而这一现象的出现绝非偶然。在我看来主要原因有三：一是“二战”后世界各国经过了约二十年的和平建设，经济大幅发展，社会局势基本稳定，科技发展速度迅猛，以至于阶段性的学校教育已不再能够满足人一生发展的需求；二是战乱期间因学校关闭而造成的大量失学者在战后因错过了入学的最佳年龄而陷入了低学历、无技能的困境；三是长期以来学校教育因体制的僵硬、教学方式的单一，造成了人才培养无法适应社会快速发展的需要。上述问题均引发了人们对学校教育的质疑，社会也急需一种新的教育思想或理念来对上述问题进行破解与改革。而终身教育具有的多元化与跨界性的特征，以及注重教育应贯穿人一生的先进理念和思想，这为 20 世纪 60 年代以后的社会发展与经济建设起到了理论奠基的重要作用。换言之，任何一种新的教育理念或思潮的产生及普及，都与经济的高速发展、社会的剧烈变化及随之引发的教育深度改革有着密切关系。

一、终身教育变革的发展趋势

教育何以终身？这是终身教育学界一直在探讨与研究的命题。从当下中国终身教育的发展现状来看，其早已从当初“完善现代国民教育体系、构建终身教育体系”的两个并列的体系论，迈向了当今建设“服务全民终身学习的教育体系”的一体论方向。近年来，党在二十大报告中又提出了建设“学习型大国”的理念，这一重大方针政策的发布更是进一步彰显了党和政府大力推进终身教育的坚强决心，以及为了实现教育贯穿人一生的理念和教育强国方针而积极探寻终身教育本土化实施路径的意志。

结合近六十年来终身教育的国内外发展形势，我以为有三个重要动向值得关注。

第一是在思想和意识上打破了学校教育占据主流的局面。

我们以前一讲教育就必定指的是学校阶段教育,而学校教育也几乎包揽了人一生的教育,而现在这样的局面已被打破。人们意识到正规的学校教育已经无法承担人在一生中的各种发展需要,人们开始对非正规以及非正式的教育或学习活动给予非常大的重视与关注。

第二是服务全民终身学习的教育变革引发了人们对教育改革的整体思考,其中特别引入了"学习"的概念。以前提到教育总是单方面地从教育者的角度去思考,但现在开始意识到需要倾听与关注学习者的呼声。换言之,以前总是关注供给侧的资源与条件的准备,而现在开始转向需求侧,即基层民众所需要的个性化学习需求。这一转变使我们对教育有了更多元化的、多层次的、多维度的立体认识。

第三是从思想潮流的层面慢慢地落实到具体的实践行动。例如,我们开始对服务全民终身学习的教育环境、教育机会、教育条件、教育设施、教育内容,乃至于教育动机进行了周详的规划与设计。最近出版的联合国教科文组织编撰的《让终身学习成为现实行动:手册》(*Making Lifelong Learning a Reality: A Handbook*)中,就提到了三个新概念:其一是包容性学习。具体地说,我们需要在正规和非正规的学习形式当中通过各种举措促进各个层级的包容性学习,包括提供多样化的学习机会、灵活的学习途径、可供选择的各种学习内容等。其二是教育的第三使命。这实际上是对高等教育提出了新的挑战。现有的研究已经充分证实,虽然终身学习在城市中得到广泛的推广和实践,但城市所能提供的终身学习资源和功能仍然有限。但每一座城市都有众多的高等教育机构,这些高等教育机构可以在战略、规划、协同和实施等方面提供非常重要的帮助。这也被视为是高等教育机构在推进终身学习过程中的第三使命,即它可以为非传统的学习者提供更多灵活的学习方案。其三是家庭学习。家庭学习现在已经被定义为是一种重要的、非正式的学习,因为家庭学习有助于增强社会的凝聚力,提升整个社会成员的生活质量。中国自古以来就有重视"家风、家规、家教"的传统,其方法就是依赖家庭学习。这种优良传统通过几代人的努力而逐渐形成,并通过家族成员之间的代际传递和学习路径得以继承和发扬光大。

二、我国终身教育理论研究面临的新挑战

自终身教育理念被引入我国,它便迅速受到政府的高度重视,并推动了一系列政策与立法举措的出台。同时,学术界也在积极诠释终身教育思想、提出建设性意见,并在传递民众呼

声方面发挥了重要作用。得益于基层民众的积极响应和支持，中国在短短四十年的时间里走过了先进国家六十年的终身教育发展道路，并取得了显著的进步和成就。然而在进一步构建完备的终身教育体系之际，我们仍然在理论与实践层面遇到了众多新的挑战和问题。归结起来大致有三大挑战、五大问题。

所谓三大挑战指的就是国际化、本土化和立法化的挑战。

首先，众所周知，终身教育是由国际社会提倡与传播的理念和思潮。因此，我们需要在理论层面深入研究和理解终身教育的起源背景，理论发展的脉络演变以及教育术语的变换与深化，以便更加全面而明晰地了解和掌握终身教育发展的全貌。换言之，国际化不仅仅是跟随潮流，而是要对潮流的演变过程有清晰的认识与把握，因为只有知道了它的过去与现在，才有可能预测它的未来。

其次，要将一项重要的国际理念融入本国实践，那么使其本土化就是一个非常重要的过程。所谓本土化实际上就是把一个空泛的国际理念转变成适合本国国情的实践过程。对此需要关注三个问题：第一，在本土化的过程中一定要深刻理解"终身教育的本质"问题。笔者认为任何一项教育活动都有它的本质特征，我们只有对终身教育的本质有了清醒的认识，在融入的时候才不会陷入片面的误解。第二，本土化的过程还需要关注终身教育的整体性与阶段性的发展目标。换言之，我们在推进终身教育之际，有必要思考其对于国家、个人、社会到底意味着什么，我们又究竟要达成什么目标等问题。这不仅是一个哲学命题，同时也涉及对终身教育终极目标的探究。例如，联合国教科文组织引入罗伯特·赫钦斯的“学习社会”理论，涉及的就是对终身教育终极目标的思考。“学习社会”理论传入我国以后，就成为我国推进“学习型社会”和“学习型社区”的理论基础。而最近在学习型社会的理论基础之上，党在二十大报告中又提出了“学习型大国”建设理论，我认为这是国际理念本土化的最好诠释和落实，也是全面理解终身教育本质及探讨其终极目标的最好解读。除终极目标之外，终身教育也有阶段性目标，即在国际理念落为本土实践的时候，还需要一系列的推进步骤。因为我们不能马上就对终身教育的整体有着非常明晰透彻的了解，必定是在逐步理解的过程中去践行它的理念，慢慢体会它的深刻意蕴，同时又要结合本国条件一步步地朝前推进，这也是本土化过程中非常重要且必然要经历的过程。第三，我们需要明确终身教育的价值取向，即坚持本土化首先需要具有本土的立场、选择和判断。所谓本土的立场，即需要思考和采取的路径与导向，例如是基于经济的目的，还是着眼于保障人的学习权利。本土选择则关系我们在推动终身教育发展之际是强调国家和政府的责任，还是放任其由市场来自由运作。本土判断又涉及应该从什么视角去看待终身教育，若从发展经济的角度，可能会把终身教育看作是一项最好的投资，可以产出最大的经济效益；但若从人文的视野角度来看，则会把终身教育视作提升全民素养、促进和谐社会、完善个人生命成长与生活品质提升的重要路径与手段。本土立场、选择和判断的不同会造就不同的目标与价值。

最后，当我们试图把终身教育从一个浪漫的构想和空泛的理念转化为具体可以推进的实践形态之际，它的重要保障便是制度政策与立法。换言之，要使终身教育理念落地就必须得到政府及政策的支持，并最后上升为法律，给予切实保障。但就我国的现状来看，国家层面的终身教育立法迄今迟迟无法推进，究其根本原因还是对终身教育基本理论的研究尚处在一个比较薄弱的状态。例如对它的基本概念、基本内涵、要实现的目标、存在的一系列问题等，在国内学界仍然存在着一些分歧。因此，要解决立法化的问题就必须在理论上给予更深入的探讨。在 2010 年，上海市继福建省之后出台了《上海终身教育地方条例》，相对福建省地方条例的“空泛”而言，人们对上海终身教育地方立法充满了期待。但在草案形成并向市政府有关部门进行汇报解读时，却仍然因为解释力的不足而导致一部分重要条款无法获得认同而放弃。现今，《上海终身教育地方条例》再次启动了修订程序。然而如何聚焦问题的解决，以及如何对终身教育的内涵做出科学而明晰的界定，仍然是当前修订工作的拦路虎。换言之，理论研究的滞后、概念界定的模糊等都将直接影响一部优秀法律的制定。

除了上述三大挑战，我们在终身教育推进过程中还需关注五大问题。

第一是推进终身教育所要实现的终极目标问题。首先我们要明确它与现在正在构建的学习型社会和学习型大国建设之间有何内在关系？它们之间又是如何互相促进、互相融合，以及推进的具体路径与机制又是什么？这些问题甚至还涉及全民终身学习理想的实现，以及如何把“人人皆学、处处能学、时时可学”的学习型社会构想落到实处的讨论。毋庸置疑，这不可能单纯地只依靠制度化的学校教育去完成，因为它需要突破时间、空间和对象的局限，由此就需要在技术层面依赖数字化的普及，而在方法论层面引入“跨界教育”的思想。

第二是终身教育、终身学习之间的关系界定问题。这一问题的关键是需要清晰界定各自面对的主体对象、各自具有的功能特征，以及明确各自所要达成的目标与解决的问题，这也是一个非常重要和关键的理论问题。例如，终身教育强调国家意志，注重政府责任；终身学习仅关注个人的自由与自主的选择。它们互为促进、互为依存。换言之，没有终身教育机会的充分提供与完善发展，就谈不上终身学习的自由与自主选择。

第三是学分银行的建设问题。众所周知，在终身教育整体构建和推进过程中所面临的一大难点就是需要对各种不同类型、不同形态的教育资源进行统合的问题，终身教育体系构建的重点就在于要把学校与学校外、体制内与体制外、正规与非正规乃至非正式的各种教育机构与教育形态加以有机连接与融通。学分银行则是实现上述融通目标的一个很好的路径及有效的手段，它可以通过对学习成果的“认定、积累和储存”，起到架接“立交桥”的融通作用。但目前我国学分银行建设仍然没有起到上述连接的重要作用。笔者认为只有当各种教育机构互通，包括正规教育机构和非正规教育机构之间的互通、人员之间的互动、不同教育机构之间课程的互相开放以后，学分银行才能真正具有生命力，学分银行的意义与价值才能得到真正体现。例如，欧盟实现一体化以后，学分银行打破了欧洲各国之间的教育界线，而课程的开放、学分的互认也使得人才流动极大地促进了欧洲各国社会与经济的发展。从某种角度上看，学分银行体现的也是一种跨界精神。

第四是服务全民终身学习体系的整体构建问题。服务全民终身学习必然会涉及不同年龄、对象、学级、阶段人群的教育问题。其中也必然会涉及学前教育、学校教育和学校后继续教育的贯穿、融通和连接。涉及人生不同阶段、层级及内容的教育，所要达成的目标也肯定不同，而对于这么多的不同，我们又怎么去加以区分呢？这么多不同的对象基于不同的学习目的又需要获取怎样的学习资源，什么样的教育内容，又基于怎样的学习动机呢？最终，又怎样去构建一个既具整体结构又能融合各种不同类别、层次及对象的教育体系呢？归结起来就是所谓的学前教育研究、学校教育研究和成人教育研究，以及关于一体化教育体系的构建问题。然而，之前的研究是割裂的、单一的，现在则需要通过交叉融合，尤其是引入跨界的思想去进行整体与类别的研究。

第五是关于老年教育的研究。以前我们一直把老年教育界定为“老有所学、老有所乐”，从当下状况来看，上述观点其实有很大的局限。最近教育部等三个部门联合出台了银发教师可以继续为社会做贡献的文件，从中我们看到，对于老年教育正在转向“老有所为、老有所用”，也就是积极鼓励一些还能够为社会做贡献的老年人，继续运用他们的智慧和丰富的人生经验，为社会贡献他们力所能及的力量。以上观念的转变也使我们对老年教育的认识有了新的重大突破，即老年教育的“教育”一词具有双重属性，它既具有“被教”和“受教”的涵义，同时也有“去教”和“参与教育”乃至“引领教育”的作用与功能。对此问题的认识，在研究上具有重大的突破性意义。事实证明，一个积极参与社会活动的老年人，其心态和精神状况都将得到极大地改善，这应该是积极老龄化的重要意义所在。

三、终身教育视域中的跨界

关于跨界教育与终身教育的关系问题，就理念和思维方式而言，跨界教育确实为终身教育从一种空泛的理念落为一项具体的实践举措提供了一个非常重要的视角，跨界也确实凸显了终身教育的鲜明特征。如终身教育主张教育要贯穿人的一生，在时间上就要从婴儿跨到老年。从不同时段接受不同的教育角度来看，它要从正规跨到非正规乃至非正式的教育形态。简言之，终身教育必须通过跨界，才能把不同对象、年龄内容及形态的教育加以贯穿、连接与融合。但终身教育除了跨界的特征之外，还有一个不容忽视的本质特征，那就是“integrate”——统合。终身教育在国际社会刚被提倡之际，它最初的英文全名是“lifelong integrate education”，中文也可以译为“终身统合教育”。

换言之，统合是终身教育不可或缺的重要内涵，即终身教育的跨界不仅仅是一个单纯和简单的跨越，而是在跨界的过程中实现统合。也就是说，它需要在跨越之后再将两者加以连接。统合就含有整体构建的意思，它指的是一种内在的有机融合与衔接。由上文分析可知，终身教育固然要“跨”，但又不完全停留在“跨”的层面，其更注重在“跨”的过程中对整个教育体系进行重构，对涉及人一生的教育内容进行重组，以及对整个教育构造进行重建，在此我把它称之为“三重”。总而言之，终身教育是基于人一生的不同需要而对教育进行整体构建，然后在“统合”理念的指引下最终实现教育资源的共同分配、利用和分享。所以，终身教育应该是“跨界”加上“统合”，如此才能体现终身教育的完整意义。

至于国际社会为什么去掉了“统合”一词，那是因为统合具有一定的“强制性”。固然终身教育思想的实现必然要依赖统合的理念，但究竟由谁来“统”又如何“统”的意见并不统一。因为终身教育归根到底是一种教育的思维方式或学习行为的提倡，它强调的是自由的原则与自主的选择，而不是一项必须强制性的执行行动或举措。因此，为了避免发生误解与误导，国际社会在终身教育正式推出之际最终去掉了“统合”一词。

李政涛：教育已然跨界

一、跨界教育的命题诠释

我所倡导的跨界教育，从一开始就是在与终身教育的关联和对比中生成的。和终身教育一样，跨界教育也是一个多元性、层次化，甚至是立体化的概念。我尝试从如下几个方面来做解读。

第一，跨界教育的预设。任何理论体系的建构除了背后的理论假设，也能预设。在我尝试提出的跨界教育概念体系里，有四个预设。一是人类有跨界的需要。这是跨界教育产生的起点，这种需要是根植于人类生命中的，也是人类文明演化的起点。二是人人都有跨界的可能性。如同赫尔巴特（Friedrich Herbart）所言，为什么人类需要教育？教育何以可能发生？这是因为人具有可塑性这一特质，而跨界教育激发了每个人潜在的跨界能力。三是跨界具有育人价值，更展现出强大的生长性。从某种程度上讲，跨界能推动人的持续生长。四是教育需要满足人类的跨界需要。实现跨界、促进跨界增长，最终实现跨界特有的育人价值。

第二，跨界教育的性质和终身教育一样，跨界教育是一种新型的育人方式，是一种整体性的，类似于一种统合性的方式。如果只把跨界教育限定为一种具体的教育、教学或者学习类型、学习方式，就会窄化、弱化跨界教育的价值。跨界教育的提出，代表了一种前沿的视角和革新的思维模式，即以跨界为窗口、以跨界为路径来审视教育、实践教育和重构教育。如果说终身教育是将教育看成终身性的，跨界教育则是把教育看成跨越性的。跨界教育就是以跨越的教育方式让所有的教育者和受教育者，共同终身经历一个在跨越中共同生长的过程，而这个过程一定也是统合和融通的过程，也是一个终身的过程。

第三，跨界教育的对象。这个对象与人人有关，它既针对学生，也包括老师、家长及所有成年人。跨界教育的对象就像终身教育一样，遍布社会的每个角落，属于每一个群体和每一个个体。人人都需要跨界，都可以跨界，而且需要接受跨界教育。不妨做一个大胆的预测，人类即将迎来一个全民广泛参与，跨界教育蓬勃发展的大时代。

第四，跨界教育的目标。它的根本目标是“跨以成人”，终极目标则是推动人类全面而自由的发展。它有助于解决不同界域之间，如不同学科、知识类型之间，不同的职业、身份之间存在的因各种分离造成的片面发展、断裂成长和颗粒生长。在跨界成人教育中，我们致力于实现学以成人、教以成人的理念，将教育过程与人的自由而全面发展紧密结合，这是我们的根本目标。跨界成人教育与终身学习和终身教育紧密相连，通过跨界学习和跨界教育培养具备跨界思维和能力的人，使他们能够从终身学习的道路上迈向终身跨界学习的新境界。

第五，跨界教育的内容。跨什么“界”，“界”在何处？它可能是一种特定的时段，例如，所处的某一个时代、某一个年龄；也可能是某一个特定的空间，某种习惯的交通工具，例如，从坐高铁到坐飞机，就实现了跨界。所跨之“界”也可能是自己喜爱或者擅长的学科、知识、经验与方法。人文社会科学训练出来的人,往往对自然科学、对数学有畏惧感,后来通过研究教育研究方法论,我们发现只有人文社会科学来研究教育肯定是不够的,需要跨界到自然科学,跨界到学习科学、脑科学等各种交叉科学中。跨界之“界”还可能是某种语言方式、行为习惯。每个人都可能习惯于在自己的“界域”里深居简出,结果局限其中,形成了界域固化和界域傲慢。我常常对中小学老师、校长等合作伙伴们讲,我们两大群体要避免两种傲慢:理论研究者要避免理论傲慢,实践工作者要避免实践傲慢,共同破除各自“界域”的傲慢与固化。

二、基于跨界的教育体系展望

跨界教育方案有三大体系:一是理论体系,二是实践体系,三是政策体系。三个体系缺一不可,共同构成了跨界教育带来的新体系。同时,三个体系也分别指向三个逻辑:跨界教育的理论逻辑、实践逻辑和政策逻辑,这三种逻辑融会及统合为跨界教育的整体逻辑。

跨界教育的实践体系包括哪些构成呢?它应该有自身的价值体系、目标体系、课程体系、教学体系、教研体系等。我希望将来的中小学校本教研，能把跨界纳入其中。其实现在很多中小学教研、校本教研里，已经把跨学科的主题学习，包括STEM和STEAM① 等都纳入教研内容、教研体系、评价体系、教师培养体系之中，相关的基础一直在积累和发展。例如，目标体系，其围绕“跨界成人”这一根本目标，培养出具有“跨界素养”的“跨界人才”。新课标强调核心素养，未来如果再继续修订，有一个方向就是人工智能的素养，学生及教师的人工智能素养需要进入课标；同样，“跨界素养”也可以纳入其中。

跨界素养需要转化为如下目标：什么是我们眼中的“跨界人”“跨界教育”？它要形成的目标是什么呢？一是唤醒和满足跨界需要；二是萌发和增值跨界体验；三是赋予和强化跨界能力；四是养成和内化跨界习惯。例如，对于萌发和增值跨界体验来说，新课标里有一个概念叫学科实践，其有三层含义。第一层含义就是让学生在学习中亲历，然后生成体验。有体验的知识习得和没有体验的是完全不一样的。教育给予人丰盈的生命体验。几年前有一个热点叫教育元宇宙。元宇宙是一个虚实融合的世界，也是一个虚实跨界的世界。它的价值就在于通过跨界让师生找到通向另一类和另一些感官体验的通道，并

① STEM指集科学、技术、工程、数学的各领域融合的综合教育。STEAM又多了一项“艺术”。编者注。

在不同的角色、身份、境遇之间反复切换，以此丰富拓展人类体验的广度和深度，实现体验增值。由此产生的评判“好教育”的标准是什么呢？如若让人类的生命体验和教育体验在跨界中能获得最大限度增值的教育，就是好教育。为此，需要以跨界的方式孕育体验、催生体验、创造体验和扩展体验。

对于评价体系的例子，跨界教育会赋予教育新内涵、新标准，因为它拓展了原有教育的边界，必然会产生新的教育评价标准。任何评价都带着一种视角，不同的评价标准有不同的视角。如果以跨界视角为标准看教育，如前所述，一种优质教育的评价标准正在逐步转变，其更加关注于能否满足人们的跨界需求和提升跨界能力。这种转变引领着我们对于好学校、好课程、好学生和好教师的重新定义。“好学生”是充满了无限跨界可能的学生，拥有自主跨界学习、终身自主跨界学习力的学生。“好教师”则是既有跨界学习力又拥有跨界教育力的人，他们善于激发学生跨界能力，帮助学生把潜能变为现实，进而培养出具备跨界素养的优秀人才。以跨界视角为标准来看今天的高质量教育，高质量教育离不开高质量的跨界。换句话说，有了高质量跨界，教育才有可能走向高质量的教育。此外，已有的评价方式，例如综合素质评价、过程性评价、增值性评价等都会在跨界教育这个新平台、新层面、新视角的标准下得以重新理解、重新设计、重新实践。我认为跨界素质评价正逐步从传统的结果导向转向过程与增值并重的跨界评价。

三、跨界教育视域中的终身教育

跨界教育作为终身教育之后的新趋势，实际上并不是全新的概念，而是早已在教育的各个领域中悄然生长。终身教育，作为人类教育发展的热潮，它还在持续发展，不断迭代更新，不断引发和催生新的热潮。而跨界教育的出现，正是在这一“热潮”的背景之下，逐渐崭露头角。

从终身教育视角来审视跨界教育，跨界教育的确是终身教育的核心命题或内容之一。倘若反过来，以跨界教育来看终身教育，那么，跨界教育应该是终身教育发展的新阶段，是人类需要攀登的新山顶——走向终身跨界。这种互为视角的格局，使我想到哈贝马斯提出的“视域融合”概念，我们追求的正是两者之间的视域融合与互为参照，实现终身教育和跨界教育的交融共生。

这种交融共生不仅是融合的关系，更是一种转化的关系。我们可以将终身教育转化为跨界教育，以跨界的方式来推动终身教育，也可以把跨界教育转化为终身教育，实现终身跨界学习，实现双向转化。在《学会生存》中提出的四大支柱，即四个

“学会”，它们与学会跨界之间存在紧密的关系。它们可以是并列的，凸显“学会跨界”的重要价值，同时，它们也是连接的，可以贯穿在其他四大支柱之中。因此，这种并列与贯穿的关系，使终身教育与跨界教育交融整合，相互促进、共同发展。

韩民：终身教育与跨界教育的相融相通

目前终身教育的理论研究在诸多教育研究领域当中仍然相对薄弱。李政涛教授说跨界教育研究也比较薄弱，但我觉得终身教育的理论研究更薄弱，一些基本理论问题的研究还不深入，对于终身教育也存在着各种各样的理解，其中不免狭隘或偏颇的认识。将跨界教育作为与终身教育相对立的概念本身，可以说是源于对终身教育的不同认识。可能正是因为对终身教育理论本身研究的不深入，或者说没有形成统一共识，才会导致我们今天对于跨界教育和终身教育的关系问题的讨论。正因为如此，关于跨界教育的讨论对促进终身教育的理论研究也是有积极意义的。

终身教育本身蕴含着各类教育和学习之间的跨界问题。但总体来说，终身教育理论研究目前主要还停留在传统的成人教育研究范畴中。在其他教育领域里，例如基础教育、职业教育、高等教育中，运用终身教育理论、概念和思想的研究分析还比较欠缺。

跨界教育是指跨界思维在教育领域的运用。跨界教育作为一种发展趋势，是对促进教育改革具有重要意义的思想观点。跨界教育不是对终身教育的一种超越，而是终身教育理论最核心的思想。

关于终身教育的概念，目前尚没有一个普遍认可的定义。从个人视角来看，终身教育是贯穿人一生的有机整合的各种教育和学习的总和，它包括正规教育、非正规教育和非正式或者非固定形式的学习；从社会视角来看，终身教育是面向全民（全纳）的各种教育和学习机会的集合体。所以，终身教育强调各种教育和学习的横向沟通与纵向衔接，也就是各级各类教育的融合与整合。跨界教育强调的是不同教育范畴之间的跨越与交叉，“跨界”与“融合、整合”，表述不尽相同但实质相同。“融合”则是更本质的层面。终身教育所强调的跨界融合，我们可从以下三个维度来理解。

第一个维度就是跨人生阶段的教育融合。终身教育强调教育的终身化，强调教育持续人的整个生涯，而且注重各个阶段的教育和学习的相互衔接与融会贯通，也就是学习者不同阶段教育和学习的融合或整合。

第二个维度就是跨人群的教育融合。终身教育强调教育的全民化或者全纳性，强调教育要面向所有人开放，不论其年龄、地位、职业、贫富或者能力，将所有人都视为终身学习者；换言之，终身教育强调教育和学习跨人群的拓展，以及不同人群之间教育和学习经验的交流和相互促进。教育和学习者之间的关系也不是单向的、固定的，教育者和学习者在一定条件下是可以相互转化的。例如，在学习团队中，同伴之间也存在相互学习和影响。或者，有些地方出现了一些将老年学校和幼儿园融合的跨代教育案例，这类隔代教育或者家庭教育中的隔代教育就是典型的教育和学习经验的跨人群流动。

第三个维度是跨类型的教育和学习的融合。终身教育强调人的教育和学习不仅通过正规教育，而且非正规教育和非正式学习也发挥着重要作用，不同类型的教育和学习是相互关联、相辅相成的，终身教育需要将各种类型的教育和学习及其成果相互联系、融会贯通。无论学校教育还是成人教育、继续教育，其实都需要将正规教育、非正规教育和非正式学习融合沟通。例如，强调学校教育、家庭教育和社会教育的融合以及普通教育、职业教育的融合，职业教育、继续教育、高等教育的融合等等。

进一步展开说，终身教育的跨界融合还可从更多的维度来分析。比如从教育治理的维度，现在我国正在构建服务全民的终身学习体系，要服务全民终身学习，就必须动员全社会参与提供教育和学习资源，促进各种教育和学习资源的共建共享。要实现这种整合共享，必须建立起社会广泛参与的教育共治体系；还要改革教育制度，使教育制度更加开放包容，支持终身学习者在不同的教育和学习路径、不同的教育机构，以及教育和工作世界之间的流动，也就是搭建终身教育、终身学习的“立交桥”。

另外，联合国教科文组织提出了学习的四大支柱，即学会学习、学会做事、学会做人、学会共存。这四大支柱被联合国教科文组织视为未来社会每个人都需要的核心素养。其实，这四大支柱不仅密不可分、相互关联，而且形成只有跨界融合的教育和学习才能有效建构这四大支柱。

最后，用一句话来概括对跨界教育和终身教育关系的认识。终身教育和跨界教育其实不是对立的，而是相融或者相通的。终身教育的实质就是不同教育范畴的跨越、交融与整合。所以从这个意义上说，如果我们要致力于构建终身教育体系、构建终身教育学，那么跨界融合将是其中最核心、最关键的命题。

* 本文曾发表于《终身教育研究》（2024 年第 2 期），原题为《何谓跨界、何以终身，未来走向何方——终身教育与跨界教育的深度对话》。

我的留学生涯与中国终身教育发展

——暨中日友好建交50周年纪念

今年(2022年)是中日恢复邦交五十周年,也是我学成归国整二十一年。作为一名20世纪90年代初留学日本的留学生以及亲历中日友好交流的民间学者,我愿意从个人的留学经历以及所见所闻的视角,对于两国的终身教育尤其是两国学者的交流及教育发展做一些历史回顾与展望,以纪念中日邦交的正常化及感念日本学者对中国赴日留学生的悉心培养与中日两国人民的深厚情谊。

一、邂 逅 日 本

1990年的10月6日,是我人生中值得纪念的一天。在那天我在上海搭乘"鉴真轮"去了神户,由此开始了长达十一年的日本留学生活。

对我而言,去日本留学纯属偶然。一是改革开放后的国际交流使已经生活、工作均稳定的我再次萌生了出国留学的念想；二是当时，国内大多数年轻人出国留学一般都首选欧美国家。所以，我当时也已经申请了美国和澳大利亚的学校，但大学时代的一位同学告诉我，去欧美留学不如去日本。在美国，师生关系是“雇佣”关系，在日本却是犹如家人的“亲子”关系。这句话改变了我的留学方向，从而改变了我后来的学术生涯。我们这些人在当时的中国被称作“老三届”。它特指“文化大革命”时期，1966 年、1967 年和 1968 年在读的初中或高中学生，我们是那个时期的一个特殊的群体。我出生于 1952 年，6 岁上的小学，初中第二年就赶上了“文化大革命”，所以，在当时那个时代，我在中学还没有毕业，未满 17 岁的情况下，就进入了“上山下乡”的浪潮。1969 年 1 月我被分配去了崇明农场，由此开始了四年的务农生活，后又返回上海市，在机关单位工作，直至 1976 年“文化大革命”结束，1977 年恢复高考，我才在当时仅 4%的严格录取率下考入了华东师范大学教育系学校教育专业，大学毕业后被分配在上海市第二教育学院任教，开始转向成人教育的教学与研究。

二、结缘末本诚与小林文人先生

我去日本神户大学留学纯属偶然，此事有幸由我在大学期间的同学代为联系。由于我自1984年开始研究成人教育，并参加了时任中国教育学会会长顾明远先生主编的《教育大辞典》第三卷(成人教育)的编撰工作，所以被神户大学教育学部社会教育研究室主任的末本诚先生录取，开启了近三十多年的"亦师亦友"的师生关系。尤其因为末本老师师承日本社会教育学界泰斗级的大师小林文人先生，我又得以成为小林门派的"嫡系"传人。在神大攻读硕士与博士学位期间，末本老师对于我的影响十分之大。日本社会教育的精髓是公民馆，当时中国也有的文化馆，不过中国文化馆的教育功能较为淡化。日本的公民馆切实地担当起了地区普通公民参与教育与学习并提升精神教养及生活品质的重要作用。对此，末本老师不仅给我详细讲解公民馆的理论，还带我去神户和大阪的公民馆现场参加他们的讨论会和活动。大学学者深入基层，了解他们的困惑并传递声音的情景给我留下了极其深刻的印象。

中国和日本的状况十分相似，社会教育曾经是体制内的官办教育，中国早在清末民初就推行通俗教育，在民国时期国民政府的教育部又专门设立社会教育司，新中国成立以后也曾在教育部保留了社会教育司的行政建制。但在1953年因为各种原因，教育部撤销了社会教育司而改建为工农教育司。关于这段历史，已故的早稻田大学教授横山宏先生曾经和我讨论过，他认为撤销的原因有二，一是学习苏联，把教育和文化活动融合在一起，这是当时苏维埃政权的一项重要政策举措；二是强化社会教育的政治功能，即把对成年人的社会教育归由党和政府来监管，并采用宣传和运动的方式开展。横山先生是一位与中国颇有渊源的前辈学者，他在20世纪20年代毕业于中国的北京大学，战后曾担任文部省社会教育处的官员，因而对于中国的许多问题，尤其是国际终身教育的发展他都有着自己独特的见解。他曾在一次会议间隙，和我谈及现代终身教育理论的倡导者——法国成人教育学家保尔·朗格朗所具备的三大条件，他首先是一位教育工作者，所以对教育有着独特的情怀与使命；其次，他参加过反法西斯战争，因此得出战争的可怕不仅是夺取人的生命，并且还让活下来的人失去了教育的机会的结论，所以他立志要为这些曾经缺失教育的人重新寻找回归教育的机会；第三，他出生于浪漫的法兰西民族，因此才有可能产生挑战学校教育一统天下的浪漫理念。那时，他还问了一个有趣的问题，中国的伟大领袖毛泽东，他做过老师也参加过反法西斯的抗日战争，中华民族与法兰西民族一样是浪漫的民族，那么为什么毛泽东没有提出终身教育理念呢？横山老师的问题既有趣又深刻。其实从我的理解来看，毛泽东同志早在抗日战争期间就创办了抗日军政大学、鲁迅艺术学校，并在陕甘宁边区推广夫妻识字等等。换言之，毛泽东虽然没有在理论上明确提出终身教育的理念，但他在实践层面却已经践行了活到老、学到老，以及边劳作、边学习的终身学习思想。

横山老师是我留学期间不可多得的一位启蒙老师。他曾研究过新中国成立以后社会教育司被撤销的原因，而在我看来，其中有一个潜在的因素，即社会教育在民国时期曾经被国民党政府作为一种重要手段，即通过社会教育的“教化”功能向民众灌输各种有损共产党声誉的思想与言论，因此新中国成立以后继续沿用社会教育的概念在当时来看，实在是一件有辱名誉的事情。20 世纪 80 年代中期，中国在恢复社会教育功能之际，就把“社会教育”的名称改为了“社区教育”就是一个鲜明的佐证。

中国社会教育的体制在 1953 年被撤销以后，学校外的社会教育就改由社会宣传与政治运动来替代。“文化大革命”结束以后，国家发展进入一个新的时期，其中首先面临的就是人才匮乏以及“文化大革命”时期大中小学“关门”而出现的一代人的低学历乃至成为文盲与半文盲的问题。虽然 1977 年恢复了“高考”，但那时候的大学录取比例全国仅为 4%，而 96%的年轻人仍然需要通过“双补”来完成初、高中的基础学历与基本技能的补习，但普通中小学又不接受那些已经脱离了学校近十年的大龄青年。因此，中国从国际社会及时引入了“成人教育”的概念，并在正规学校教育体系以外创建了一个“成人教育体系”，例如，夜大学、函授、电大、业余大学及各种成人中专技校和补习班等，它们的出现为当时中国解决“文化大革命”后年轻人的补习与学历提升做出了极其重要的贡献。从当时的中国成人教育来看，主要具备三大功能：一是解决学历缺失；二是强化岗位培训（在职培训）；三是提升普通民众的精神教养。

换言之，当时的成人教育不仅在某种程度上弥补了因社会教育的缺失而造成的国民教养教育低下的问题，而且在提升在职人员的学历及职业技能方面也具有重要的促进功能。反观当时的日本社会教育，除了强化国民精神教养的功能以外，提升学历及职业技能等都不属于社会教育的范畴。末本老师曾经告诉过我，日本的社会教育归文部省管辖，但凡与提升职业技能有关的活动均归属劳动省而与社会教育无关。当末本老师了解了中国成人教育的功能以后，便对日本社会教育的单一性提出了质疑。从当时日本的现实状况来看，社会教育仅与促进国民素养的提升有关，而与职业技能相关的教育因为具有功利的属性，所以就被排除在了社会教育的范畴之外。所以日本的社会教育与在职的企业技能教育是两个不同的概念，也分属两个不同的领域，中国则把两者统合为“成人教育”，这对当时百废待兴的中国来说，既具有国民教养教育的功能，同时也具有提升在职员工职业技能的使命，可谓包容了学校外所有的关于提升学历、市民教养与企业职业技能的教育内容。这一功能为解决“文化大革命”后中国的教育振兴与人才匮乏发挥了重要作用。

在末本老师研究室学习期间，正值小林文人先生担任日本社会教育学会会长的任期，而与小林先生的第一次见面，也是在神户大学发达科学学部底楼玄关的接待室。那时，小林先生正好来关西地区视察，我也得以陪同末本老师一起接待了小林先生。

初次见到小林先生，他完全是一个亲切、沉稳，并且善于倾听他人声音的慈祥长者模样，至于当时谈些什么内容，说了什么事情，却因为已经时隔了几十年而难以记起，但四个人(还有一位是日本女学生)一起坐在沙发上谈笑风生的温馨画面至今记忆犹新。后来，上海成人教育代表团访问日本，第一站选的就是关西，小林先生亲自陪同代表团去了奈良，那时就由我临时充当了翻译。而这便开启了我担任小林先生“专任”翻译的历程。从那以后，无论是与中国同行的交流，还是应邀在中国国内一些重要场合做报告，包括去中国成人教育协会的年终大会上作演讲，小林先生都会叫上我做翻译。能获得这样的机会并不是因为我的日语有多流利，而是因为我熟悉小林先生的语言、熟悉他的思想，更因为我是“小林门派”的嫡系弟子。上述这种浸透着中国儒家文化传承的亲情、信任与缘分，延续了我的整个留学生涯，并持续至今。从我个人的学术生涯而言，因为有幸跟随了末本、小林两位先生，他们的学问，尤其是追求真理的精神以及卓越的人格魅力，不仅成为我回国以后学习的榜样，而且也对我的学术生涯与研究工作给予了巨大的帮助与推进。

三、中国终身教育的历史回顾与展开

如果从 1978 年改革开放以后中国学术界正式引进国际终身教育理念算起①，到今年正好是四十三年（本文写于 2021 年）。回顾这些年的发展历程，又可以把它划分为四个阶段，即酝酿期、初创期、摸索期和深化期。

首先就终身教育引进的背景来看，这无疑与“文化大革命”的结束有关。始于 1966 年的“文化大革命”，虽然字面上是革“旧文化”的命，实际上却是涉及社会、经济、文化等各个层面的政治运动，尤其是对教育来说。因此，1976 年“文化大革命”结束后，邓小平做了两件了不起的大事，一是改革开放，二是恢复高考。而终身教育理念的引入就与以上的决策有着密切的关

---

① 1979 年人民教育出版社出版的《业余教育的制度和措施》中收录了张人杰撰写的《终身教育——一个值得注意的国际教育思潮》，这篇文章是在当时形势下传播终身教育的第一篇论文。同时，此书中也翻译介绍了保尔·朗格朗的《终身教育的战略》一文。（参见《外国教育丛书》编辑组：《业余教育的制度和措施》，人民教育出版社 1979 版。）

联。首先，如果延续闭关自守的政策，作为国际教育思潮的终身教育就不可能被引入；其次，如果教育不被重新恢复地位，则终身教育思想亦不会受到应有的重视。

如上所述，终身教育思想的导入，固然与改革形势及教育的开放有关，如保尔·朗格朗关于终身教育的提案以及他的终身教育思想就分别由华东师范大学的张人杰教授及钟启泉教授予以介绍或翻译。[①] 其专著《终身教育引论》也于 1985 年由周南照先生翻译出版。但酝酿期终身教育的引入还与中国成人教育的崛起有着更为密切的关联。换言之，成人教育的兴起固然是为了解决"文化大革命"期间大量知识青年失学的问题，但它却也给终身教育理念的引进奠定了实践的坚实基础。因为成人教育为走出校门的大龄青年(成人)开辟了另一条求学之路，而这也印证了终身教育关于"学校不应成为年轻人的专利"以及"教育应在学校与劳动之间反复回归"等理论的正确性与可行性。从当时中国的成人教育来看，就如以上所述主要面临五大任务：一是对已经走上工作岗位的，以及需要转岗或重新就业的各类成年人进行相应的岗位培训。二是对各类已经工作但还没有接受完初、中等教育的各类劳动者进行基础教

---

① 参见《外国教育丛书》编辑组：《业余教育的制度和措施》，人民教育出版社 1979 年版。

育。三是对已经走上工作岗位的中等专业技术人员进行相应文化与专业知识技能的教育。四是对受过高等教育的成年人进行继续教育。五是对各类社会人群开展丰富多彩的社会文化与生活娱乐的教育活动。

表 1　20 世纪 80 年代中国成人教育面临的任务

人　　群	任　　务
在职员工	提升职业技能
各类劳动者	补充基础教育
中等专业技术人员	提升文化和专业知识技能教育
已接受高等教育的人员	开展继续教育
社会各类人群	开展社会文化和生活娱乐教育

可以看出，上述成人教育实施的范围与对象，几乎已经包括了学校以外的所有教育活动与对象，而成人教育的发展为后期终身教育体系的构建奠定了重要基础。笔者曾指出，中国的成人教育与终身教育有着某种天然的血缘关系，指的就是这样一种联系。①

① 吴遵民：《终身教育发展的中国经验——改革开放 37 年终身教育的历史回顾与展望》，《江苏开放大学学报》2016 年第 1 期。

20世纪80年代中期至90年代初期，是中国终身教育发展的初创期。这一时期的特征又具体体现为“人人学习、时时学习、处处学习”的终身学习思想开始深入人心。如上所述，1979年和1985年终身教育思潮尤其是保尔·朗格朗的著述被介绍并引入中国以后，其对中国教育理论与实践界的观念变革乃至政策推进都起到了推波助澜的积极作用。受此影响，1988年国务院修订的《扫盲工作条例》，不仅扩大了扫盲教育的对象，而且对扫盲教育结束以后，所有对象还需继续参加进修与培训作出了明确规定。尤其值得关注的是，终身教育在这一时期还第一次被列入国家的重要教育政策。1993年由国务院发布的《中国教育改革和发展纲要》(1993年)就明确指出“成人教育是传统学校教育向终身教育发展的一种新型教育制度”，当时虽然把成人教育看作是终身教育的重要基础，但这也标志了终身教育终于从一种理念开始转向一项教育的具体政策。

20世纪90年代以后是终身教育的摸索期，其鲜明的特征是终身教育政策化的继续推进及实践活动的深入展开。步入90年代以后，随着社会经济的进一步恢复，以及政治秩序的逐步稳定，普通民众对教育改革的期待越来越强烈。传统教育体系固有的保守性与僵硬性，这带来了知识结构老化、教学内容陈旧、教育制度缺乏应有的弹性等弊端，而这些引起了人们对传统教育制度的质疑与批判。终身教育提倡教育“应贯穿人的一生”的理念则与当时改革旧有教育思想的改革理念十分吻合，于是政府适时地通过引入终身教育理念来推进这场20世纪末的教育改革。具体来看，其又是通过理论与实践两个层面来予以推进的。首先就理论层面来看，终身教育第一次被写入了《中华人民共和国教育法》。在1995年制定的《中华人民共和国教育法》(1995年)的第11、19及41条中均明确规定要保障公民的受教育权、“建立和完善终身教育体系”“为公民接受终身教育创造条件”。自此，政府推动终身教育进入有法可依、依法保障的重要阶段。在此之后，教育部与中共中央、国务院又分别在1998年12月与1999年6月发布了《面向21世纪教育振兴行动计划》与《关于深化教育改革，全面推进素质教育的决定》的重要文件。值得关注的是，上述两个重要文件都一再重申要建立与完善终身教育体系，并为社会成员提供终身学习的机会。

这一时期的另一个重要特征是实践层面终身教育活动的踊跃开展。在这之前终身教育都是和成人教育联系在一起的，如当时比较普遍的观点就认为只要成人教育的活动丰富多彩了，终身教育也就自然发展了。但随着终身教育理论研究的不断深入，上述观点有了重要的突破。人们对终身教育内涵的理解突破了成人教育的狭隘范畴，逐渐转向对各种教育资源的融合与各种教育形式衔接的探索，其中，社区教育被官方认可并再度兴起。1998年发布的教育部重要文件《面向21世纪教育振兴行动计划》，其中就特别提出要“开展社区教育实验工作，逐步建立和完善终身教育体系”，自此社区教育开始在中国各地有了快速的推进与发展。社区教育服务的对象群体不再局限于成人，也不再局限于职业技能的提升或学历教育，而是服务一定区域范围内的全体民众，开展的目的是丰富地区民众的精神文化生活，并依据地区的文化传统与地域特点。为此，其一经推广即受到人们的广泛欢迎。

21世纪以后，中国终身教育发展进入深化期，其重要特征体现为终身教育开始成为国家发展战略，并成为未来国家教育体系构建的核心理念与形成基础。

其一表现为自2002年党的十六大报告指出要“构建终身教育体系”以来，在以后的第十七次、十八次及十九次的党代会并连续在每五年举行一次的会议公报中，都强调指出要推进终身教育体系的构建，这在中国党代会的历史上是绝无仅有的，这从一个侧面证明了党中央对终身教育的重视以及对实施终身教育战略的决心。

其二则体现为2019年由中共中央、国务院联合发布的《中国教育现代化2035》，该文件是中国政府关于教育改革发展的又一个中长期规划纲要。上一次的规划纲要发布于2010年，这次则是上一次的延续，即从2020年延续到2035年，目的是为今后十五年的教育制定发展规划与推进目标。纵观这个规划纲要的核心思想，就是要在2035年之前逐步构建一个服务全民终身学习的教育体系。而这一目标的提出，不仅体现了终身教育理念在中国深化发展的一个崭新视界，也是未来中国国家教育体系构建的基本样态与发展基础。上述体系的核心内涵又体现为两个转变，一是从以往关注教育提供者(供给侧)的角度，转向根据学习者(需求侧)的个体需求提供精准的个性化教育服务，这一转变又以教育资源的丰富提供为前提，即当终身教育体系的构建已渐次成型，那么下一步的发展目标就是聚焦这个体系服务功能的发挥问题；二是体现为不分阶段、不论年龄、不论职业、不分对象，而要把教育的服务落实到全体、全员的层面，从而实现教育的个性化、多样化与终身化。

从上述规划纲要想要实现的目标来看，是期望达成精化、细化与深化的要求，即教育目标的精准化；教育内容的精细化；教育改革的深入化。但要实现以上理想还必须做到教育体制、机制的进一步改革与完善，各种教育资源的充分融合与提供，校内校外教育机构的有效沟通与衔接。但就当前的现状来看，还面临着非常多的问题与挑战，而这也是今后十五年在发展中必须突破的难题。

这些难题归结起来又呈现在以下几个方面。

一是推进终身教育所必需的从上到下的行政架构仍然没有健全，目前还是处在文件的推动与口号宣传的层面。终身教育推进所需建立的责任机构、经费预算所需的划拨途径、专业专职队伍形成所需的大学培养等仍然处在空白的状态。尤其是专门的推进机构，虽然已有在教育部设立继续教育办公室来统筹终身教育的举措，但在各级政府部门中，这一办公室仅归属于职业与成人教育司的管理，而就终身教育的整体推进而言，实际上处于无力履行协调与整合各种教育资源，无法促进各种教育形态有效融合与衔接的状态。

二是终身教育推进所需的专项立法及权威规定仍然空白，因此，关于终身教育的性质、目标地位、实施内容等一系列涉及终身教育推动与发展的基本理念、基本原则、基本内涵的梳理与界定，仍然缺乏理论尤其是立法层面的明确规定。目前，全国虽有多地出台了地方终身教育条例，但正因为缺乏国家层面的统一立法规范，导致各地对终身教育内涵与外延的理解都不尽相同，实施的具体内容存在差异，对于服务全民终身学习教育体系的内涵理解和实践推进产生偏差。

三是作为终身教育推进的两大支柱——学校教育与校外教育的功能与定位仍然不够明晰。尤其是作为终身教育起始阶段的学校，应该在推进终身教育过程中承担怎样的任务与使命？学校外的社区教育作为市民教养教育的活动又应如何具体开展？学校与社区又应如何联动与携手等问题也都需要给予顶层设计与整体思考。

四是作为终身教育重要基础的社区教育至今仍然处在“三无”的状态，即行政归属不明、地位身份不清、专职队伍匮乏的所谓无身份、无经费、无培养（专业人员无培养通道与路径）。[①]社区教育作为最广泛存在的一种校外教育形态，不仅是落实服务全民终身学习目标原则的基础与平台，而且其发展程度将决定上述体系的功能发挥与质量提升。因此社区教育未来应该怎样进一步地推动与完善，仍然需要一个明确的目标与规划。

四、中国终身教育的本土经验与未来展望

终身教育从一个国际思潮转变为具体的政策实践，在中国仅用了二十年的时间。固然当下的终身教育在中国的发展仍然存在许多悬而未决的问题，但整体来看发展势头良好。值得庆幸的是，本人回国二十多年来正好亲历了这段重要的发展历

① 吴遵民、赵华：《我国社区教育“三无”困境问题研究》，《中国远程教育》2018 年第 10 期。

史，不仅目睹了中国终身教育的飞速发展，同时也见证了它所走过的本土化独特道路。

终身教育从一股国际思潮、一种先进理念进而快速发展成为一项现实政策与社会实践，其中有三大要素不可忽视：一是从上到下的大力推进，尤其是政府作为推进主体，基本上担负起了正确引导、积极推动及有作为、有担当的重要责任；二是基层民众的强烈响应与热切期待，在经济建设取得巨大成功以后，老百姓开始思考“幸福”的涵义，即如何提升精神教养与生活品质已经成为他们的日常需要；三是中国终身教育确立了发展的基本价值，即终身教育不仅需要提升各类人群对学习及职业发展的需求，同时它更是基于非功利的目的，及期望通过人格完善与人性健全去丰富人的生命内涵，进而促进社会使命感与责任感的形成；四是学术界在推进与发展终身教育的过程中起到了积极而重要的作用。他们在终身教育发展的每个重要阶段都始终深入实践第一线，研究者们不仅积极解读国家政策，而且及时传达民间呼声，同时通过理论研究引领终身教育的发展方向，由此使终身教育的本土化发展始终沿着上通下达、上下一心的轨道前行。

如果说本人在这一发展过程中起到了什么微薄作用的话，那就是把自己在日本留学期间的所学贡献给了自己的祖国。记得 2001 年回国之际，末本老师曾告诫我：你应该尽快学成归国，去创建自己的“门派”、培养自己的学生，并为自己的国家作出贡献。二十多年过去了，末本老师的话语仍然在我耳畔回响。在这二十多年里我已经培养了四十七名硕士，十九名博士，其中大部分都活跃在终身教育或社区教育的领域。我的弟子们自发成立名为“吴门”的微信群，新老学生通过网络平台交流信息，相互鼓励，他们的成就与努力让我深感欣慰。

从个人的研究来看，回国二十一年来，本人已经出版各种教育类的书籍达三十余部，其中关于终身教育的专著就占了三分之二以上。在各种专业杂志公开发表的论文有二百六十余篇，其中关于终身教育领域的论文就达一百五十篇。上述研究不仅得到了业内人士的好评，同时还在地方及国家层面获得了十八个优秀奖项。自 2015 年以来，本人还连续获得了国家级的重点及重大研究课题的立项，其研究成果之一“终身教育体系构建的路径与机制研究”荣获第六届全国教育优秀成果奖，另一研究成果“适应老年社会教育体系的构建研究”也在最近获得了国家出版基金的立项资助。

我想我能够取得以上的成绩，还是与我的留学生涯有着密切的关系。我特别珍惜在日本留学十一年的珍贵经历，尤其庆幸遇到的一些人品高尚、学业精湛的前辈先生，他们不仅有引我入终身教育研究之门的末本诚先生、小林文人先生、横山宏先生、千野阳一先生，也有对我的学业人生起到重大影响作用的博士生导师平原春好先生、土屋基规先生等。

在中日建交五十周年之际，回顾我这段近三十多年来的个人经历，就完全印证了周恩来总理当时坚持的外交理念，即国与国之间的交往不仅是政治领导人之间的交往，同时也是民间百姓之间的友好交往。

中日两国是一衣带水的重要邻邦，两国早在一千多年前就开始了密切的交往，如在中国的唐朝有日本派来的遣唐使，而中国鉴真和尚则克服艰难险阻六次东渡日本。尤其是20世纪80年代末90年代初，更有大批中国留学生赴日留学，这也在中日友好交往史上写上了浓重的一笔。我庆幸躬逢盛世，并亲自见证了这样一段值得永远纪念的历史。

后　记

至今仍清晰地记得去年年底的某天，我突然收到一封来自上海社会科学院出版社的特别邮件，内容是出版社想邀约一些人文社科领域的学者，把他们具有代表性的著述，用颇具“文艺范”的新形式编辑出版，意图是想让“隐藏”在大学殿堂内的高深理论能够以更加亲民的形式发扬光大。这项建议引起了我很大的兴趣。其实，处在一个终身学习的时代，要想让更多的民众参与学习，我们的社会就需要提供更为丰富的学习资源，以满足各种人群的学习需求。不过这项建议也打破了我自2020年从教学岗位退下来以后，期望逐渐退出学术圈，开始过一种慢生活的愿望。

这次取名为《教育的光和影——吴遵民的教育世界》的书，是从我历年来所撰写的260余篇论文中精选而来。我把它们分成了“春”“夏”“秋”“冬”四个板块，这也应了捷克大教育家夸美纽斯的思想，他把四种学校比作一年的四季，“母育学校使人想起温和的春季，充满形形色色的花香。国语学校代表夏季，那时我们的眼前尽是谷穗和早熟的果实。拉丁语学校相当于秋季，因为这时田野和园中的果实都已收获，藏进了我们的心灵仓库。最后，大学可以比作冬季，那时我们把收来的果实做各种准备，使我们日后的生活能够得到充分的供养”。其实教育就是要遵循人的发展并以适应自然的原则来“因材施教”。把不同的教育内容通过时间为线索进行规整，其既体现了教育在纵向层面的连贯性，也突出了横向坐标上的特殊性，而从整体的角度进行综合审视，也符合终身教育的发展理念与思想。

本书的“春”，讨论了学前教育的问题，涉及学前教育的本质以及立法保障的重要性。“夏”是对学校教育的深入分析，一些文章试图从终身教育的视角去解析学校教育中出现的问题与现象。而如何建构更有利于学生健康健全发展与成长的良好教育生态，是当下需要解决的重要命题。“秋”象征着成熟与收获，这部分的内容系统性地思考了走出校门以后成年人的发展与职业生涯教育问题，同时也从国家层面讨论了服务全民终身学习的教育体系应该如何整体构建等关键性话题。“冬”涉及关于老年教育的思考，这部分的内容集中探讨了当下高龄社会对老年群体终身学习的思考与认识。其中“论老年教育的本质”一文，则为积极应对老龄化的重要国家战略提供了目标实现的理论与实践基础。

把学术论文通过雅俗共赏、通俗易懂的“文艺化”形式予以呈现，这对出版社和作者本人来说都是一次全新的尝试。将规范的学术论文转化为易于大众理解的通俗语言，这不仅是一种挑战，更是一次宝贵的实践。让我们的普通民众能够与大学研究者亲密接触，这不仅是终身学习时代的需要，同时也是普及终身教育思想的极好机会。

在此，我要特别感谢上海社会科学院出版社的叶子编辑和她同事们的精心策划与专业指导，他们的辛勤工作促使我们尽可能地呈现完美的作品。而对于他们如何将学术论著以更加亲民的方式呈现给读者的精神，也让我深深感动并受到极大鼓舞。

《教育的光和影》一书的出版，对我来说不仅是一个新的尝试，同时也开创了一个新的起点。终身教育本身就是一个"活到老、学到老"的过程，我亦将在慢生活的基础上继续我的研究，并在不断探索中，争取为我国教育事业的发展做出更大的贡献。

最后，我想特别感谢华东师范大学法学院黄欣教授提供的五张放在辑封中的照片，这些照片为本书的内容增添了色彩。同时，我也殷切希望本书的出版能够引起广大读者对教育的更大热忱、兴趣与关注。对于书中不够完善之处，亦请读者朋友们不吝赐教并提出宝贵的批评意见！

2024 年 4 月于上海

图书在版编目(CIP)数据

教育的光和影 ：吴遵民的教育世界 / 吴遵民著.-- 上海 ：上海社会科学院出版社，2024
ISBN 978-7-5520-4391-4

Ⅰ. ①教… Ⅱ. ①吴… Ⅲ. ①终身教育—研究 Ⅳ. ①G72

中国国家版本馆 CIP 数据核字(2024)第 095518 号

教育的光和影
——吴遵民的教育世界

著　　者：吴遵民
责任编辑：叶　子
封面设计：黄婧昉
出版发行：上海社会科学院出版社
上海顺昌路 622 号　邮编 200025
电话总机 021-63315947　销售热线 021-53063735
https://cbs.sass.org.cn　E-mail:sassp@sassp.cn
排　　版：南京展望文化发展有限公司
印　　刷：上海颛辉印刷厂有限公司
开　　本：787 毫米×1092 毫米　1/32
印　　张：11.625
插　　页：1
字　　数：212 千
版　　次：2024 年 9 月第 1 版　2024 年 9 月第 1 次印刷

ISBN 978-7-5520-4391-4/G·1321　定价：72.00 元